Poco hombre

Pedro Lemebel

Poco hombre

Escritos de uma bicha terceiro-mundista

Organização e prólogo:
Ignacio Echevarría

Tradução:
Mariana Sanchez

Copyright © 2013 by Pedro Lemebel
Copyright © 2013 by Ediciones Universidad Diego Portales

Grafia atualizada segundo o Acordo Ortográfico da Língua Portuguesa de 1990, que entrou em vigor no Brasil em 2009.

A editora agradece a Terra Johari pela colaboração.

Título original
Poco hombre: Crónicas escogidas

Capa
Celso Longo + Daniel Trench

Imagem de capa
Frida II, 1990, de Pedro Lemebel. Fotografia de Pedro Marinello.
Cortesia da galeria D21 Proyectos de Arte.

Preparação
Diogo Henriques

Revisão
Luís Eduardo Gonçalves
Marise Leal

Dados Internacionais de Catalogação na Publicação (CIP)
(Câmara Brasileira do Livro, SP, Brasil)

Lemebel, Pedro, 1952-2015
    Poco hombre : Escritos de uma bicha terceiro-mundista / Pedro Lemebel ;
organização e prólogo Ignacio Echevarría ; tradução Mariana Sanchez. —
1ª ed. — Rio de Janeiro : Zahar, 2023.

    Título original : Poco hombre : Crónicas escogidas.
    ISBN 978-65-5979-112-5

    1. Crônica chilena I. Echevarría, Ignacio. II. Título.

23-146735   CDD-860

Índice para catálogo sistemático:
1. Crônicas : Literatura chilena   860

Tábata Alves da Silva — Bibliotecária — CRB-8 / 9253-0

Todos os direitos desta edição reservados à
EDITORA SCHWARCZ S.A.
Praça Floriano, 19, sala 3001 — Cinelândia
20031-050 — Rio de Janeiro — RJ
Telefone: (21) 3993-7510
www.companhiadasletras.com.br
www.blogdacompanhia.com.br
facebook.com/editorazahar
instagram.com/editorazahar
twitter.com/editorazahar

Sumário

Prólogo, por Ignacio Echevarría   11

À guisa de preâmbulo   41

Manifesto (Falo pela minha diferença)   43

O abismo iletrado de alguns sons   49

PARTE I **Os duendes da noite**   53

O Zanjón de la Aguada (Crônica em três atos)   55

Censo e Conquista (E essa peruca rosa debaixo da cama?)   64

Mamãe pistola   68

Cinco minutos te fazem florescer (Víctor Jara)   71

A esquina é o meu coração (ou Os *new kids* do bloco)   74

A Bichona do Pinheiro   79

Um letreiro Soviet no telhado do bloco   84

"A cidade sem ti"   87

Os duendes da noite   91

As sereias do café (O sonho top model da Jacqueline)   94

A matilha   97

"Noites de cetim branco" (ou Aquele rapaz tão duro)   100

PARTE II   **Fingir como se nada, sonhar como se nunca**   105

Éramos tantas tontas juntas   107

La Payita ("A porta se fechou atrás de ti")   110

A noite dos visons (ou A última festa da Unidade Popular)   116

As joias do golpe   133

Ronald Wood (Para esse lindo lírio despenteado)   138

Fingir como se nada, sonhar como se nunca
(Sobre o vídeo *La venda*, de Gloria Camiruaga)   141

As mulheres do PEM e do POJH (ou Recordações
de uma chacota de trabalho)   144

Pisagua na ponta dos pés   148

As orquídeas negras de Mariana Callejas
(ou O Centro Cultural da Dina)   151

As amazonas da Coletiva Ayuquelén   155

Noite palhaça   158

O Informe Rettig (Recado de amor no ouvido
insubornável da memória)   161

Carmen Gloria Quintana (Uma página queimada
na Feira do Livro)   164

A política da arte-relâmpago   167

PARTE III **Onde é que você estava?** 177

Onde é que você estava? 179

Garagem Matucana (A pelúcia humana de um hangar) 182

O exílio fru-fru (Montparnasse era uma festa) 185

O que será da Janet do 777 189

Don Francisco (A Virgem obesa da tevê) 192

O incesto cultural da grande família chilena
(ou Os erres e zês de uma paisagem próspera) 196

O encontro com Lucía Sombra 201

Minha amiga Gladys ("O amor à liberdade é irrefreável") 204

O beijo de Joan Manuel (Tua boca tem gosto de erva) 208

Gonzalo (O rubor maquiado da memória) 211

Adeus ao Che (ou As mil maneiras de se despedir
de um mito) 214

A mesa de diálogo (ou A toalha branca de
uma negociação obscura) 217

A sinfonia estridente das candidaturas
(Todos um dia fomos jovens idealistas) 220

Bem-vindo, Tutancâmon (ou A volta do pesadelo) 223

PARTE IV **Seu rouco riso louco** 227

Louco afã 229

A insustentável leveza 234

Tarântulas no cabelo 243

"Os diamantes são eternos" (Frívolas, cadavéricas
e ambulantes) 248

A música e as luzes nunca se apagaram 253

As papoulas também têm espinhos (Para Miguel Ángel) 256

Os mil nomes de Maria Camaleão 262

A morte de Madonna 268

O último beijo de Loba Lámar (Laços de seda
na minha despedida, por favor) 277

Nádegas lycra, Sodoma disco 286

Crônicas de Nova York (O bar Stonewall) 289

Olheiras de olhar tresnoitado 292

Seu rouco riso louco 295

Homoeróticas urbanas (ou Notas prófugas
de uma pétala flozô) 298

Sozinhos na madrugada (O pequeno
delinquente que sonhava feliz) 301

Raphael (ou A pose afetada do canto) 305

"Bíblia rosa e sem estrelas" (A balada
do rock homossexual) 308

Você é meu, menina 318

PARTE V **Chile mar e *cueca*** 329

Veraneio na capital (ou Suando a camisa
no calor santiaguino) 331

A inundação 333

Barbarella clipe (Essa orgia congelada da modernidade) 336

Chile mar e *cueca* (ou "Arrume-se, Juana Rosa") 343

Os primórdios de La Florida (Sentir-se rico,
mesmo que seja em miniatura) 348

Presságio dourado para uma Santiago outonal 351

As açucenas despedaçadas do incesto 354

Ópio do povo 358

A apaixonada errância do descontrole 361

"Chocolate amargo" 380

Sanhattan (ou A vertigem arrivista de sonhar-se
em Nova York) 383

À guisa de epílogo 387

"Para minha tristeza, violeta azul" 389

À guisa de sinopse 393

*Sobre a tradução: Performar a alteridade — Pedro Lemebel
em tradução* 397

Prólogo

IGNACIO ECHEVARRÍA

> Mais que uma construção literária, minha escrita é
> uma estratégia.
>
> PEDRO LEMEBEL

I

Acontece que, enquanto esta antologia estava sendo preparada, arrancaram a voz de Pedro Lemebel. Era para evitar males piores, mas o fato é que Lemebel, vítima de um câncer de laringe, teve sua voz arrancada, e é preciso se perguntar o que ele vai escrever, e como, daqui para a frente. Porque costuma-se pensar que os escritores escrevem em silêncio, a partir do silêncio, mas Lemebel escreve com a voz, pela voz, a partir da própria voz. Sua escrita — convém destacar em primeiríssimo lugar — é substancialmente falante. O que não significa que imite a fala corrente, a oralidade. Não se trata disso, pelo menos não exatamente. Trata-se, antes, de uma escrita toda ela transida de voz, empenhada tanto em dar voz como em ser voz ela própria. E empenhada também em fazer-se ouvir.

Em um texto fundamental incluído no início deste volume, Lemebel recorda o tristemente célebre encontro do inca Atahualpa com frei Vicente de Valverde, emissário de Francisco

Pizarro. Foi na Plaza de Cajamarca, Peru, em novembro de 1532. Chegaram até nós diferentes versões desse encontro, que terminou com o massacre da comitiva do inca. Um dos testemunhos, o de Francisco de Jerez, notário da expedição de Pizarro, conta que, "com a cruz numa das mãos e a Bíblia na outra", Valverde disse a Atahualpa, por meio de um intérprete: "Sou um sacerdote de Deus e vim ensinar-vos o que Deus nos falou, que está neste livro". Ao compreender essas palavras, Atahualpa teria pedido o livro ao emissário espanhol. "Valverde entregou-o a ele, mas o inca não soube como abri-lo. Quando o frei estendeu o braço para ajudá-lo, Atahualpa bateu em seu braço. Por fim, voltou a tentar e conseguiu abrir o livro. Então, jogou-o no chão com desprezo." O gesto teria servido de estopim para que, após um sinal de Valverde, os espanhóis escondidos nas imediações começassem a disparar seus fuzis e artilharia, enquanto a cavalaria dizimava a multidão reunida na praça.

No filme *Aguirre, a cólera dos deuses* (1972), Werner Herzog reelabora à sua maneira esse episódio, que Lemebel também evoca de modo bastante livre, dizendo que Atahualpa confundiu a Bíblia oferecida por Valverde com um caracol marinho, e que a teria levado à orelha "para ouvir a letra falante do criador". Para Lemebel, o episódio parece ilustrar a violência que a palavra escrita nunca deixou de exercer sobre a cultura oral, muito mais rica e diversa. E embora admita que "o mecanismo da escrita" é "irreversível", ele próprio adere a testemunhos como o do peruano Felipe Guamán Poma de Ayala, do século XVII, ou, mais contemporaneamente, da boliviana Domitila Barrios de Chungara, que "exemplificam como a oralidade faz uso da escrita, dobrando seu domínio

Prólogo 13

e ao mesmo tempo se apropriando dela". Eis a estratégia de Lemebel.

É importante ler com atenção o texto a que me refiro ("O abismo iletrado de alguns sons"), porque ele contribui como nenhum outro para enquadrar devidamente a literatura de Lemebel. E faz isso quando evoca, em oposição ao castelhano, "outra linguagem, difícil de transpor à lógica da escrita", uma linguagem que talvez contenha "a fala e o riso", "a oralidade e o pranto" de uma voz que "o alfabeto espanhol [...] amordaçou". Para Lemebel, "estamos aprisionados à lógica" desse alfabeto, impedidos por ele de perceber que, "fora das margens da folha que se lê, uma Babel pagã borbulha em vozes desbocadas, ilegíveis, constantemente prófugas do sentido que as convoca para a literatura".

A vitória da cultura escrita sobre a cultura oral vem mostrar, acima de tudo, "que ler e escrever são instrumentos de poder, mais do que de conhecimento". Mas é possível, acrescenta Lemebel, que "a cicatriz da letra impressa na memória possa abrir-se numa boca escrita para reverter a mordaça imposta". A literatura de Lemebel reivindica-se a si mesma como isso: uma "boca escrita". É uma literatura decidida a "usar o que as palavras omitem, negam ou criam para saber o que de nós se esconde, não se sabe ou não se diz".

A tensão entre cultura escriturária e cultura oral, determinante para os rumos da literatura latino-americana desde seus primórdios, também é determinante para a literatura de Pedro Lemebel. Ele próprio, no texto que fecha este volume ("À guisa de sinopse"), diz que chegou à escrita "sem querer". E conta também como deixou-se "iludir por alegorias barrocas e palavreados que soavam tão bonitos". Isto é, não apenas foi conquistado inadvertidamente pela escrita ("para os pobres", declarou certa vez, "o ato de escrever não tem a ver com a inspiração poética da letra alienada: antes, é definido e motivado pela luta por sobrevivência"), como também pelos brilhos e paetês — pelo barroquismo — da escrita mais floreada, aquela que se regozija com sua própria materialidade. Assim, reconhece-se uma tensão extra, um paradoxo a mais na literatura de Lemebel: aquele que, já inserido no plano da escrita, se dá entre a urgência política, por assim dizer, de seu propósito, inerente ao imperativo de "escrever com clareza", e sua tendência natural a escrever com "tantas firulas", com tanto "redemoinho inútil".

A arte de Lemebel se desenrola no campo de tensões assim criado. Sua instintiva, quase atávica, desconfiança em relação à cultura escriturária se traduz, por um lado, na "ansiedade oral" que perpassa todos os seus escritos e, por outro, no emprego de toda uma gama de estratégias de comunicação — performances, transmissões de rádio, divulgação pela internet — que resistem à palavra impressa. Traduz-se também na sua preferência por veículos de escrita pouco elitistas, escassamente institucionalizados, como revistas de esquerda, fanzines etc.

"Escrevo a partir de uma territorialidade movediça, trânsfuga", disse Lemebel.

De algum modo, o que meus textos fazem é contrabandear conteúdos que têm uma raiz mais popular para fazê-los transitar por outros meios, onde o livro é um produto sofisticado. Assim, por exemplo, antes de serem publicadas em livro, minhas crônicas são veiculadas em revistas ou jornais. Era o que eu fazia

Prólogo 15

antes na *Página Abierta*, uma revista com um grande público. A mesma coisa eu faço na rádio: de alguma forma, distribuo esses conteúdos por meio da oralidade, para que não tenham essa circulação tão sectária, tão própria da chamada crítica cultural ou dos âmbitos acadêmicos. Existe em mim uma intenção consciente de fazer meus textos transitarem por lugares onde o pensamento não é apenas para paladares difíceis, refinados.

É nesse contexto que convém enquadrar a orientação resoluta de Lemebel pela crônica urbana, mesmo depois de ter debutado como ficcionista. Em polêmica alusão àquilo que nos anos 1990 não demorou a ser batizado de "nova narrativa chilena", fenômeno contemporâneo ao início de sua carreira como cronista, Lemebel declarou em 1997:

> Talvez eu tenha adotado a crônica como gesto escritural pelo fato de ela não ter a hipocrisia ficcional da literatura que se fazia naquela época. Em alguns casos, aquela narrativa inventiva funcionava como uma tábula rasa, especialmente nos escritores do neoliberalismo. O mercado, essa foto de família da cafonice romanceada. O Chile romanceado pelo uísque e pela coca do status triunfante. Um país decapitado, sem memória, exposto à contemplação do *rating* econômico.

Quanto ao gênero da crônica em si, declarou em outra ocasião:

> Digo crônica para dizer alguma coisa, pela urgência de nomear de algum modo o que faço. Também digo e escrevo crônica para travestir de elucubração certo afã literário manchado de

contingência. Digo crônica como poderia dizer a você notas à margem, esboços, anotação de um fato, registro de uma fofoca, uma notícia, uma recordação apontada apaixonadamente para não esquecer. A crônica foi um desdobramento literário que nasceu quando os veículos jornalísticos de oposição me deram espaço nos anos 1990. Alguns editores ficaram deslumbrados com aqueles fiapos metafóricos das minhas primeiras crônicas. Acho que passei para a crônica na urgência jornalística da militância. Foi um gesto político, fazer grafite no jornal, "contar", dar conta de uma realidade ausente, submersa pela inconstância da paranoia urbana.

Como é que essa poética de assalto e emboscada se alia a esse barroquismo, essa qualidade muitas vezes preciosista que o gênero da crônica adquire nas mãos de Lemebel? Ao se fazer essa pergunta, convém tentar esclarecer um mal-entendido frequente em torno do conceito de barroco. Refiro-me àquele que, dada sua riqueza e complexidade expressiva, dado o uso abundante que costuma fazer de metáforas e toda sorte de figuras retóricas, dada sua tendência a superar os próprios feitos numa dinâmica ainda mais difícil, que por vezes leva a um culteranismo hermético, estabelece uma ligação mais ou menos automática entre barroquismo e alta cultura. Quando na verdade é bem o contrário: o barroco é uma tendência inata da expressão popular. Para dizer de modo radical: o classicismo é elitista, o barroquismo é popular. As pessoas em geral tendem a identificar "dizer bem" com "dizer bonito", uma vez que são sensíveis ao impacto de qualquer marca de virtuosismo, de esplendor, de poder. Seria possível ir mais longe e postular que o barroquismo constitui, não raras ve-

Prólogo 17

zes, o ponto de encontro, mas também de atrito entre o que comumente se entende como alta e baixa cultura, ou, mais precisamente, entre cultura aristocratizante e cultura popular. O resultado desse atrito seriam as categorias genéricas do "kitsch" e do "brega", que admitem ser entendidas como desvios do gosto popular ou como más traduções da alta cultura por parte da cultura popular, aquilo que às vezes se reconhece pejorativamente como baixa cultura.

Pedro Lemebel passeia de maneira perigosa porém confiante por essas categorias, e seu estilo barroco admite ser tomado indistintamente, quer como resultado espontâneo da veia profundamente popular da sua dicção (e do seu sentimentalismo, muito ligado ao cancioneiro musical), quer como uma estratégia consciente destinada a seduzir certos leitores — cultos ou não —, que, atraídos pela purpurina da sua prosa, dão ouvidos a palavras que de outro modo ignorariam.

Isso nos convida a relacionar a estratégia retórica de Lemebel, que caracteriza sobretudo sua primeira etapa como cronista, com a tática de sedução da bicha-louca ou da travesti, figuras com as quais ele próprio se identifica. Seja das páginas de uma revista ou jornal, seja de uma emissora de rádio sintonizada talvez ao acaso, as crônicas de Lemebel, com seus brilhos e seu teatro tão afeito ao excesso, deslumbram o leitor ou ouvinte de maneira comparável àquela pela qual a travesti de rua, com seu "disfarce ambulante", convence o transeunte, que fica "boquiaberto, preso ao decote furta-cor que desfila a sobrevivência da fraude sexual" (ver a crônica "Seu rouco riso louco"). Por outro lado, assim como a travesti de rua, o artifício barroquizante da escrita de Lemebel não deixa de constituir uma cosmética, um vestido de lantejoulas com o qual, para chamar a atenção, ele envolve a sordidez de uma realidade que, de outro modo, ninguém iria notar.

A palavra-chave vem a ser, em todo caso, sedução. Carlos Monsiváis apontou como a intencionalidade barroca em Lemebel, tão "desmedida e complexa", como a de Néstor Perlongher, por exemplo, é no entanto "menos drástica, menos apaixonada pelos próprios labirintos, mais ansiosa por invocar a cumplicidade do leitor". Daí que, uma vez estabelecida essa cumplicidade, e de certo modo assegurada, a intencionalidade barroca fique rebaixada, com Lemebel mostrando um estilo mais direto, menos rebuscado.

Há um certo consenso crítico na hora de estabelecer, grosso modo, duas etapas na trajetória de Lemebel (os acadêmicos Fernando A. Blanco e Juan Poblete já discorreram muito certeiramente a este respeito). O trânsito de uma para outra, com um ponto de inflexão que caberia situar no final dos anos 1980, estaria determinado pelo predomínio crescente do eu autoral, pela adoção de uma perspectiva cada vez mais marcadamente autobiográfica (embora sempre com "vislumbres de fuga no gênero e na identidade"), à qual corresponderia um desnudamento progressivo da vistosa roupagem estilística que envolvia as primeiras crônicas, nas quais a figura impessoal da bicha-louca,* símbolo de uma identidade prófuga e irredutível, tem um protagonismo implícito. À medida que a reputação literária de Lemebel se consolida e se amplifica, que sua figura pública adquire uma notoriedade que impossibilita o anonimato e a

---

* No original, *loca*. Para esta palavra, a tradução privilegiou a diversidade do léxico no português brasileiro, optando por termos como bicha-louca, mona, biba e outros. Para mais detalhes, ver o texto "Sobre a tradução" ao final do volume. (N. T.)

Prólogo 19

clandestinidade — evidenciando qualquer disfarce, qualquer pretensão de impostar a voz: o embuste da ventriloquia —, o desafio consiste, para ele, tirando partido dessa visibilidade, em administrar seu próprio personagem, colocar-se ele próprio em jogo, contrariando as expectativas, autoperformando, encenando-se de modo cada vez mais eficaz para o seu objetivo, que, sempre combinando denúncia e testemunho, continua sendo o de contrabandear "conteúdos entre aspas marginais, entre aspas periféricos", com o intuito de "dignificá-los, mais do que legalizá-los ou atribuí-los a uma cultura urbana". Um desafio, aliás, do qual Lemebel se mostra consciente a todo momento, e no qual costuma se sair muito bem.

II

Uma seleção das crônicas escritas por Pedro Lemebel ao longo de mais de vinte anos não pode deixar de levar em conta a evolução de sua estratégia autoral e estilística. A melhor maneira de fazer isso consistiria, talvez, em organizar cronologicamente as peças reunidas segundo a data de sua redação e publicação. Para este volume, no entanto, preferiu-se utilizar um critério menos mecânico, que antepusesse à cronologia da escrita os fatos e circunstâncias que marcaram tanto a trajetória pessoal de Lemebel como a história recente do Chile. Solapando a leitura social com a mais íntima que Lemebel faz da realidade do seu entorno, as diferentes seções deste livro propõem um panorama da sociedade chilena ao longo de quatro décadas, em cujos meandros é possível vislumbrar os retalhos de uma espécie de autobiografia.

À guisa de preâmbulo, oferecem-se aqui dois textos fundamentais. O primeiro, "Manifesto", é com razão um dos mais difundidos de Pedro Lemebel. Remonta ao ano de 1986, quando foi lido pela primeira vez em um ato político celebrado pela esquerda chilena em Santiago. O próprio Lemebel contou que, ao terminar a leitura, um socialista histórico se aproximou dele e perguntou: "Você conhece o *Sermão do lavrador*, de Víctor Jara?". "Claro", respondeu Lemebel. "Pois isso que você leu viria a ser o *Sermão do maricas*." O subtítulo do manifesto, "Falo pela minha diferença", constitui por si só todo um programa, ao qual Lemebel se manteve substancialmente fiel. Foi por lhe terem solicitado o texto desse manifesto para publicação na revista *Página Abierta* (onde apareceu em 1990, na seção "Páginas de Sociedad") que se abriu para Lemebel, inadvertidamente, o caminho de uma colaboração como cronista urbano que ainda levaria alguns meses para se tornar regular.

Ao lado do "Manifesto", também à guisa de preâmbulo, aparece "O abismo iletrado de alguns sons", publicado pela primeira vez em *Adiós mariquita linda* (2005). Como já foi dito, trata-se de um texto fundamental, que confere ao conjunto das crônicas de Lemebel uma adequada "profundidade de campo". Vale insistir nisso e ressaltar que "a filha da puta da História", muito mais do que a Literatura, com ou sem maiúscula, é a instância que Lemebel interpela em suas crônicas. Ele não participa da guerrilha literária, mas sim da luta política, social, que nunca deixou de ser uma luta de classes. A tradição na qual Lemebel se insere com absoluta deliberação é a que Walter Benjamin chamava de "tradição dos oprimidos", que na América Latina irmana ao longo de cinco

Prólogo

séculos as culturas arrasadas pela Conquista espanhola e o lumpemproletariado das grandes urbes atuais, constituído em grande medida pelos descendentes dessas culturas. Entre eles se encontra o próprio Lemebel, que ostenta orgulhosamente a condição de pobre e de mestiço. É a memória dos que ele reivindica como seus — a memória dos humilhados, dos marginalizados, dos silenciados — que Lemebel invoca diante da ficção da História; esse relato, segundo Benjamin, escrito pelos vencedores de ontem, que são os dominadores de hoje.

A substancial continuidade no tempo dessa "tradição dos oprimidos" fica evidente em "Censo e Conquista", onde, com muito humor, Lemebel reconhece "a herança pré-hispânica" no modo como os moradores das comunidades suburbanas escamoteiam "os mecanismos do controle social". A primeira das cinco partes em que este volume está dividido pinta a paisagem dessas comunidades, os conjuntos habitacionais de cujos blocos ("o cubículo cimentado do habitat da pobreza") não param de sair sucessivas fornadas de jovens condenados à prostituição, à dependência de drogas e à delinquência por um sistema que os utiliza como "boi de piranha no tráfico das grandes políticas". Uma paisagem miserável cujo arquétipo teria sido "esse muquifo da pobreza chilena" que foi o hoje desaparecido Zanjón de la Aguada, "um mito da sociologia marginal", palco em que transcorreu a infância de Lemebel.

O Zanjón de la Aguada dá título a uma crônica de Lemebel que, por sua vez, dá título ao livro no qual está incluída: *Zanjón de la Aguada* (2003). Este livro é dedicado à memória de Violeta Lemebel, mãe de Pedro, cuja personalidade é evocada em uma vibrante e comovente nota memorialística, "Mamãe pistola", publicada também nesta primeira parte.

A importância decisiva que a figura da mãe teve para Pedro Lemebel não se reflete apenas nas diferentes homenagens que ele presta, aqui e ali, à sua memória. Ela se dá, antes disso, no fato de que, em meados dos anos 1980, quem até então assinava como Pedro Mardones (sobrenome que aparece na capa de *Incontables*, livro de contos que marca sua estreia em 1986) adotaria o sobrenome materno, "o Lemebel de minha mãe, filha natural de minha avó, que, ao que tudo indica, inventou-o ainda jovenzinha, quando fugiu de casa". Aquilo "foi um gesto de aliança com o feminino, inscrever um sobrenome materno, reconhecer minha mãe bastarda a partir da ilegalidade homossexual e travesti", declarou Lemebel.

A figura de Violeta Lemebel ("a mulher que me deu a voz", segundo a dedicatória de *Loco afán*) se destaca com traços quase épicos na sórdida paisagem que, com uma crueza não isenta de tintas românticas, pintam aqui crônicas como "A esquina é o meu coração", "Os duendes da noite" ou "As sereias do café". As mulheres em geral tendem a cumprir, na "narrativa" urbana de Lemebel, um papel heroico ao qual estão muitas vezes destinadas por sua condição de mães, mas que obedece também à sua capacidade superior de resistência por terem sido secularmente maltratadas e subjugadas pelo machismo imperante. Elas seriam as principais artífices dessas "micropolíticas de sobrevivência" às quais Lemebel se refere em "Censo e Conquista". Em outra peça incluída ao final deste volume, "Presságio dourado para uma Santiago outonal", fala-se da "doméstica conspiração" que, em "seu breve espaço camuflado de ordem e asseio", as mulheres tramam com sua "política linguaruda". O modo como as mulheres, tecendo ao sol na porta de suas casas, entregam-se à "dança

Prólogo 23

sem censura da língua" é contemplado ali como "uma maneira oblíqua de fazer política na ausência do macho". Uma observação que poderia soar condescendente, mas que deixa de sê-lo quando costurada com o exemplo vivo e concreto de La Payita ou de Carmen Gloria Quintana, das "amazonas" da Coletiva Ayuquelén ou das sobreviventes das câmaras de tortura do pinochetismo que aparecem no vídeo *La venda*, de Gloria Camiruaga: todas elas mulheres que, chegada a hora, souberam fazer política também abertamente.

O fato é que os gestos femininos que a fala e a escrita de Lemebel adotam tão frequentemente são mais do que um reflexo da mimetização natural de tantos homens homossexuais com a mulher enquanto sujeito desejante e objeto, por sua vez, do desejo masculino. São as marcas do caráter "desbocado" — no sentido comum de "não submetido às regras da discrição ou do politicamente correto" — que a língua das mulheres tradicionalmente adota quando conversam entre si, à margem da ordem machista que as subjuga.

Essas marcas, pertencentes ao campo da oralidade, são "inscritas" na prosa de Lemebel para — como já foi dito — "reverter a mordaça imposta" tanto sobre um passado imemorial quanto sobre o passado recente que, no caso do Chile, encontra-se catalisado por um evento traumático: o golpe militar de Pinochet. Lemebel já declarou que, se houvesse algum "fundo de olho permanente" em suas crônicas, seria "o golpe militar e seus 'golpinhos'". A segunda e terceira seções deste volume perscrutam o trauma que o golpe causou no Chile, cujo impacto inicial na consciência ainda incipiente do próprio Lemebel, na manhã do dia 12 de setembro de 1973, é evocado na crônica "Cinco minutos te fazem florescer" (um exemplo flagrante, aliás, da plasticidade com que Lemebel lança mão da própria memória, já que ali quem recorda a si mesmo como uma criança "espiando entre as pernas das pessoas" para contemplar os três cadáveres arrastados pelo rio Mapocho era o então adolescente sonhador e já cheio de trejeitos que aparece em "Éramos tantas tontas juntas").

A memória insubornável de Lemebel insiste em opor a "euforia política dos anos 1970" à "folia triunfal da paulada golpista"; teima em reviver o horror, as humilhações e a imbecilidade imposta daqueles "aziagos [...] dias", e em testemunhar, sem abrir mão do escárnio ou do riso (ver crônicas como "As joias do golpe" e "Noite palhaça"), o gesto heroico daqueles que ousaram resistir, muitas vezes às custas da própria vida, da própria liberdade ou da própria integridade física.

A predileção de Lemebel pela crônica remonta, como já vimos, ao início da década de 1990; isto é, coincide com o restabelecimento no Chile de uma democracia "tutelada" por Pinochet e pelo exército, patrocinada pelas mesmas elites que prosperaram durante a ditadura. Essa foi, por sua vez, uma decisão política, destinada a "dar conta de uma realidade ausente, submersa pela inconstância da paranoia urbana". Este foi, desde o início, o programa político do Lemebel cronista: abrir fissuras na narrativa do passado imediato pactuada pelos artífices da transição. Uma narrativa que ainda tende a "abafar, branquear e despolitizar" a violência histórica do golpe e seus efeitos na sociedade. Para Lemebel, tratava-se, e continua se tratando, de restaurar "a história mordida, ainda amordaçada pela indiferença e pelo processo democrático", de gorar o "brinde à impunidade" exercendo, sempre que possível, o papel de estraga-prazeres, de acusador, inclusive — quando é

Prólogo

o caso — de carrasco, como se vê na ferocidade destilada em algumas crônicas aqui reunidas, entre as quais "As orquídeas negras de Mariana Callejas".

Vale a pena se ater às ressonâncias muito particulares que teve essa crônica, publicada no jornal *La Nación* em 1994. Como Lemebel trata de lembrar numa nota incluída ao final dela, Roberto Bolaño a leu com grande interesse e a comentou quando os dois se conheceram, durante a primeira visita de Bolaño ao Chile em 1998, após quase 25 anos de ausência. Pouco depois de seu retorno à Espanha, Bolaño escreveu uma extensa crônica daquela visita para a revista *Ajoblanco*, de Barcelona, publicada em maio de 1999 sob o título "El pasillo sin salida aparente". É um texto bastante insidioso, que com toda razão suscitou irritação e ressentimentos na cena literária chilena. A nova visita que Bolaño fez ao Chile no ano seguinte, a convite da Feira do Livro, foi marcada pelos atos de repúdio e condenação motivados por essa crônica, em cuja parte final Bolaño resumia, sem revelar a fonte (embora citando literalmente uma de suas passagens, posta na boca do próprio Lemebel), o conteúdo de "As orquídeas negras de Mariana Callejas". Como se não bastasse, a "história verídica" narrada ali seria usada novamente por Bolaño em seu romance *Noturno do Chile*, que em boa medida tematiza a íntima polêmica que manteve ao longo de toda a vida com o próprio país e sua literatura.

O impacto que esse texto de Lemebel teve sobre Bolaño ilustra a profunda carga que muitas de suas crônicas costumam carregar, pelo menos aquelas com uma tendência mais política, mais interpeladora. Vale a pena se perguntar sobre o impacto que essa mesma crônica causou à época no meio literário chileno, entre os numerosos escritores e artistas — muitos deles conhecidos — que frequentavam os encontros literários organizados por Mariana Callejas em sua casinha de Lo Curro (bairro residencial ao norte de Santiago), em cujo porão seu marido, estadunidense, agente da Dina (e provavelmente da CIA), torturava presos políticos. É preciso lembrar que corria o ano de 1994, e Pedro Lemebel começava a ficar conhecido como cronista urbano. Naquele mesmo ano, passou a colaborar para o jornal *La Nación*, mas ainda faltava um ano para o lançamento de sua primeira coletânea de crônicas, *La esquina es mi corazón*, de 1995. Portanto, é natural que, apesar da clareza e contundência de sua denúncia, "As orquídeas negras de Mariana Callejas" não tenha alcançado grande repercussão, e que os escritores e artistas implicados tenham se permitido se fazer de desentendidos.

Quando Bolaño retoma o episódio, cinco anos depois, ele o faz a partir de sua posição de escritor cada vez mais renomado, radicado na Espanha e com uma incipiente projeção internacional, e aí a coisa muda de figura. Por outro lado, Bolaño aproveita o episódio para lançar uma sombra de suspeita sobre praticamente todo o establishment literário chileno. O gesto é condizente com os movimentos estratégicos de Bolaño no campo em que ele próprio está travando sua batalha, que é o campo literário (o da literatura latino-americana em geral e, pelo menos naquele momento, o da literatura chilena em particular). Um campo em que Pedro Lemebel, como já foi dito, se mantém à margem por decisão própria, uma vez que, como também já foi dito, o horizonte de sua luta é o da história, mais do que o da literatura; o da política social, mais do que o da política literária.

Prólogo

Isso nos convida a considerar a posição tão peculiar que Lemebel ocupa no sistema literário e cultural chileno — e, por extensão, latino-americano: a posição de um *outsider* a quem, por isso mesmo, são permitidas palavras e atitudes cujo poder de escandalizar é em parte neutralizado — mas não desativado — por sua insistentemente declarada "diferença", consentida na medida em que se torna evidente para todos, começando por ele mesmo, que não é de forma alguma "um dos nossos".

Lemebel assume cssa posição com plena lucidez, e renova sua própria estratégia pessoal e literária atendendo a ela, forçando sempre os limites em que lhe é "tolerado" atuar. Questionado com frequência sobre os riscos a que é exposto por sua crescente visibilidade e reconhecimento, ele responde: "A questão é como continuar sendo disruptivo em um sistema tão cooptador. Bem, eu tenho meus truques, manhas e artimanhas para entrar no palácio pela porta de serviço, deixar os escorpiões venenosos e sair como se nada tivesse acontecido".

Em "El pasillo sin salida aparente", Bolaño cita uma conversa telefônica com Lemebel durante seus dias em Santiago. "Eles não me perdoam por ter boca", Bolaño conta que Lemebel diz a ele. "Não me perdoam por lembrar tudo o que fizeram", ouve-o dizer do outro lado da linha. "Mas, quer saber o que eles menos me perdoam, Robert? Não me perdoam por eu não os ter perdoado."

Talvez a sanha que a crônica de Bolaño despertou na época não se devesse apenas a seu inoportuno e mal-intencionado lembrete do episódio sinistro denunciado há tempos por Lemebel; talvez ela também se alimentasse do despeito de alguns, suscitado pelos termos que Bolaño usava em seu artigo para elogiar Lemebel, a quem declarava — numa frase muitas vezes citada — "um dos melhores escritores do Chile e o melhor poeta da minha geração, embora não escreva poesia". E acrescentava, em seguida:

> Lemebel é um dos poucos que não buscam respeito (aquele respeito pelo qual os escritores chilenos fazem qualquer negócio), mas sim liberdade. Seus colegas, a horda de medíocres provenientes da direita e da esquerda, olham para ele por cima dos ombros e tentam sorrir. Pelo amor de Deus, ele não é o primeiro homossexual do Parnaso Chileno, cheio de bichas nos armários, mas é a primeira travesti a subir ao palco, sozinha, iluminada por todos os holofotes, e falar diante de uma plateia literalmente estupefata.

Em quem quer que Bolaño estivesse pensando quando se referia aos "colegas" de Lemebel, nem eles nem "os escritores chilenos" em geral são — convém reiterar — a instância interpelada por este em suas crônicas. "No álbum macho, familiar e tradicional do cânone literário chileno, talvez eu seja a tia solteirona cronista. Não fui pesquisar. Não me interessa essa parentada chinfrim", declarou Lemebel. Em todo caso, suas intempestivas recusas miram muito além do campo literário, abrindo-se em todas as direções, independentemente do escalão: seja a plutocracia rançosa, cujos sobrenomes dominam os cargos de poder da incipiente democracia ("O incesto cultural da grande família chilena"), seja "a esquerda dourada" à qual pertencem os "exilados de elite" (em "O exílio fru-fru"), seja Don Francisco, o apresentador do populariíssimo programa de tevê *Sábados Gigantes*, ou a própria filha do tirano, "Lucía Sombra".

Prólogo

A quarta seção deste volume, e a mais extensa, reúne crônicas que refletem sobre o tema que mais contribuiu para perfilar a figura pública de Lemebel, e que constitui a espinha dorsal da sua atuação como artista, escritor e agitador político e cultural: sua militância sexual. A atenção e a morbidez que essa questão costuma atrair tendem a banalizá-la, a folclorizá-la, a limar as múltiplas arestas com que Lemebel a põe em jogo. Daí a importância de enfatizar — como o próprio Lemebel não deixa de fazer — que "o mundo homossexual é um universo enorme e cheio de nuances". "Aceita-se o gay profissional, o gay televisivo, o gay celebridade, o gay de academia", ele declarou em uma entrevista,

> mas a bicha-louca triste, explícita e furiosa da periferia continua sendo estigmatizada [...]. Nesse sentido, há minorias dentro das minorias, lugares que são triplamente segregados, como o do travestismo.* Não o travestismo do espetáculo que ocupa seu lugar no circo das comunicações, mas o travestismo prostibular. O que se arrisca na rua, na beira da rua, este é segregado dentro do mundo gay.

Lemebel filia-se explicitamente a esse "travestismo prostibular", como o faz instintivamente com toda minoria, com toda marginalidade em que subsiste um germe de subversão. Marginalidade, neste caso, geográfica e cultural; a marginalidade sexual e social que aponta para a travesti como uma "constru-

---

*Pelo contexto de época, em relação às vivências travestis optamos por manter o termo usado pelo autor, "travestismo", hoje considerado pejorativo, sendo preferível o uso de "travestilidade". (N. E.)

ção cultural divergente das ordens do poder", mas também como "espelho e metáfora da identidade terceiro-mundista". Lê-se na crônica "Louco afã":

Talvez a América Latina, travestida de transições políticas, reconquistas e remendos culturais (que, pela sobreposição de enxertos, enterra a lua morena de sua identidade), aflore numa viadagem guerreira mascarada na cosmética tribal de sua periferia. Uma militância corpórea que enfatiza a partir da margem da voz um discurso próprio e fragmentado, cujo nível mais desprotegido por sua falta de retórica e orfandade política é o travestismo homossexual que se acumula lúmpen nas franjas mais sombrias das capitais latino-americanas.

Essa "viadagem guerreira" é a que o próprio Lemebel adota e pratica, empregando como principal arma a labilidade de sua própria identidade não codificada. Nesse sentido, vale ler com atenção uma crônica por sinal hilária, "Os mil nomes de Maria Camaleão", na qual, a modo de prólogo de uma lista impagável de apelidos com que as bichas-loucas se rebatizam, Lemebel traça uma poética bakhtiniana da desobediência e da multiplicação:

Como nuvens nacaradas de gestos, desprezos e rubores, o zoológico gay parece escapar continuamente da identidade. Não ter um nome único ou uma geografia exata onde enquadrar seu desejo, sua paixão, sua errância clandestina pelo calendário das ruas onde se encontram casualmente [...]. Assim, a questão do nome não se resolve apenas com o feminino de Carlos. Há toda uma alegoria barroca que empluma, enfeita, traveste, disfarça,

Prólogo

teatraliza ou castiga a identidade através do apelido. Toda uma narrativa popular da bicha-louquice que escolhe pseudônimos no firmamento estelar do cinema [...]. A poética do apelido gay geralmente transcende a identificação, desfigura o nome, exagera os traços apontados no registro civil. Não abarca uma única forma de ser: antes, simula um parecer que inclui temporariamente muitos outros, centenas de outros que em algum momento atendem pelo mesmo codinome.

Para além da menção nesse trecho à "alegoria barroca", o jogo da bicha-louca com sua própria identidade instável, cambiante, admite ser associado com a resistência à Forma e com a exaltação da Imaturidade, inclusive da Inferioridade, que Witold Gombrowicz proclamou na Argentina, onde seu rastro é reconhecido em atitudes como as que tornou próprias, entre outros, o já citado Néstor Perlongher, uma das poucas referências com as quais a obra de Lemebel admite implicação.

Para Lemebel, aliás, a afetação e a aparente superficialidade tão frequentemente relacionadas à expressividade própria do homossexual constituem muitas vezes "formas de desacato": "uma estratégia de torção do gênero dominante, uma forma de pensar(-se) diferente que burla a atormentada rigidez do comportamento machista" (leia-se, a esse respeito, a crônica "Pisagua na ponta dos pés").

"Dever-se-ia saber (não tenho certeza) que a diferença é a vantagem do frágil", escreve. Ora, a fragilidade da bicha-louca não a impede de mostrar "certa coragem" com aquela "capacidade infinita de risco" que implica "botar as mãos no primeiro macho que retribuir suas piscadas", como diz em "As papoulas também têm espinhos", em que é narrado com tremendo lirismo o esfaqueamento brutal de uma "bicha-

-louca" pelo garoto que acaba de penetrá-la. Em Lemebel, o elemento carnavalesco, transgressor e festivo da bicha-louquice não mascara a sordidez e o perigo, a dolorosa marginalização e a crueldade que comumente afligem a vida do maricas (ver aqui, além da já citada, crônicas como "A Bichona do Pinheiro", "A música e as luzes nunca se apagaram" ou "Seu rouco riso louco"). Como também não mascara a crueza do sexo mercenário pelo qual a bicha suspira, nem o bicho-papão que tantas vezes se esconde atrás do seu disfarce, revelado com risadas grotescas em crônicas não à toa quase lendárias, como "A noite dos visons", "A morte de Madonna" e "O último beijo de Loba Lámar".

Estas três crônicas pertencem a um livro também mítico: *Loco afán* (1996), que traz o eloquente subtítulo *Crónicas de sidario.** Nele, Lemebel denuncia como "a paranoia da aids jogou por terra os avanços da emancipação homossexual", contribuindo para desativar seu potencial político, especialmente no Terceiro Mundo. Com recalcitrante lealdade às conquistas da revolução sexual dos anos 1960 e 1970, Lemebel insta a continuar, de onde foi abortado, o caminho iniciado muito tempo atrás por homossexuais convertidos em exaustivos experimentadores das novas formas de relação desinibida com o próprio corpo, verdadeiras pontas de lança de novos modelos de relacionamento interpessoal e comunitário.

Para Lemebel, "a metamorfose das homossexualidades no fim do século" não está relacionada apenas à expansão do vírus

---

* Termo usado no Chile para designar as clínicas ou estabelecimentos carcerários para tratamento (e segregação social) de doentes de aids, como as que existiram em Cuba nos anos 1980. (N. T.)

Prólogo 33

da aids; também tem a ver com a simultânea difusão de um "modelo importado do status gay". Um modelo que cinde "em estratificações de classe os viados, monas e travestis dos gays abastados em seu pequeno arrivismo traidor". E isso porque

> o gay se une ao poder, não o confronta, não o transgride. Propõe a categoria homossexual como regressão ao gênero. O gay inscreve sua emancipação à sombra do "capitalismo vitorioso". Mal respira na forca de sua gravata, mas assente e acomoda sua bunda mole nos espaços glamorosos que o sistema lhe oferece. Um circuito hipócrita sem consciência de classe que configura uma órbita a mais em torno do poder.

Esse retrocesso das expectativas que estimulou a revolução sexual dos anos 1960 (e que, embora menos traumático, não deixou de ocorrer também nos avanços do feminismo) teve no Chile um paralelo com o das expectativas criadas durante o processo de abertura democrática, logo decepcionadas pela consolidação do modelo socioeconômico já ensaiado durante a ditadura. A quinta e última seção deste volume tem como pano de fundo, assim como a primeira, "os andaimes da pirâmide neoliberal", em cuja sombra esmorece a "democrisia" por fim advinda. Nas crônicas aqui reunidas, quase todas relacionadas a aspectos plenamente atuais da sociedade chilena, percebe-se com particular nitidez o desejo de questionamento e confronto que impele a escrita de Lemebel para além das impugnações motivadas pela sua adesão às minorias, pela sua política da diferença sexual e sua reivindicação da memória silenciada. Sem medo de ferir a suscetibilidade do cidadão comum, nem mesmo a do mais humilde (aquela pessoa que "já não quer ser chamada de povo e prefere se esconder sob a globalidade do termo 'gente', mais plural, mais despolitizado", conforme se lê em "O Zanjón de la Aguada"), Lemebel aborda com crueza temas tabus como o incesto (em "As açucenas despedaçadas do incesto") ou o parricídio (em "Chocolate amargo"), parodia a fingida euforia desencadeada pelas festas pátrias (em "Chile mar e *cueca*") ou a empreende contra o espaço que, na "vida cada vez mais vazia da realidade nacional", o fanatismo pelo futebol monopoliza, em detrimento progressivo das reivindicações sociais e dos movimentos de protesto (em "Ópio do povo").

Também remete ao futebol uma peça especialmente corajosa e arriscada: "A apaixonada errância do descontrole", que, como outras aqui selecionadas ("O Zanjón de la Aguada", "A insustentável leveza", "Bíblia rosa e sem estrelas", "Barbarella clipe"), mantém-se na fronteira entre a crônica e a reportagem, neste caso sobre o impopular fenômeno das torcidas organizadas, que Lemebel relaciona com os movimentos juvenis de resistência à ditadura, e cuja eclosão ele interpreta como uma reação irascível aos expedientes repressivos da iniciante democracia, dirigidos especialmente contra a juventude.

Se as mulheres, como se viu, desempenham não poucas vezes um papel heroico nas crônicas de Lemebel, o papel de vítimas costuma ser atribuído aos jovens. Muitas das peças aqui reunidas testemunham a adesão de Lemebel a uma juventude desprovida, a quem o sistema neoliberal, tratando-a como "excedente humano", veta qualquer horizonte de integração e prosperidade. A memória viva de sua própria juventude, sua condição de sobrevivente daquelas favelas em que a maioria

Prólogo

de seus colegas estariam "irremediavelmente perdidos", sem dúvida estimula a com-paixão de Lemebel por esse estrato da sociedade, ao qual remete, por outro lado, seu recalcitrante senso de utopia.

Seria possível dizer que sua atitude como figura pública e como escritor se nutre dessa ancoragem na juventude que, ao mesmo tempo que exacerba seu sentimentalismo e seu desejo, imuniza-o contra todo pacto com a ordem, à qual resiste tenazmente. E que é assim mesmo às custas de estar condenado à "solidão de cacto" com que ele próprio parece se conformar no fim do romance com o "garoto hip-hop" narrado em "Você é meu, menina", e que desta forma termina: "Uma espécie de convivência gay e burguesa se anunciava, e ficamos os dois apavorados com esse futuro".

III

"Meu único amor nasce do meu único ódio [...], um ódio com a mesma origem do entusiasmo amoroso, um ódio preexistente ao véu da idealização amorosa." Essa citação de Julia Kristeva serve de fechamento para o último dos livros de crônicas publicado por Lemebel até o momento,* *Háblame de amores*. São palavras que vale atrelar às declarações feitas em diferentes ocasiões por Lemebel sobre a raiva como tinta de sua escrita, "uma raiva macerada e à espera de sua breve ebulição". Ou sobre o ressentimento social, que tantas vezes

---

* O texto é de 2013, dois anos antes da morte de Pedro Lemebel. *Háblame de amores* foi seu último livro publicado em vida. (N. T.)

lhe imputaram, e que ele admite com toda tranquilidade: "É claro que sou ressentido".

Rodolfo Fogwill dizia não ter escrito nada digno de atenção sem estar sentindo "alguma emoção da ordem da hostilidade, do rancor, da raiva, do ódio, da inveja e da indignação: formas confusas do conflito social". Costuma-se ignorar o valor que essas emoções supostamente "negativas" têm na hora não apenas de inspirar grandes textos literários, como também de conservá-los. No caso de Lemebel, ódio, raiva e ressentimento constituem o formol que mantém suas crônicas vigentes ao longo do tempo, permitindo que muitas delas sejam lidas como textos atuais mesmo depois de passados dez ou até vinte anos de sua escrita.

A isso deve-se acrescentar, obviamente, a qualidade extraordinária de sua prosa, da qual Carlos Monsiváis dizia que "se arrisca no fio da navalha entre o excesso e a cafonice por uma questão de necessidade, entre a genuína prosa poética e a transgressão", e da qual ele geralmente saía ileso em virtude de "um ouvido literário de primeira".

Esse ouvido literário é justamente o que permite a Lemebel transmutar sua voz em escrita, dotando-a do frescor e do colorido da fala sem a necessidade de mimetizá-la, por mais que, quando lhe convém, revele-se muito capaz de transcrevê--la com a maior verossimilhança (como se pode ver em várias das crônicas aqui reunidas, por exemplo, "Barbarella clipe").

Ao se perguntar por que ler Lemebel, Francine Masiello, professora na Universidade da Califórnia em Berkeley, apontou a urgência em sua escrita "do visível e auditivo, das pulsões que ganham forma no ouvido do outro, mascadas como chiclete em sua boca". E acrescentou:

Prólogo 37

Acho que a obra literária em seu melhor momento — isto é, em seu instante menos óbvio, menos previsível — exerce um trabalho sobre os sentidos, conquistando assim o público leitor. Pelo ouvido, pela escuta, pelo ritmo interno da frase, o texto se aproxima desse outro corpo; a partir do seu próprio ritmo de respiração, excita o ritmo interno do corpo alheio. É a voz autônoma do texto — construída pela pausa e pelo nó, pelo fluxo e pela ruptura constantes — que dá forma à frase emergente, que lhe dá matéria e espessura.

Invocar "uma erótica das palavras" é um modo apropriado de descrever o efeito da escrita de Lemebel, que, mesmo usando a raiva como tinta, denota sempre uma sensualidade contagiante.

Este prólogo começou se perguntando, um tanto retoricamente, o que Lemebel escreveria, e como, depois de quase ter perdido a voz. A voz que é, dizia ele, a fonte de sua escrita. Quem ler este livro, ou qualquer um dos livros de Lemebel que o precedem e que o compõem, concluirá facilmente que essa voz continua soando, inalterada, por essas "bocas escritas" nas quais ele transformou, crônica a crônica, de tanto perscrutá-las, as cicatrizes do desejo e da memória.

Sobre esta edição

Já foi dito que esta seleção de crônicas de Pedro Lemebel, arbitrária e insuficiente como todas as antologias, desconsidera o critério cronológico, compondo um panorama da sociedade e da história recente do Chile em que se oculta uma espécie de autobiografia fragmentária. Os saltos no tempo entre uma crônica e outra podem ser delatados pelo maior ou menor barroquismo do estilo ou pelo tratamento do eu autoral, pela sua ênfase, mas é difícil que o leitor note alterações importantes no tom, no registro da voz, que é sempre a mesma, assim como os motores que a acionam. Considerou-se a possibilidade de incluir, ao final de cada peça aqui reunida, uma indicação de sua procedência, mas optou-se por prescindir dela, priorizando uma leitura corrida dos textos, sem qualquer tipo de interferência. Além do mais, a única procedência que poderia ser informada sobre as diferentes crônicas é a do livro em que foram incluídas, mas deve-se levar em conta que, como já foi observado, antes disso cada crônica carrega seu próprio histórico de publicações e leituras públicas ou radiofônicas, e excedia os propósitos deste volume documentá-lo detalhadamente. Basta dizer que estão reunidas aqui peças extraídas dos sete livros de crônicas publicados por Lemebel, elencados a seguir com os dados de sua primeira edição e a lista dos textos aqui selecionados de cada obra.

- *La esquina es mi corazón: Crónica urbana* (Santiago: Cuarto Próprio, 1995) — "Censo e Conquista", "A esquina é o meu coração", "Noites de cetim branco", "Tarântulas no cabelo", "A música e as luzes nunca se apagaram", "As papoulas também têm espinhos", "Barbarella clipe", "Chile mar e *cueca*".
- *Loco afán: Crónicas de sidario* (Santiago: Lom, 1996) — "Manifesto", "A Bichona do Pinheiro", "A noite dos visons", "Os diamantes são eternos", "Os mil nomes de Maria Camaleão", "A morte de Madonna", "O último beijo de Loba Lámar", "Nádegas lycra, Sodoma disco", "Crônicas de Nova

Prólogo

York", "Seu rouco riso louco", "Homoeróticas urbanas", "Raphael", "Bíblia rosa e sem estrelas".

- *De perlas y cicatrices: Crónicas radiales* (Santiago: Lom, 1998) — "Cinco minutos te fazem florescer", "Um letreiro Soviet no telhado do bloco", "As sereias do café", "La Payita", "As joias do golpe", "Ronald Wood", "As orquídeas negras de Mariana Callejas", "As amazonas da Coletiva Ayuquelén", "O Informe Rettig", "Carmen Gloria Quintana", "Garagem Matucana", "O exílio fru-fru", "Don Francisco", "O encontro com Lucía Sombra", "A sinfonia estridente das candidaturas", "Sozinhos na madrugada", "A inundação", "Os primórdios de La Florida", "Presságio dourado para uma Santiago outonal".
- *Zanjón de la Aguada* (Santiago: Seix Barral, 2003) — "O Zanjón de la Aguada", "Mamãe pistola", "Os duendes da noite", "Fingir como se nada, sonhar como se nunca", "As mulheres do PEM e do POJH", "O incesto cultural da grande família chilena", "Minha amiga Gladys", "Adeus ao Che", "A mesa de diálogo", "Bem-vindo, Tutancâmon", "Veraneio na capital", "A apaixonada errância do descontrole", "Chocolate amargo", "Sanhattan".
- *Adiós mariquita linda* (Santiago: Sudamericana, 2004) — "O abismo iletrado de alguns sons", "Noite palhaça", "Olheiras de olhar tresnoitado", "Você é meu, menina".
- *Serenata cafiola* (Santiago: Seix Barral, 2008) — "A cidade sem ti", "Éramos tantas tontas juntas", "O que será da Janet do 777", "Para minha tristeza, violeta azul", "À guisa de sinopse".
- *Háblame de amores* (Santiago: Seix Barral, 2012) — "A política da arte-relâmpago", "Onde é que você estava?", "A insus-

tentável leveza", "As açucenas despedaçadas do incesto", "Ópio do povo".

Os textos seguem as últimas edições da Seix Barral, que incluem por vezes ligeiras variações em relação às versões originais. Cabe aqui alertar sobre a peculiar sintaxe que caracteriza as crônicas de Lemebel, muitas vezes moduladas conforme o ritmo oral da língua, dando lugar a construções anômalas ou pouco convencionais que, naturalmente, foram respeitadas.

À guisa de preâmbulo

Manifesto
(Falo pela minha diferença)

Não sou Pasolini pedindo explicações
Não sou Ginsberg expulso de Cuba
Não sou um viado disfarçado de poeta
Não preciso de disfarce
Essa aqui é a minha cara
Falo pela minha diferença
Defendo o que sou
E não sou tão estranho
Fico puto com a injustiça
E desconfio dessa dança democrática
Mas não venha me falar de proletariado
Porque ser bicha e pobre é pior
Tem que ser ácido para aguentar
É desviar dos machinhos da esquina
É um pai que te odeia
Porque o filho quebra a munheca
É ter uma mãe com as mãos rachadas de cloro
Envelhecidas de limpeza
Te ninando doente
Por maus costumes
Por má sorte
Como a ditadura

Pior que a ditadura
Porque a ditadura passa
E vem a democracia
E logo atrás o socialismo
E então?
O que farão com a gente, companheiro?
Vão amarrar nossas tranças em trouxas com destino a um
sidário cubano?
Vão nos enfiar em algum trem para lugar nenhum
Como naquele barco do general Ibáñez
Onde aprendemos a nadar?
Mas ninguém chegou à praia
Por isso Valparaíso apagou suas luzes vermelhas
Por isso as casas de tolerância
Brindaram uma lágrima negra
Aos boiolas comidos pelos siris
Naquele ano que a Comissão de Direitos Humanos não
lembra
Por isso, companheiro, eu te pergunto
Ainda existe o trem siberiano da propaganda reacionária?
Aquele trem que cruza suas pupilas
Quando minha voz fica doce demais?
E você?
O que vai fazer com nossas lembranças de moleque, ba-
tendo punheta um pro outro nas férias no litoral?
O futuro será em preto e branco?
O tempo, em noite e dia de trabalho sem ambiguidades?
Não haverá uma bichona em alguma esquina, desequili-
brando o futuro de seu Novo Homem?
Vão deixar que bordemos pássaros nas bandeiras da pátria
livre?

Manifesto

O fuzil eu deixo para você
Que tem sangue-frio
E não é medo
O medo eu fui perdendo
De tanto domar facas
Nos porões sexuais por onde andei
E não se sinta agredido
Se falo contigo dessas coisas
Olhando seu volume no meio das pernas
Não sou hipócrita
Por acaso os peitos de uma mulher não chamam sua atenção?
Não acha que aconteceria algo entre nós, sozinhos na montanha?
Mesmo que depois me odeie
Por corromper sua moral revolucionária
Está com medo de que a vida se homossexualize?
E não falo de meter e tirar
E tirar e meter simplesmente
Falo de ternura, companheiro
Você não sabe
Como é duro encontrar o amor
Nessas condições
Você não sabe
O que é carregar essa lepra
As pessoas mantêm distância
As pessoas compreendem e dizem:
É viado mas escreve bem
É viado mas é um bom amigo
Super gente fina
Eu não sou gente fina

Eu aceito o mundo
Sem pedir essa fineza
Mesmo assim dão risada
Tenho cicatrizes de risadas nas costas
Você acha que eu penso com a bunda
E que no primeiro choque no pau de arara
Eu ia abrir a boca
Não sabe que a hombridade
Eu nunca aprendi nos quartéis
Minha hombridade quem me ensinou foi a noite
Atrás de um poste
Essa hombridade da qual você se gaba
Foi imposta no regimento
Por um milico assassino
Desses que ainda estão no poder
Minha hombridade eu não recebi do partido
Porque me rejeitaram com risadinhas
Tantas vezes
Minha hombridade eu aprendi participando
Da dureza desses anos
E riram da minha voz afeminada
Gritando: e vai cair, e vai cair!
E apesar de você gritar como homem
Não conseguiu que o regime caísse
Minha hombridade foi a mordaça
Não foi ir ao estádio
E sair na porrada pelo Colo-Colo
O futebol é outra homossexualidade velada
Como o boxe, a política e o vinho
Minha hombridade foi mastigar o escárnio

Manifesto

Engolir a raiva para não matar todo mundo
Minha hombridade é me aceitar diferente
Ser covarde é bem pior
Eu não dou a outra face
Eu dou o cu, companheiro
E essa é a minha vingança
Minha hombridade espera paciente
Os machos ficarem velhos
Porque a essa altura do campeonato
A esquerda barganha sua bunda mole
No parlamento
Minha hombridade foi difícil
Por isso nesse trem eu não subo
Sem saber para onde vai
Não vou mudar pelo marxismo
Que tantas vezes me rejeitou
Não preciso mudar
Sou mais subversivo que você
Não vou mudar apenas
Porque os pobres e porque os ricos
Não me venha com esse papo
E sem essa de que o capitalismo é injusto
Em Nova York as bibas se beijam na rua
Mas essa parte eu deixo para você
Que está tão interessado
Que a revolução não apodreça de uma vez
Para você vai esse recado
E não é por mim
Eu já estou velho
E a sua utopia é para as gerações futuras

Há tantos moleques que vão nascer
Com uma asinha quebrada
E eu quero que eles voem, companheiro
Que a sua revolução
Dê a eles um pedaço de céu vermelho
Para que possam voar.

Texto lido como intervenção em um ato político da esquerda chilena em setembro de 1986, em Santiago.

O abismo iletrado de alguns sons

Perto de Trujillo, no Peru, encontram-se as ruínas de Chan Chan, uma cidade pré-incaica que dorme em seus vestígios erodidos pela brisa marinha. São construções de barro que, apesar de sua precariedade material, atestam certo esplendor castanho-avermelhado que colore o adobe com o mesmo tom da pele indígena. No centro dessa urbe barrenta está a praça principal: um enorme retângulo em cujas margens se ergue um muro com decoração em relevo de peixes nadando em direção oposta. Em um ponto dessa murada, os cardumes se cruzam alternadamente. Esse ponto coincide com a corrente de Humboldt, que em frente a Trujillo corta as águas do norte com o frio mar do sul.

Sobre esse muro de barro, turistas e casais de namorados escreveram nomes, datas, garranchos e panfletos políticos, impondo a escrita castelhana a este alfabeto zoomorfo que, em sua representação mínima, descreve uma cartografia do vasto horizonte salgado no chapinhar dos peixes e no rumor rouco do Pacífico.

Mas, para além das teorias que equiparam a ciência com a magia desses hieróglifos, estes signos falam outra linguagem, difícil de transpor à lógica da escrita. Talvez, mais do que conceitos organizados por um pensamento unidirecional, estes desenhos contenham ruídos, vozes aprisionadas no barro, descrições guturais de uma geografia pré-colombiana que fascinou o homem branco com a música colorida de sua intempérie. Assim, estas formas também poderiam ser traduzidas como representações de um silabário sonoro ou partituras de um frêmito vital no território mesoamericano. A fala e o riso no estrondoso tombo do coração andino. A oralidade e o pranto no baque do sangue pelas escarpas arteriais. A voz mimetizada com o entorno, como um pássaro ventríloquo que caligrafa seu trinado no meio da floresta. Depois veio a letra, e com ela o alfabeto espanhol que amordaçou seu canto.

Então, os códigos orais tornaram-se gritos de alerta para prevenir as tribos da invasão estrangeira. Eram sons de ondas nos cumes do altiplano, através dos *pututos* ou caracóis marinhos, espécies de trombetas moluscas que transmitiam a voz de alarme por todo o Tawantinsuyu. Como se fossem gritos de aves quando a bota do caçador esmaga a sarça, ou murmúrios entredentes que hoje as índias cochicham nas alfândegas das fronteiras. Balbucios imprecisos que irritam o policial de plantão, que as deixa passar com seu contrabando tagarela. Como papagaias matraqueando naquela meia língua, naquele sotaque intraduzível na página, na letra impressa tão fundadora, tão organizada, tão universalista, tão pensante a nossa febril cabeça ocidental. Nosso logo egocêntrico que crê armazenar sua memória em bibliotecas mudas, onde a única coisa que ecoa é a palavra silêncio escrita numa plaquinha.

Mas esse shhh não é silêncio. Para a língua indígena, talvez esse shhh tenha a ver com uma dor de dente, e o "s" seja o leque esfriando a cárie em chamas. Ou quem sabe esse shhh também seja a chuva chiando sobre o telhado de palha ou o silvo da serpente no cio quando pisam nela. Como saber,

O abismo iletrado de alguns sons 51

como traduzir em letras para nosso orgulhoso entendimento a multiplicidade de significantes que um som carrega?

Certamente estamos aprisionados à lógica do alfabeto. A erudição nos leva de mãos dadas pela trilha iluminada do abecê do conhecimento. Mas do outro lado da margem há um abismo iletrado. Uma selva cheia de ruídos, como uma feira clandestina de sabores e aromas e palavras estranhas que estão sempre mudando de significado. Palavras que se pigmentam apenas no coração de quem as recebe. Sons camuflados na fissura do lábio para não serem detectados pela escrita vigilante.

Fora das margens da folha que se lê, uma Babel pagã borbulha em vozes desbocadas, ilegíveis, constantemente prófugas do sentido que as convoca para a literatura.

Aparentemente, a página contém a voz e seu desejo expressivo. Mas essa premissa tem origem na introdução da escrita castiça e católica na América. Entre uma letra e a outra há um confessionário; entre uma palavra e a outra, um mandamento. O que se lê nos lê com os olhos de Deus; as sagradas escrituras têm a sua rubrica. Isso o inca Atahualpa não sabia, por isso confundiu a Bíblia com um caracol marinho e a levou à orelha para ouvir a letra falante do criador. E aquele caracol quadrado e preto não tinha ecos de mar nem sussurros de montanha para falar com Atahualpa; por isso ele o jogou no chão e deu pretexto para que o frei Vicente de Valverde justificasse o genocídio da Conquista. O inca também não sabia que, anos mais tarde, o rei católico Carlos II iria proibir por decreto o uso das línguas nativas. Atahualpa morreu antes de aprender a ler e, analfabeto, continuou escutando debaixo da terra o som das marés como idioma interminável.

Talvez o mecanismo da escritura seja irreversível e a memória alfabetizada seja o triunfo da cultura escrita representada por Pizarro sobre a cultura oral de Atahualpa. Mas isso nos mostra que ler e escrever são instrumentos de poder, mais do que de conhecimento. Quem sabe a cicatriz da letra impressa na memória possa abrir-se numa boca escrita para reverter a mordaça imposta. É o que demonstram o testemunho *Si me permiten hablar...*, de Domitila, editado em 1977, e a *Nueva crónica y buen gobierno*, de Felipe Guamán Poma de Ayala, publicada em 1615. Estes e outros textos exemplificam como a oralidade faz uso da escrita, dobrando seu domínio e ao mesmo tempo se apropriando dela.

Muitos são os silêncios impostos pela cultura grafóloga às etnias orais colonizadas, mas aprender a ler esses silêncios é reaprender a falar. Usar o que as palavras omitem, negam ou criam para saber o que de nós se esconde, não se sabe ou não se diz. Esse silêncio é nosso, mas não é silêncio. Ele fala como uma memória que exorciza os rastros coloniais e reconstrói nossa dignidade oral arrasada pelo alfabeto.

PARTE I

Os duendes da noite

O Zanjón de la Aguada
(Crônica em três atos)

Dedicado a Olga Marín, com meu carinhoso agradecimento.

Primeiro ato: a arqueologia da pobreza

E se alguém contasse que viu a primeira luz do mundo no Zanjón de la Aguada, quem se interessaria? Quem se importaria? Não aqueles que confundem esse nome com o de um romance de costumes. Muito menos os que não sabem, nem nunca saberão, o que foi esse muquifo da pobreza chilena. Certamente incomparável com qualquer ocupação, acampamento ou favela violenta dos subúrbios da atual Grande Santiago. Mas o Zanjón, mais do que um mito da sociologia marginal, foi um beco às margens do fatídico canal de mesmo nome. Uma ribeira pantanosa onde, no final dos anos 1940, foram instalando umas tábuas, umas chapas, uns papelões, e de um dia para o outro as casas estavam prontas. Como num passe de mágica, surgiam barracões em qualquer canto. Como se fossem fungos brotando milagrosamente depois da chuva, floresciam no meio do lixo os casebres precários que receberam o nome de *callampas*,*

---

* "Cogumelo", termo de origem quéchua usado no Chile como sinônimo de favela. (N. T.)

pela forma instantânea como ocuparam uma área clandestina no opaco atoleiro da pátria.

E, como sempre, o tema da moradia é uma excursão aventureira para os desprovidos, ainda mais naquele tempo, quando famílias inteiras emigravam do norte e do sul do país para a capital em busca de melhores horizontes, tentando encontrar um pedaço de chão onde fincar suas bandeiras de assentados. Esse, porém, não foi o caso da minha família, que sempre morou em Santiago, arrastando sua vida pelega por quartinhos de cortiços e bairros lúgubres ao redor do antigo centro. Mas um dia qualquer vinha o despejo: os canas jogavam na rua a meia dúzia de imundícies, o estrado da cama, a mesa bamba, o fogareiro a querosene e umas quantas caixas contendo minha herança familiar. E talvez alguém tenha comentado com a gente sobre o Zanjón, e, para não ficarmos no relento, chegamos a essas plagas imundas onde as crianças corriam junto com os cachorros, perseguindo ratazanas. E a coisa foi tão simples, tão rápida, que por alguns pesos nos venderam um muro naquele lugar, não chegava a um metro de terreno, era só uma parede de adobe, que minha avó comprou. E a partir daquele barro sólido foi construindo o ninho brejeiro que em pleno inverno abrigou minha infância e deu guarida ao meu núcleo familiar. A partir daquela muralha, que como um cenário cinematográfico se transformou na fachada do meu primeiro domicílio, minha avó pôs um teto de Eternit e uma cerca de paus, compondo a arquitetura fuleira do meu palácio infantil. Mas, ao contrário dos meus vizinhos, o frontispício espremido da minha casa tinha cara de casa, pelo menos da rua parecia uma casa, com sua janela e sua porta que, ao abrir, revelava um deserto: não tinha cômodos,

O Zanjón de la Aguada 57

apenas o fundo aberto do descampado onde o vento frio da madrugada entrava e saía sem pedir licença.

Pode parecer que, na evocação daquele passado, a tiritante manhã infantil tatuara com gelo seco a pele de minhas lembranças. Mesmo assim, sob aquele toldo da alma proletária, fui embalado pelo ninar cálido da temperança materna. Naquele alvoroço de fedores e fumaça de serragem, "aprendi todas as coisas boas e conheci todas as coisas ruins", descobri a nobreza da mão humilde e esbocei minha primeira crônica com as cores da lama que redemoinhava o leite turvo daquele córrego.

Segundo ato: minha primeira gravidez tubária

Há um ditado que diz: "Pobre, porém limpinho", e isso é verdade em alguns casos, onde há itens básicos de higiene disponíveis. Já no Zanjón, a água para beber, cozinhar ou tomar banho tinha que ser trazida de longe, onde um tanque sempre aberto abastecia o consumo da comunidade. Da mesma forma, a coleta de esgoto e o saneamento se resumiam a uma vala fedorenta que corria paralela aos barracos, onde as mulheres jogavam os caldos fétidos da caganeira. Contrastando com esse sórdido lamaçal, o alvo flamular dos lençóis e fraldas, deslumbrantemente brancos de puro cloro fervido, confirmava o esfregar passional das mãos maternas, sempre pálidas, azuladas, mergulhadas de molho na água espumante. E talvez essa utopia alvejante fosse o único jeito de as mães do Zanjón se livrarem simbolicamente da lama e, com pencas de rebentos nas costas, ascenderem às nuvens agarradas ao fulgor níveo de seus trapos, vaporosamente esfarrapados, como bandeiras de trégua nessa guerra manchada pela sobrevivência.

Minha infância no Zanjón borboleteava ao sol entre as moscas que minha mãe espantava zelosa, mas, ao primeiro descuido, quando ela, atarefada, por um minuto me perdia de vista, a aventura de engatinhar para fora da *callampa* me conduzia à beira daquela vala onde eu metia as mãozinhas, onde eu molhava o rosto e sorvia o lodo na curiosidade infantil de conhecer meu meio pelo gosto. E foi assim que um dia minha barriga foi inchando como se eu tivesse engravidado de uma alteza varejeira. Com o passar dos dias, o tamborilar da colite incessante e a dor abdominal eram um choro sem trégua. Minha mãe não sabia o que fazer, esfregando minha pancinha inflamada como um balão e me dando infusão de ervas, açúcar queimado e chá de canela. Ali, na época, não era tão simples pegar o telefone e ligar para o médico da família. Principalmente se você tinha que levantar às cinco da manhã e sair com o bebê a tiracolo para pegar uma senha no postinho lotado. Assim, cheguei às mãos de uma doutora com óculos fundo de garrafa que viu minha barriga pobre, pensando na *very typical* desnutrição das crianças africanas. Mas, ao tatear aquela pele tensa de atabaque e apoiar nela seu frio estetoscópio, uma batida surda a assustou, fazendo-a recuar espantada. Não é possível, disse ela, olhando para minha mãe, e escreveu nervosa a receita de um purgante virulento. Naquela mesma noite aconteceu o parto. Após tomar aquele remédio abortivo, me desfiz em cólicas de uma florida diarreia feito água pantanosa. E ali, no espelho negro do peniquinho transbordante, boiava o corpo minúsculo de uma lombriga

O Zanjón de la Aguada

interrompida em sua metamorfose. Era só uma cabeça e um rabinho, mas sobressaíam duas patinhas verdes que o bebê girino conseguira formar no meu ventre desde que eu engolira sua larva no micromundo da vida que, apesar de tudo, lutava a cotoveladas no breve espaço de sua gestação.

Terceiro ato: as memórias do Carne Amarga

O Zanjón de la Aguada não era famoso apenas pela extrema pobreza, onde escorria o suor do povo e o atraso social. Nos anos 1950, aquele pulgueiro também manchava os jornais com notícias de crimes e a proliferação de bandidos que se refugiavam debaixo de seus tetos. Na época, aqueles mafiosos trombadinhas eram apelidados de "carecas", sem dúvida por causa da cabeça raspada a tesouradas pela polícia, talvez para torná-los visíveis diante da sociedade de bem e para que o look servisse de castigo. Mas, no Zanjón, essa estética da cabeça tosada não gerava discriminação: era comum ver moleques piolhentos raspados à máquina zero para matar a praga. Assim, no caso dos "carecas", era natural vê-los saírem da cadeia com aquela aparência de judeus esqueléticos, barbudos e calvos, libertados do extermínio. Certa familiaridade com o delito propiciava essa convivência saudável. Porque, como em toda microssociedade, por mais bandida que seja, existem códigos de camaradagem, e os "carecas" tinham os deles. Era uma espécie de catecismo moral jamais apontar uma faca para um vizinho do bairro. Mais do que isso, para eles era uma obrigação demonstrar solidariedade nos desastres naturais, que faziam voar os telhados nas noites de vendaval. Assim como tirar a água suja que inundava os barracos nas enchentes. Ou apagar o incêndio imenso que consumiu metade do Zanjón de la Aguada — e ali, na falta de bombeiros, foram os "carecas" os anjos salvadores, carregando baldes com água de torneiras distantes ou resgatando bebês chamuscados pelo fogo.

Naquele reduto social, onde as malocas pululavam no entorno miserável de Santiago, convergia um zoológico delinquente batizado de acordo com a especialidade do roubo. Havia os punguistas a jato, que afanavam uma carteira com dedos de veludo e chispavam feito foguetes. Havia também as muambeiras do centro, como a Maria Xereta, uma vampira gatuna que se vestia como uma lady e arrasava as lojas de luxo com sua bolsa de fundo duplo. Também o clã dos larápios, especialistas em arrombar casas nos bairros de bacana. E às vezes apareciam de visita uns golpistas internacionais que voltavam da Europa, onde exportavam com estilo a arte chilena da gatunagem. Por exemplo, o Chuta Bosta, um dândi esbelto que retornava à vizinhança fumando charutos cubanos, de terno branco e chapéu combinando. Ali, o Zanjón inteiro o recebia com grande festa e uma farra mafiosa que durava três dias. Os mais contentes eram os moleques, embolsando os punhados de moedas que o Chuta Bosta jogava para eles como um padrinho mão-aberta. Mas também havia outros mais sinistros, como o Carne Amarga, sombrio e perverso como a pupila de um chacal. Ele era mestre em saquear os caminhões que passavam pela Santa Rosa. Carne Amarga era pai solteiro, tipo *Kramer vs. Kramer*, e tinha inventado um truque para parar os caminhões, que, conhecendo os perigos do lugar, passavam disparados na avenida. Então, quando avistava um veículo carregado de mercadorias, Carne Amarga jogava o filho de sete anos no meio da Santa Rosa e o caminhão parava chiando os freios, ocasião que o bandido aproveitava para subir por trás e saqueá-lo. E pode ser que alguma vez o veículo não tenha conseguido frear e as rodas tenham esmagado o pirralho. Mas isso era o pão de cada dia do Zanjón de la Aguada, as crianças morriam como cães vadios atropelados. E também nas batidas policiais, no meio da noite, de madrugada, pelas balas zunindo que atravessavam os puxadinhos. No dia seguinte, todos os vizinhos comentavam o resultado da caçada feita pela Brigada de Homicídios: porque ontem à noite caiu o Coió, porque bateram no Caca Negra, porque a Maria Xereta escapou por um triz, porque levaram algemados o Tirifa, o Tampinha e o Cara de Luto, porque o Chapa levou um pipoco no pé mas conseguiu fugir pelo telhado, porque os homi levaram uma pá de coisas alegando recuperação de mercadoria. E depois dessas operações vinham semanas de vigilância em que o Zanjón inteiro dormia sobressaltado de medo de que os canas voltassem com seu tiroteio prepotente. Os "carecas" viravam fumaça por um tempo e alguns emigravam para La Legua ou La Victoria, onde seguiam aperfeiçoando minuciosamente as artes malandras do seu ofício.

Epílogo. a nostalgia de uma dignidade territorial

Atualmente, quando os prefeitos fazem alarde em suas campanhas de novos métodos policiais para prevenir assaltos e furtos. Nestes tempos em que a delinquência perdeu sua aventura romântica de tirar do rico para dar ao mais pobre, à la Robin Hood ou Jesse James, talvez porque os protagonistas do roubo social não passem de uns pirralhos que afanam a aposentadoria dos vovôs na saída do banco. Mais parecem ratazanas, roubando a bicicleta da molecada e a mochila dos estudantes, em nada parecidos com os malvadões de antigamente, com os trombadinhas de rapina do Zanjón, que dramatizavam suas vidas transgredindo a brutal desigualdade econômica que retratava sem cor a radiografia humana daquela desnutrida paisagem.

Agora, quando a pobreza disfarçada pela roupa importada de segunda mão já não quer ser chamada de povo e prefere se esconder sob a globalidade do termo "gente", mais plural, mais despolitizado nas sondagens que somam eletrodomésticos para avaliar a distribuição do gasto social nas camadas de menor renda. E tudo é assim: para se viver melhor existem as linhas de crédito que permitem sonhar a cores, folheando o catálogo endividado de um bem-estar à prestação. Para passar melhor estes tempos, é melhor liquidar neurônios como espectador da telinha onde o jet set medíocre se abana com pagamentos milionários, curtindo a vida no bem-bom, mastigando uma azeitona no desfile de moda com seu ócio fashion, mostrando a língua para telespectadores sonâmbulos pés de chinelo que põem uma panela em cima do aparelho de tevê para conter a goteira que cai do telhado roto, que soa como moedas, que em seu tinido insistente se confunde com o tilintar das joias que os personagens *top* fazem soar na tela. Mas, ao desligar a tevê, a goteira da pobreza segue soando

O Zanjón de la Aguada 63

como goteira no eco da panela vazia. Para viver melhor a geada indiferente destes tempos, vale dormir sonhando que o Terceiro Mundo escapou por um sapatinho furado, que naufragou na correnteza do Zanjón de la Aguada, onde um menino girino nunca virou princesa narrando a crônica de seu interrompido coaxar.

Censo e Conquista
(E essa peruca rosa debaixo da cama?)

Um dos primeiros censos populacionais na América foi realizado pela Igreja católica em plena Conquista. À medida que o massacre colonizador arrasava aldeias indígenas, os jesuítas iam coletando para a Coroa qualquer antecedente que pudesse reconstruir um nativo americano perante o clero espanhol. Um perfil desconjuntado pela estatística, traços do Novo Mundo desmembrados pela voracidade estrangeira de organizar o mistério pré-colombiano em esquemas lógicos e estratificações de poder.

Antes da empunhadura europeia e da quadratura de sangue, eram outros os índices de medição que norteavam a cosmologia pré-hispânica. Os calendários de pedra giravam em ciclos de retorno e centrífugas de expansão, em estreita analogia com os períodos de fertilidade, seca ou calmaria.

A noção de tempo dependia de outros parâmetros, mais relacionados com uma rotação cíclica do que com uma numerologia quântica. Os indígenas se surpreendiam diante das perguntas clericais imbuídas de dominação e de certa morbidez branca. Quantos coitos semanais? Quantas masturbações por mês? Como moravam tantos numa mesma choça? Que pecados capitais somavam-se nas contas de vidro dos rosários? Quantas orações e pais-nossos deveriam

Censo e Conquista 65

rezar para serem absolvidos? Quantos metros quadrados de ouro pagariam como tributo? Enfim, diante dessa avalanche de assédio, os indígenas respondiam sem a matemática da pergunta, apresentando-se na verdade como acusados, réus confessos de povoar seu território com as práticas próprias do habitat nativo. Respondiam oito ou oitocentos apenas para dizer alguma coisa, pela posição dos lábios circundando em forma de oito. Diziam mil pelo toque da língua se debatendo no palato como um inseto estranho. Escolhiam o três pelo assovio do ar ao atravessar seus dentes podres. Murmuravam seis pelo sussurro do "s" na chuva benfazeja sobre seus tetos de palha. O som do número por sua equivalência quantificadora, pela relação oral que estabeleciam entre a pergunta e o ato de responder. Desviando elipticamente do item paralelo da sondagem, escapando da interpelação com uma aparente idiotice que embaralhava os cálculos góticos dos missionários. Os indígenas recorriam à velha arte da camuflagem para se defender da intromissão, subvertendo a rigidez do signo numérico com a semiótica de seu entorno.

Assim, as pesquisas e censos na América proclamaram diante da sociedade burguesa europeia a vida amoral e promíscua dos habitantes desta parte do mundo. Uma avaliação de selvageria interpretada pelo clero e pela monarquia, que acirrou os ânimos evangelizadores das futuras campanhas do descobrimento. Quanto mais hereges, mais sabres; quanto mais animais, mais jaulas.

Anos se passaram, e hoje nos deparamos com um censo populacional que mais uma vez visa enumerar as práticas cidadãs. Supostamente para adequar os índices de carências ao desenvolvimento econômico. Outra vez a grande visita com a roupagem de assistente social se sentará na ponta da cadeira. E, espantando as moscas, molhará os lábios com o chá lavado da única xícara com asa. Perguntando quantas camas, quantos trabalham, e os que não trabalham vivem de quê? E essa filha de dezoito anos atrás da cortina, esperando a moça ir embora para não ver a pátina arroxeada de suas olheiras? E essa peruca rosa que a mãe esconde ao deixar a moça entrar no quarto do filho que trabalha no norte? Contando as maravilhas de presentes que ele manda para ela de Iquique, enquanto empurra dissimuladamente os sapatos de salto alto para debaixo da cama. Exibindo o aparelho de som com cassete duplo e a tevê em cores. Mostrando uma porção de quinquilharias da Zona Franca que eles nunca usarão por medo de estragar. A mãe que acaricia a marca prateada da geladeira, vazia de comida mas grávida de cubinhos de gelo.

Como um tamanduá, o supercenso enfia a tromba nas dobras bolorentas da pobreza, vai descrevendo com tinta oficial a precariedade da residência. As paredes são de alvenaria ou de barro com palha? É banheiro ou fossa séptica? E se é banheiro, por que a privada transborda de flores como um vaso greco-romano no quintal? E se a casa tem fogão, por que ele é usado como mesa de cabeceira e o fogo é feito com lenha? E por que, com tanta informação disponível, os bebês se multiplicam como os cachorros? E os cachorros e gatos, em que parte da pesquisa são contabilizados? Porque crianças e animais se confundem sob a mesma camada de piche, sob o mesmo trapo suado cobrindo a miséria. A cortina que se fecha sob o avental da mãe escondendo o pacote de maconha, os negócios do filho caçula que está indo tão bem trabalhando com um desconhecido que lhe compra tênis Adidas e vem

Censo e Conquista

deixá-lo em casa de carro. O outro lado do orçamento familiar, o negativo do censo que não tem classificação, que se mascara de azulada inocência ao olho censor. E chegam a derramar cascatas de lágrimas quando precisam contar o dramalhão à visitante. É preciso vestir a pior roupa, arranjar três bebês chorões e se enrolar num leque de moscas como salvo-conduto para evitar as burocracias do sufrágio.

Assim, as minorias viabilizam sua existência errante burlando a piedosa enumeração das faltas. As listas de necessidades que o recenseamento vai desenrolando Chile afora, como uma serpente computacional que deglute os índices econômicos da população para processá-los de acordo com esquemas políticos. Cifras e tantos por cento que vão encher a boca dos parlamentares com números desgastados pela manipulação do debate partidário. Uma radiografia do intestino delgado chileno exposta em seu melhor perfil neoliberal como ortopedia do desenvolvimento. Um esboço social que não se traduz em suas tramas mais finas, que traça rasante as linhas grossas do cálculo no submundo que as sustenta, das imbricações clandestinas que vão alterando o projeto determinante da democracia.

Talvez uma herança pré-hispânica que emerge nas margens excedentes como estratégias de contenção contra a recolonização pela enquete. Talvez micropolíticas de sobrevivência que trabalham com o subtexto de suas vidas, escamoteando os mecanismos do controle social. Um desdobramento, um outro que sorri para a câmera do censo e se despede na porta de tábuas com a educada paródia do riso amarelo, com um falso até logo que se multiplica em zeros à esquerda como protolinguagem tribal que fecha hermeticamente o selo da desobediência.

Mamãe pistola

E PODE TER SIDO num famoso domingo, um Dia das Mães em que eu, me esticando na ponta dos pés aos sete anos, entregava à minha mãezinha um cartão que havia desenhado na escola com um grande beijo. Porque naquele tempo era assim, não havia essa máquina fetichista do mercado materno. Muito menos as grandes lojas oferecendo crédito popular para entulhar a velha de eletrodomésticos. Deve ter sido nesse dia, eu me lembro, de manhã cedinho: ela fresca, jovem e linda (todas as mães são lindas nesse dia). Tinha posto seu avental amarelo para fazer um almoço gostoso ao voltar da feira. Porque ela só punha o avental amarelo para se enfiar na cozinha. Então, eu lhe entregaria o cartão e uma flor. E fiquei com a mão esticada ao ouvir o tiro. E ali mesmo veio alguém avisar que, na esquina do gueto, meu pai estava megabêbado e estavam batendo nele. Porque meu pai era um ás na *rayuela** e na pinga. Era campeão nacional do esporte e estava feliz porque havia ganhado de todos os *rayueleros* na noite anterior. Fizera uma porção de *quemadas* com sua pontaria certeira. Ele estava contente bebendo e

---

* Jogo chileno disputado em uma pista retangular onde os praticantes (*rayueleros*) devem arremessar discos de metal com o objetivo de acertar uma caixa de barro dividida por uma linha. Quando o disco toca a linha se dá a *"quemada"*, que equivale a dois pontos. (N. T.)

Mamãe pistola 69

comemorando, pois tinha um presente especial para minha mãe. E embora nunca tenha gostado de armas, comemorou feito criança a pequena pistola Luger que havia ganhado de um mafioso com sua melhor jogada. Mas minha mãe não fazia ideia disso, e foi só quando ouvimos o estampido e vieram avisar que o mafioso, indignado, estava batendo nele, que ela arrancou o avental de um puxão e teve tempo de se olhar no espelho para retocar o batom. Saiu descendo de dois em dois os degraus da escadaria do bloco. E na pressa nem reparou que eu ia atrás, seguindo-a com meu cartãozinho na mão. Chegamos correndo à esquina cheia de gente, vendo o mafioso bater no meu paizinho com um soco-inglês. Cambaleando, o coitadinho do meu pai tentava se defender atirando para todos os lados. E agora eu me lembro dos tiros, eram estampidos ao vento que meu pai disparava sem pontaria, tentando impedir que o mafioso continuasse destruindo a cara dele com sua soqueira de aço. Foi assim que eu o vi aquela manhã, todo ensanguentado, com o casaco comprido se enroscando e caindo no chão com os murros metálicos do agressor. Assim, sem mais nem menos, na esquina da minha área, com toda aquela gente olhando sem se atrever a pegar a arma do meu paizinho, turvado pelo álcool e pelo sangue. Quando minha mãe chegou, todos recuaram; ela, tão jovem na época, tão pálida açucena. Minha mãe tão linda, tão valente, deu um pulo e arrancou a pistola da mão do meu pai e apontou para o mafioso, dizendo: Quero ver você bater nele de novo. Quero só ver, covarde. Batendo num bêbado!, gritou, apontando firme a arma para ele. E o mafioso parou um instante e, rindo dela, acariciou o metal ensanguentado da soqueira e meteu uma porrada.

Mas nem sequer chegou a tocá-la, porque mamãe puxou o gatilho e o pipoco deixou a comunidade petrificada. Foi só quando a fumaça se dissipou que vimos o rasgo roxo na testa do sujeito. Um risco vertical marcando seu crânio entre as sobrancelhas, e por questão de centímetros minha mãe não era incriminada junto com o mafioso. Só me lembro do suspiro geral ao verem o homem vivo, mas com uma marca na testa que jamais esqueceria. E minha mãe, tão linda, tão bela, tão jovem e corajosa, ali de pé com a Luger fumegando na mão. Nem sequer tremia, nem hesitava em meter outro tiro no homem, que saiu limpando a testa como um vira-lata assustado. Então, levou embora meu pai arrastado, que de tão ébrio não se deu conta de nada. Naquela manhã, o bairro inteiro soube que minha mãe, aquela linda senhora com pinta de rainha, era boa no gatilho. Quem diria, ela, tão doce, tão jovem e bonita, parada ali na esquina com a arma fumegante. Quem teria imaginado, ela, tão simples e graciosa, defendendo com pólvora seu rebanho. Feliz dia, mamãe pistola, eu disse a ela ao voltar para casa, estendendo orgulhoso o cartão amarrotado com um garrancho em forma de coração.

Cinco minutos te fazem florescer[*]
(Víctor Jara)

A MANHÃ DO DIA 12 DE SETEMBRO raiava degoladamente ruça naquela Santiago acordando de um sonho ruim, de um pesadelo sonâmbulo, com os uivos do bombardeio da noite anterior. Pela rodovia Panamericana, os caminhões blindados passavam chispando rumo ao centro, dispersando os grupos de vizinhos que comentavam nas esquinas a notícia do golpe. O ar primaveril engrossava em coágulos de zinco sobre o telhado dos conjuntos habitacionais, sobre as crianças brincando de polícia e ladrão, atirando com suas mãozinhas nos helicópteros que agitavam o céu alvoroçado de pombas. Nas escadas e corredores, o rebuliço de velhas que na época nem eram tão velhas, mas mulheres jovens, de meia-idade, pendurando roupas nos parapeitos, ainda frescas nas chitas floridas de suas saias rodadas. Mulheres do povo, donas de casa que ainda não entendiam o que estava acontecendo, mas pareciam tensas em seu gesto fuxiqueiro de apontar com o queixo e cravar os olhos na aglomeração de vizinhos que se via ao longe, que nem era tão longe, apenas meia quadra da

---

[*] *"Los cinco minutos te hacen florecer"* é um verso de "Te recuerdo Amanda", composição de Víctor Jara (1932-73), assassinado pela ditadura de Pinochet dias após o golpe militar. (N. T.)

favela que fazia divisa com o terreno baldio da Panamericana Sul e Departamental. Bem ali, onde hoje tem um posto de gasolina e um condomínio popular para funcionários públicos, naquele tempo fedia a cachorro podre a manhã do lixão batizado de El Hoyo, "o buraco", uma pedreira funda de onde extraíam brita e areia, o aterro onde os caminhões municipais descarregavam a podridão da cidade. Naquela pequena cordilheira de imundícies, nós, as crianças dos blocos, brincávamos de esquiar nos morros de lixo, escorregávamos numa bacia pelas ladeiras perigosas de chapas fumegantes. Ali, nas escarpas da escória urbana, procurávamos pequenos tesouros, presilhas de esmeralda desdentadas, papéis dourados de bala Ambrosoli, um pedaço de uma revista *Ritmo* debaixo do esqueleto de um vira-lata, uma garrafa azul de leite de magnésia chapiscada de merda viva, um pedaço de um disco de 45 rotações semienterrado, refletindo a música muda do lixão que fervia de moscas, vermes e ratos naquela manhã de setembro de 1973.

Do terceiro andar dos blocos, dava para ver os três cadáveres no restolho dos resíduos. Pareciam ainda encaramujados pelo último estertor, ainda mornos na carne azulada, perolada de garoa com a gaze úmida do amanhecer. Três homens salpicados de iodo, foi o que eu vi naquela manhã da minha infância, espiando entre as pernas das pessoas; meus vizinhos comentando que talvez fossem criminosos justiçados pelo estado de sítio, como informava a televisão. Diziam isso apontando para um dos homens um pouco mais velho, cuja peruca no cocuruto havia entortado no meio do tiroteio, revelando o crânio aberto como um punhado de rubis coagulados pelo sol.

Cinco minutos te fazem florescer 73

Para mim, algo daquela suspeita não fazia sentido, o adjetivo criminal não combinava com aqueles corpos de 45 a sessenta anos, de senhores simplórios em suas roupas tristes, mutiladas pelas baionetas. Talvez avôs, tios, pais, mecânicos, eletricistas, padeiros, jardineiros, trabalhadores sindicais, detidos na fábrica e liquidados ali, no lixão em frente à minha casa, longe dos familiares que os esperavam com o coração na boca, toda aquela eterna noite em vigília de séculos, para não vê-los nunca mais.

Vinte e cinco anos se passaram desde aquela manhã, e o mesmo calafrio ainda estremece a evocação daquelas bocas tortas, cheias de moscas, daqueles pés sem sapatos, com as meias remendadas, furadas, por onde saíam os dedos frios, inchados, intumescidos. A imagem se repete ao longo dos anos, me acompanha desde então como um "cão que não me larga nem se cala".* Com o tempo, tornou-se familiar para mim recordar o toque visual da pelúcia gelada de sua mortalha de lixo. Quase poderia dizer que, daquele fétido baldio da minha infância, suas mãos crispadas me cumprimentam com o punho erguido, sob uma lua de negro nácar onde teimosamente brota seu amargo florescer.

---

* *"Perro que ni me deja ni se calla"*, verso do poema "Umbrío por la pena", do espanhol Miguel Hernández (1910-42), musicado por Joan Manuel Serrat. (N. T.)

A esquina é o meu coração
(ou Os *new kids* do bloco)

DEDICADO AOS MOLEQUES DO BLOCO, desaguando a bebedeira na mesma escada onde seus pais beatlemaníacos me comeram de quatro, injetando em mim a bainha prateada da urina que escorre nua pelos degraus até pousar numa estrela fumegante. Eu fumo esses vapores num suspiro de amor por seu exílio rebelde. Um brinde de mertiolate à sua imaginação corroída pelas drogas. Enfim, são tão jovens, expostos e dispostos às acrobacias de seu trapézio proletário. Uma transumância de solas mal grudadas pela cola que goteja mortífera as membranas cerebrais, abrindo buracos negros como janelas enlutadas ou poços cegos onde se perder para avistar com muito custo a lâmpada do poste. Tantas vezes quebrada, tantas vezes trocada e quebrada de novo, como uma forma de anular seu halógeno fichamento. De voltar à escuridão protetora dos apagões, transformando o entorno conhecido em selvática de escamoteio. Um anonimato pantanoso que delineia os rostos adolescentes em pirilampos de cigarros girando no perímetro da luz apagada, como território de emboscadas.

A esquina do gueto é um coração onde apoiar a orelha, ouvindo a música batucada que soa às sextas ou aos sábados, tanto faz. Afinal, aqui o tempo demarca o cansaço nas brechas e fendas mal remendadas que o terremoto deixou em seu

A esquina é o meu coração

tremor. Aqui o tempo se desprende em manchas de umidade que velam os rostos refletidos de uma janela a outra, de um canto a outro, como se o olhar perdesse toda autonomia na repetição do gesto confinado. Aqui os dias se arrastam por escadarias e corredores esfregados por mulheres de mãos rachadas pelo cloro, comentando o último causo dos moleques.

A esquina dos blocos é o epicentro de vidas pouco ensolaradas, emergindo ao mundo para dar o play no walkman amarrado com elástico. Um marca-passo no peito para não ouvir o caos, para não se deprimir com o deboche da ladainha presidencial falando dos jovens e seu futuro.

O walkman é um passaporte no itinerário da chapação, uma viagem intercontinental num engarrafamento de pisco para dormir pesado com o coro de vozes ianques que prometem "dis nai" ou "esta noite". Como se esta fosse a última noite de ver as calças da mãe esvoaçando no parapeito, a última noite do vizinho roncando do outro lado da parede de gesso. Dessa divisória cênica que a arquitetura popular inventou como suporte precário de intimidade, onde os gemidos conjugais e as flatulências do corpo permeiam do privado ao público. Como uma só ressonância, como um sino que tange neurótico os gritos da mãe, os gargarejos do avô, o choro dos rebentos ensopados de merda. Um cubículo que pulsa sua barulhenta superlotação onde ninguém consegue ficar sozinho, porque o morador, nessa loucura, prefere afundar no caldo promíscuo do coletivo, anulando-se para não sucumbir, afogando seus desejos em quartos minúsculos. Uns poucos metros em que todo deslocamento provoca atritos, fricções de convivência. Onde qualquer movimento brusco risca uma chispa que explode em quebra-pau, na grana que falta para botar comida na mesa. E o New Kid vadio ainda dormindo, embalado em embriaguez pelas coxas da Madonna, acordando apenas com os gritos que martelam sua cabeça, que derrubam a porta com um "levanta, porra, que já é meio-dia". Como se essa hora do dia fosse uma referência instantânea de trabalho, uma medida burguesa de produção para gente batalhadora que já ganhou metade do dia depois de fazer cooper, levar o cachorro para passear e teclar no computador a economia mesquinha de suas vidas, para depois se vangloriar da lombalgia como condecoração ao ofício dos rins.

Como trocar a pinta azul da Madonna pela verruga peluda da secretária velha que te manda para onde lhe der na telha, porque você é um office boy e tem que baixar a cabeça humilhado? Como substituir o ruído dessa velha batendo à máquina pela sonzeira dos New Kids para desmaiar fundo e beber todas, fumar até as unhas e topar o que vier, mina, mona, viado, o que for, explodir de gozo, saca? Desde que não ponham Jim Morrison, porque me lembra daquele maluco que ficou congelado na escada quando nevou e assim foi encontrado. Na época muitos choraram e outros levaram flores de maconha pra ele, que depois fumaram ali mesmo. Afinal, diziam, a erva alivia a dor e o peso do barro nos sapatos. Ou melhor, dos tênis Adidas que afanamos de um moleque gente fina que veio vender pó. Era um pirralho e ficou duro quando apontamos a faca, dizendo: passa o tênis, cara, agora o jeans e a camisa. E fomos bonzinhos de não cortar o pescoço dele, porque ele tremia todo. E embora fosse um playboy, ficamos com pena e contamos até dez, igual a polícia fazia com a gente, fizemos igualzinho com o maluco, porque aqui nós somos a lei, este é o nosso território, mesmo que as velhas reclamem e molhem a escada pra gente

A esquina é o meu coração   77

não sentar. Então vamos para os blocos de trás e a esquina fica vazia, porque os cana estão rondando à paisana e começam a correria e os golpes de cassetete, até dentro dos apartamentos eles se enfiam e arrastam a gente pra sarjeta e depois pro xadrez. E mesmo que você esteja limpo, eles te pegam e tua mãe tem que arranjar a grana da fiança, e eu prometo a ela que é a última vez, juro que vou trabalhar e ganhar muita grana pra gente dar o fora do bloco. Porque ela vive com o coração na mão quando eu não chego. E mesmo que eu diga pra ela ficar calma, ela não acredita mais em mim e continua gritando que já é meio-dia, que é hora de acordar, quando pra mim só existe meia-noite, quando a farra de sexta ou sábado me espera pra morrer um dia qualquer, de tão vivo que estou.

Semana após semana, muitos corpos desse infantes favelados vão se acumulando nos nichos do cemitério. E assim se repete, para além da morte, o cubículo cimentado do habitat da pobreza.

É como se esse urbanismo de gavetas fosse planejado para reforçar por aglomeração humana a loucura da vida — por si só violenta — dos marginalizados na distribuição do espaço urbano.

Como se cada nascimento naqueles blocos, cada fralda esvoaçante que pressupõe uma vida nova, estivesse manchada por um trágico destino. Parecem inúteis os alvejantes e sua cândida propaganda feliz, inútil a esfregação, inúteis os sonhos profissionais ou universitários para aqueles moleques de segunda classe. Esquecidos pelos professores nos conselhos municipais que instituem uma educação classicista, conforme o bairro e o status de seus moradores. Herança neoliberal ou futura decolagem capitalista na economia dessa "democrisia".

Um futuro inalcançável para esses meninos, uma piada cruel eleitoreira, a traição da pátria livre. Livrar-se dos milicos para acabar atolados no mesmo lixo, na mesma pocilga que os viu nascer. Que horizonte para esse extrato juvenil que desperdiçou seus melhores anos! Certamente irrecuperáveis, apinhados no lumpesinato crepuscular da modernidade. Distantes anos-luz das mensalidades milionárias que os ricos pagam para seus pimpolhos em colégios particulares.

Certamente, boi de piranha no tráfico das grandes políticas. Relegados às sombras para estuprar, roubar, enforcar, pois já não têm nada a perder e um dia qualquer aparecerão com as tripas de fora. Táticas compreensíveis de vietnamização para sobreviver nessa Idade Média. Outra forma de contenção ao abuso legal e ao deboche político. Um futuro nebuloso para esses meninos expostos ao crime, como um refugo sul-americano que não conseguiu ter uma vida digna. Irremediavelmente perdidos no itinerário apocalíptico dos blocos... navegando de vento em popa pela ruína da utopia social.

A Bichona do Pinheiro

MAIS PARECIA UMA ÁRVORE AMBULANTE, uma espécie rara de pinheiro que passava todo ano no início de dezembro, antecipando prematuramente o Natal. E bastava vê-lo para saber que o ano já estava perdido, que todos os esquálidos planos dos moradores dos blocos deviam ser sonhados em tempo futuro, porque o fim de ano desabava sobre eles com sua avalanche de gastos e preocupações festivas. Bastava ouvir os gritos no quarteirão, os assobios dos vagabundos chapados de erva na esquina, acordando só para gritar: lá vem o viado do pinheiro! E, como sempre, o bairro inteiro saía para vê-lo passar. Para vê-lo todo encolhido atrás dos galhos, tentando se camuflar no vaivém murcho do cipreste. Todo trêmulo, carregando o pinheiro como se ostentasse um estandarte, resistindo à enxurrada de piadinhas que os doidões replicavam com a escassez de neurônios perdidos pela cola de sapateiro.

Várias gerações conheceram a Bichona do Pinheiro, personagem que dava início aos festejos dos blocos. Depois dela, passavam as coletas porta a porta para comprar os brinquedos da meninada. As bolas de plástico que no primeiro chute ficavam parecendo um saco murcho, e aquelas bonecas carecas que se amontoavam como fetos na associação de vizinhos. E também a pintura das paredes, a típica brancura da cal, tão barata, que num instante transformava a sujeira num véu de noiva. Uma verdadeira e milagrosa alvura para cobrir o óxido da urina nos muros lacrimejantes. Ali, uma única vez no ano, os chapados participavam da decoração coletiva. Com um pincel e um galão de cal, remendavam os próprios rastros de mijo e grafites satânicos. E, com uns baseados e um garrafão de vinho fuleiro, eram capazes de caiar até o céu carunchado do seu finito porvir.

Ninguém jamais falou com a Bichona do Pinheiro, que passava deixando aquelas badaladas, aquele presságio, aquela angústia feliz porque o ano finalmente ia embora, arrastando sua sucata de ilusões vencidas. Aquela torre de esperanças e melhorias econômicas do bairro, que a bicha-louca fazia cair por terra de uma só vez. Como se fosse um relógio acelerando a corrida para a Previdência Social, para aquela aposentadoria que de novo era preciso esperar até o ano que vem. Até depois das férias. Próximo, por favor, resmungavam as mulheres do guichê para a fila de vovôs iludidos que agora tinham que refazer todo o processo, tremendo de Parkinson. Até o ano que vem, até o médico voltar de férias, suspirava a enfermeira do postinho soprando as unhas recém-pintadas. Não tem horário para atendimento de oncologia, dizia à massa de mulheres que esperavam, apalpando seus tumores mamários, aquelas sementinhas que depois das férias seriam melões cancerosos. As provas de recuperação vão ficar para março, gritava o professor aos alunos vadios que haviam reprovado em alguma matéria. Aqueles maconheiros atrasados que saíam emputecidos, sabendo que não devorariam *El Cid Campeador* na farra das férias de verão. A galera do fundão, que acendia um baseado na saída do colégio para brindar com ironia e fumaça a reincidência de mais um ano perdido. Afinal, en-

A Bichona do Pinheiro

quanto houvesse erva para queimar, eles continuariam sendo jovens. Enquanto existisse a esquina para aplaudir o viado do pinheiro que levantava a moral de todos com seu passinho boiola. Com sua arrogância lenhosa que nunca compactuou com o artifício dos *Pinus taiwanensis*. Nem mesmo quando a ecologia da ditadura proibiu seu corte. E botou milicos armados custodiando as árvores. E cortar um galhinho e andar com cheiro de pinho era tão grave quanto ser comunista. Foi por isso que a importação semeou a cidade com árvores prateadas, douradas, azuis e fúcsia. Algumas tão naturais, tão similares à original, tão altivas e empertigadas em seu eterno verdor sintético. Muito mais orgulhosas, por sua semelhança com o abeto cafona do cartão-postal gringo. Melhores que o pinheiro bobo e desengonçado da floresta nacional. E ainda assim, nem mesmo os brilhos escandalosos do mercado estrangeiro conseguiram convencer a bicha que, arriscando levar um tiro, se empoleirou feito um gato no muro da prefeitura e cortou um galho do pinheiro municipal. E passou pelo quarteirão com aquele toco mirrado como se portasse a bandeira da liberdade.

Assim, pela sua ousadia, ganhou o respeito do bairro e da molecada, que nunca mais a xingou. Os mesmos moleques que no primeiro Natal democrático enfeitaram a escuridão dos blocos pendurando varais de luzes. De uma sacada a outra, de uma janela a outra, de um sorriso a outro, colares de lâmpadas perolaram de brilho as sombrias lembranças do apagão. Tantos foquinhos alegraram a cara cansada dos blocos, cada um de cem watts. Mais de cinquenta caixas, anotou a polícia no B.O. pelo assalto ao supermercado recém-aberto na favela. Mas ninguém disse nada, ninguém deu com a língua nos dentes quando os meganhas passaram interrogando de casa em casa. Afinal, aquele gringo ladrão tinha muita grana para repor a perda. Era dono de vários supermercados que competiam com o meio quilinho de açúcar fiado das mercearias xexelentas. Além do mais, depois das festas, os mesmos chapados se encarregaram de apagar as evidências do furto, fazendo pontaria nas luzes com pedradas certeiras. Como se nesse gesto antecipassem a decepção da vitória política. A radiante aurora democrática que chegou cheia de promessas para o Chile jovem e que, mais tarde, com o passar dos anos neoliberais, o "vale quanto tem" do seu discurso, foi nublando o sol nascente da recém-alçada liberdade.

De Natal em Natal, os novos tempos encalharam nas amarras constitucionais do blindado antanho. A justiça foi um longo programa de tevê, e o boom econômico pôs pneus Goodyear na carroça chilena. Ainda assim, driblando a realidade, a Bichona do Pinheiro continuou cavalgando seu vegetal natalino. Mais esfarrapada e menos garbosa, é verdade, passou esse último ano suando frio. Inclusive parou várias vezes para descansar e recuperar o fôlego. Parecia tão magra, carregando o pau com aquela lentidão calvária de borboleta moribunda. Parecia quase transparente, com aquela palidez cerosa de Cristo asiático rebolando a paixão do fim de século. E aqueles olhos, aquele olhar irreversível carregado de plumas que pousou sobre os vadios jogando baralho na esquina. Aquele olhar de égua lânguida, acariciando suas cabeças raspadas, suas tatuagens de gilete saltadas nas costas, suas camisetas esfarrapadas e o pedaço de short mal cobrindo a virilha. E de onde tanta doçura? Por que esse olhar de ternura atrapalhando o jogo dos meninos que, desconcertados, só

A *Bichona do Pinheiro* 83

atinaram em erguer o garrafão de vinho para lhe oferecer um gole? Mas ela, da calçada da frente, sombreada pelo pinheiro como um guarda-sol, recusou a oferta gentilmente e, com um adeus mudo desenhado na boca, refez a marcha fatigada.

Desde então, ficou difícil arranjar forças para enfeitar o riso forçado do Natal. As velhas cansadas deixaram que o fim de ano chegasse com a roupa do corpo e fosse embora pelado, cobrindo o bumbum com as duas mãos. A maquiagem da cal foi criando bolhas, e a fachada dos blocos recobrou sua máscara descascada de clown. E dezembro se transformou num mês qualquer, lotado de afazeres e porcarias importadas. Então, alguém lembrou que o moleque do pinheiro não havia passado esse ano. Soube-se também que ninguém o vira fazia meses. Será que mudou de bairro? Será que plantou uma árvore em casa? Talvez já não goste de pinheiros naturais, disse um pirralho coçando o saco, olhando a calçada desértica de calor, onde nunca mais seria possível imaginar o frescor verdejante de sua sombra.

Um letreiro Soviet no telhado do bloco

COMO SE FOSSE POUCO VIVER pendurado numa gaiola de concreto, onde a penca de vizinhos forma uma família, um bando de gente que vive aos trancos e barrancos partilhando tristezas e esperanças em fofocas de corredor. Principalmente quando marcam reunião porque uma grande empresa oferece instalar uma placa no telhado do bloco. Tão grande como os luminosos de Manhattan, tão espetacular como essas marquises de neon que tem no centro. Com muita luz para iluminar os becos, para que a bandidagem não possa mais botar uma faca no pescoço de ninguém. Um outdoor de dar inveja em toda a comunidade, porque as moças que passaram perguntando de casa em casa se os vizinhos dariam autorização prometeram mundos e fundos para instalar o letreiro no telhado. Disseram que se todos concordassem a empresa se comprometeria a iluminar os corredores, a consertar o telhado antes do inverno, a fazer um parquinho com brinquedos infantis para a meninada, a pôr grade de proteção nas janelas contra os ladrões, a pagar um valor mensal para cada apartamento a título de publicidade e a repor todos os vidros que estavam faltando. Garantiram que iriam dar um trato na cara do edifício e mantê-lo tão limpo e lindo quanto aqueles condomínios onde moram os ricos nos bairros de bacana. Que seria organizado um comitê de decoração e lim-

Um letreiro Soviet no telhado do bloco

peza para jogar fora as quinquilharias que as velhas amontoavam na varanda, que aliás não seria permitido pendurar calcinhas nos parapeitos porque davam uma péssima impressão, e também que iriam jogar fora todos os vasos, panelas, penicos e bules onde as velhas cultivam plantas ordinárias, aqueles gerânios, cristas-de-galo e orelhas-de-elefante, aquelas plantas espinhentas que sobrevivem apesar do mijo dos maconheiros, as margaridas e os vasos de arruda e toda aquela tosqueira de jardim mixuruca que iria sumir dali, assim como os vira-latas e os gatos assassinos de pombas, tudo iria mudar graças à generosidade da marca que instalariam no topo do bloco.

Então começaram as primeiras caras feias, os olhares desconfiados das velhas porque iriam mexer nos seus costumes, seus manhosos costumes de arrumar nas coxas a desmantelada miséria, sua teimosia de não consertar o telhado e pôr uma panela na goteira do inverno, sua devoção sagrada pelos gerânios que florescem como carne de cachorro, seu amor pelos pulguentos sem raça, fiéis até a morte. E, por último, a gota d'água foi a notícia de que iriam pintar o bloco de uma única cor. De que cor?, perguntaram todas em coro. Bom, disse a moça da empresa, tem que ser vermelho para combinar com a propaganda do anúncio. Então foi o maior fuzuê: num piscar de olhos a reunião pacífica se transformou numa baderna. Por que vermelho?, disse a mulher de um policial, vai parecer um antro de comunistas. E o que você tem contra os comunistas? O tanto que eles sofreram com os milicos enquanto você corneava o marido que andava espancando gente! Quer que pintem o bloco de verde para ficar parecendo um quartel, aí sim ia ser lindo. E por que não cor-de-rosa, ou azul, ou cinza, para que não se note a sujeira, porque o povo aqui é muito porco. Porca é a senhora, que joga lixo no térreo. E você, que se faz de sonsa com seu filho vendendo maconha? Não te mete com meu filho, sua cafetina, que tua filha anda por aí trabalhando de topless! Essa eu não vou engolir, velha piranha. E as duas se agarraram pelos cabelos rolando diante dos olhos arregalados das promotoras, que saíram chispando no meio da confusão de papéis e documentos que voavam por cima das mulheres engalfinhadas no chão.

Durou pouco a esperança de mudar a cara desmazelada do bloco, porque as moças nunca mais voltaram a insistir com sua proposta publicitária. Meses mais tarde, a imensa placa dos jeans Soviet apareceu no telhado de outro bloco, onde o pessoal é mais organizado e decente. Quase todos ali são funcionários públicos e têm seus carrinhos, que lavam aos sábados como bebês, disse a mulher do policial, entre a inveja e a resignação. Além disso, vizinha, a senhora tinha razão: com tanta grade, isso aqui parece uma delegacia.

Assim, cada vizinho pintou uma parede do bloco da cor que queria, com pedaços de laranja, partes de amarelo, azul-turquesa, enfim, um mosaico de vidas reluzindo sua diferença. Uma forma de conter a modernidade uniformizante da cidade light, a cidade enfadonha, toda igual com sua mania de espelhos e limpeza. A cidade hipócrita, como uma Miamizinha cheia de placas e neons que escondem com seu brilho a miséria mofando nos cantos.

"A cidade sem ti"*

QUEM NA ÉPOCA PODERIA PENSAR que você me assombraria pelo resto da vida como uma música boba, como a canção mais ordinária, dessas que as tias solteironas ou as mulheres bregas escutam. Canções populares que às vezes uivam em algum programa de rádio. E era tão estranho você gostar daquela melodia piegas, logo você, um garoto da Juventude Comunista naquele colégio público onde cursávamos o ensino médio em pleno governo da Unidade Popular. Mais estranho ainda era que, sendo eu um bambi escancarado, você fosse o único que dava bola para mim no meu canto do pátio, arriscando-se às gozações. *"Pues la ciudad sin ti... está solitaria"*, você cantarolava sem parar, com aquela risada tristonha que eu evitava rir junto para não te comprometer. Dia desses, depois de tantos anos, ouvi de novo essa música e soube que naquela época admirava sua candura revolucionária, amava seu engajamento alegre, você que ficou tão furioso ao saber que os fascistas iam destruir o mural da Ramona Parra** na fachada do colégio. Precisamos ficar de guarda a noite toda,

---

* *"La ciudad sin ti"*, verso de "Ciudad solitária", imortalizada na voz de Luis Aguilé. (N. T.)
** Coletivo de muralistas do Partido Comunista do Chile criado em 1968 em homenagem a Ramona Parra, jovem militante do partido assassinada em 1946. (N. T.)

você disse, mas ninguém prestou atenção, porque no dia seguinte haveria prova. Foda-se a prova, não estou nem aí, vou ficar cuidando do mural do povo. E eu também não estava nem aí com a prova quando fugi de casa à meia-noite e fui até o colégio e te encontrei encolhido empunhando um pau, montando guarda em frente ao mural de pássaros, punhos erguidos e bocas famintas. *"Pues la ciudad sin ti..."*, você riu surpreso ao me ver, abrindo espaço para que eu me sentasse a seu lado. Você não podia acreditar, e me olhava e cantava *"todas las calles llenas de gente están, y por el aire suena una música"** Vim te fazer companhia, companheiro, falei, tiritando de timidez. Bem-vinda seja sua companhia, companheiro, você respondeu, me passando o cigarro fumado até a metade por sua boca suculenta. Não fumo, respondi com pudor. Na época eu não fumava, não bebia nem cheirava, só amava com a fúria apaixonada dos dezesseis anos. Que venham os fascistas. Não tem medo? Respondi que não, tremendo. É de frio, faz muito frio hoje à noite. Você não acreditou em mim, mas envolveu meus ombros com o braço num aperto caloroso. *"De noche salgo con alguien a bailar, nos abrazamos, llenos de felicidad... mas la ciudad sin ti..."*** Era estranho que você cantasse essa música e não as de Quilapayún ou Víctor Jara que seus companheiros do partido tocavam no violão. Você cantava baixinho, a meia-voz, como se temesse que alguém pudesse ouvir. Sei lá... era como se cantasse só para mim. *"Pues la ciudad sin ti..."*, você sussurrava cada letra no bafo

---

* "Todas as ruas estão cheias de gente, e uma música soa no ar."
** "De noite saio com alguém para dançar, nos abraçamos, cheios de felicidade... mas a cidade sem ti..."

"A cidade sem ti" 89

daquela noite tensa de vigília. Eu quase não sentia frio ao seu lado, e falando assim baixinho de tantas coisas, de tanto ingênuo sofrer, fui relaxando, adormecendo em seu ombro. Mas o terror me deixou sem ar quando ouvi passos na rua. Não se mexa, você soprou no meu ouvido, segurando o porrete. Podem ser os fascistas. E permanecemos assim juntinhos, com o coração em dueto fazendo tum-tum, expectantes. Mas não eram os fascistas, porque os passos se perderam retumbantes na concavidade da rua. E ficamos de novo sozinhos em silêncio. *"Y en el aire se escucha una música…"*, você cantou novamente em meu ouvido, e assim passaram-se as horas, e no dia seguinte tiramos zero na prova e vieram os exames finais e os tempos de escola correram turbulentos em marchas pelo Vietnã e manifestações em apoio ao presidente Allende. Então a música parou de súbito, veio o golpe militar e sua brutalidade me fez esquecer aquela canção.

Nunca mais soube de ti. Passaram-se invernos tempestuosos, o Mapocho transbordando de cadáveres com um tiro na testa. Passaram-se invernos com o aquecedor de querosene e a tevê ligada no Don Francisco e sua musiquinha burlesca acompanhando o cortejo da pátria em ditadura. Tudo assim, com show importado, com vedetes peitudas no colo dos generais. A única música que ecoava durante o toque de recolher era a daquele teatrinho fardado.

Nunca mais soube de ti, talvez escondido, exilado, torturado, metralhado ou desaparecido no pentagrama impune e sem música do luto pátrio. Algo me diz que foi assim. Santiago é uma esquina, Santiago não é o mundo; aqui, um dia tudo se comenta, tudo se sabe. Por isso, hoje, ao ouvir essa canção, canto-a sem voz, só para você, e caminho pisoteando os charcos do parque. Esse inverno vai ser duro, a tarde de outono cai no céu refletido das poças. Um congestionamento de carros buzina nos semáforos. Os estudantes vêm e vão com suas balaclavas para o frio e os protestos. Os santiaguinos se amontoam nas paradas do Transantiago em massa, em tumultos, numa multidão alvoroçada lotando as ruas. *"Mas la ciudad sin ti... mi corazón sin ti..."*.

Os duendes da noite

NÃO É PRECISO ABRIR muito os olhos para vê-los, para descobri-los na teia metálica e desumanizada da urbe, nem sequer é preciso deixar-se levar pelo espírito caridoso do padre Hurtado, que dedicou a vida a educá-los e dar a eles uma formação católica que os tirasse do pecado e da noite. Também não são anjos, mas duendes proscritos, meninos e meninas de cinco a catorze anos que fogem de suas casas, escapando de um pai bêbado, prófugos de abrigos para pivetes bastardos, como a extinta Ciudad del Niño na parada 18 da Gran Avenida onde agora construíram um shopping enorme, ou o Hogar de Carabineros Niño y Patria, onde o estuprador era o padrinho, o segurança, o professor, o zelador ou o companheiro de beliche que, ao fazer catorze anos, libertou sua sexualidade reprimida amordaçando o pequeno e penetrando-o na noite indefesa de sua infância marginal.

O resto é mamão com açúcar, mastigado à força nas calçadas imundas onde os moleques se reúnem ao redor do calor de um cigarro. De preferência nos pontos de ônibus, na subida e descida de passageiros, a quem imploram por uma moeda com azulada inocência, ou de quem, se estiverem distraídos, afanam a carteira, desaparecendo engolidos pela sombra cúmplice da cidade. Então, depois de jogar fora os documentos e se livrar da carteira, compram com o dinheiro surrupiado caixas de chiclete, chocolate, balinhas de menta ou caramelos Pelayo, e entram no mesmo ônibus para vender esse comércio açucarado. E no sobe e desce contínuo do degrau, ecoam suas vozes roucas de tabaco e de frio sonâmbulo do inverno madrugador. Suas risadas de anões velhos, acostumados com o humor obsceno da rua, com o sexo marginal das sarjetas, e aos doze anos já prostituem o corpo imberbe nas rotatórias, docemente lúbricos, oferecendo aos transeuntes engravatados uma rosa em flor.

Não são anjos, nem criaturas inocentes que adotam a cidade como uma extensão de seu itinerário fuleiro. A vida os fez crescer duramente na favela, no orfanato ou na prisão juvenil, onde a miséria econômica encardiu seus curtos anos. Afeitos a todos os vícios, inalam o saco de cola com as narinas ranhentas e asfixiadas pelo exílio e a fome. Não são anjos urbanos, nem correspondem à imagem da tevê, em que o menino de rua reabilitado implora por ajuda a alguma fundação beneficente. A cidade perverteu a doçura que as crianças carregam no olhar e lhes deu essa sombra malévola, que dança em seus olhinhos quando uma corrente de ouro balança ao alcance das mãos. A cidade os tornou escravos de sua prostíbula pobreza e explora sua infância desnutrida oferecendo-a aos motoristas que param o carro para fazê-los entrar, seduzidos pela mixaria de uma chupada infantil. Então, virá novamente a rua e o eterno vagar pela Santiago noturna que arrisca o contrabando de sua existência capenga.

Já não são anjos, com essa biografia bandida que azedou seu coração mirim. Já não poderiam ser confundidos com querubins, com essas mãos tisnadas pela fumaça do crack

Os duendes da noite 93

e esses calos do roubo que arrebata uma carteira. Mesmo assim, apesar do lamaçal que os cuspiu ao mundo, um vagalume infante ainda sobrevoa seus gestos. Talvez uma faísca brincalhona que brilha em suas pupilas quando sobem num ônibus e a noite sinistra os consome em seu negro crepitar.

As sereias do café
(O sonho top model da Jacqueline)

Por andar distraído, dando uma volta pelo centro de Santiago, olhando vitrines e promoções e mais vitrines com manequins duros que ostentam a moda do verão, a moda da estação ou as últimas liquidações antes do inverno. Por cair nessa vertigem da rua central onde pulula o consumo dos modelitos que as bonecas de plástico exibem no vidro das lojas. Esses corpos androides de riso acrílico e peruca sintética. Por olhar de passagem a fachada de um café, onde os mesmos manequins se mexem, passeiam atrás de um balcão revelando um bosque de longas pernas enfiadas em meias finas e minissaias curtíssimas. Todas lindérrimas com seus cabelos brilhantes e maquiagens de tevê. Todas atenciosas servindo cafezinhos, satisfazendo o voyeurismo dos executivos que, na pausa do trabalho, babam contemplando esse aquário de sereias em dia claro. A tropa de clientes que frequentam os cafés para homens no coração da capital. Talvez uma nova forma de prostituição, em que o olhar masculino se diverte percorrendo os corpos dessas deusas magníficas. As garotas do café, as aeromoças da febre *express*, as comissárias do tesão embalado para viagem, desfilando por gorjetas e pelo salário miserável que as expõe nas vitrines urbanas com a perseguida de fora.

As sereias do café 95

Seria fácil condenar esse consumo do corpo feminino dizendo que é um puteiro refinado em forma de leilão público. Seria óbvio apontar com a unha suja da moral, acusando esse comércio erótico dos novos tempos. Mas as únicas prejudicadas seriam as garotas que chegaram a esse ofício com sonhos de glória. As meninas de subúrbio que tinham a ilusão de ser top models, atrizes de tevê, misses de primavera, para vestir a roupa das manequins que viram tantas vezes quando acompanhavam as mães ao centro. No fundo, elas, as lindas jovens proletárias, a Solange, a Sônia, a Paola, a Patty, a Miriam ou a Jacque, sempre quiseram ser manequins, sentir-se admiradas por outros olhos, diferentes da turma da esquina. O objetivo sempre foi sair do bairro, triunfar, ser outras, estudar cosmética, maquiagem e modelagem. Desfilar naquelas escolas chinfrins que oferecem Hollywood em três meses por suaves prestações mensais. Mas, ao terminarem o curso rápido, depois de aprenderem a se maquiar, a andar como uma cegonha e fazer aquela franja com topete, depois do ordinário desfile de moda organizado para a formatura, após tirarem fotos com os pais mostrando o canudo, a única coisa que resta desse ilusório glamour é o diploma e a foto pendurada num quadrinho. A única lembrança daquele sonho de princesa é a foto colorida, onde a Jacque estava tão linda aquela noite, sorrindo ingenuamente para a posteridade.

Mas depois, com o passar dos meses, ao bater o cansaço de entregar fotos e mais fotos e currículos nas agências publicitárias, ao serem humilhadas em encontros e reuniões com gerentes de marketing que tinham outras intenções, as belas Cinderelas guardam o diploma com as cartas de recomendação e certificados de cursos técnicos. E resta apenas a foto de formatura no quadrinho, olhando para elas quando saem pela porta com o jornal de classificados debaixo do braço. Porque só de pensar no seu inevitável futuro ali na favela, casadas, gordas, cheias de filhos, maltratadas pelo marido, descabeladas e sebosas na lida doméstica do casamento proletário, preferem o anúncio do jornal que oferece trabalho para moças de boa aparência no café para homens. E ali, atrás do bar, vestidas apenas com o tapa-sexo que usam de uniforme, pintando as unhas e retocando constantemente a maquiagem, continuam sonhando-se top models quando caminham atrás do balcão para servir cafezinho. Continuam modelando para o olhar masculino que as despe à distância. Enquanto ajeitam as mechas com luzes douradas da tintura barata que coroa seu cabelo, as garotas do café continuam posando, como sereias cativas, no aquário erótico do comércio de rua.

A matilha

AO VER A MATILHA de cães babões trepando sem parar na cadela cansada, a vira-lata magra e ofegante, que já não aguenta mais, que se encolhe num canto para que a horda de focinhos e patas montando nela sem respiro a deixe em paz; ao captar essa cena, eu me lembro vagamente daquela mocinha assanhada que passava toda tarde com seu rebolado caminhar. Era a mais linda flor daquele bairro pobretão, que a via passar com a minissaia de bolinhas rosa-choque e azul-turquesa, quando os anos 1960 espalhavam sua moda despida e paixões juvenis. Ela era a única que se aventurava com os decotes ousados e as costas peladas e aqueles vestidos curtíssimos, de boneca, que alongavam suas pernas desde o tornozelo com tamancos até a tanguinha.

Naquelas tardes quentes, as velhas sentadas na porta das casas ficavam escandalizadas com seu caminhar, com sua ingênua provocação aos moleques da esquina, sempre ali, sempre fiando suas babas de machos burlescos. A turma do time de futebol, sempre pronta para o assovio, para o vem cá gostosa, para o rosário de cantadas vulgares que a faziam corar, tropeçar ou apertar o passo, temerosa daquele tesão violento que se protegia no grupo. Por isso a garota da moda não olhava para eles, não dava nem bola com seu porte de rainha-fuleira, de condessa-chumbrega que copiava moldes e figurinos de revistas para enfeitar a juventude favelada com trapos coloridos e bugigangas pop.

Tão metida a besta, diziam as meninas do bairro, mordidas com a garota da moda que causava tão invejosa admiração. Parece uma puta, sussurravam rindo quando o bando da esquina a cobria de beijos e piadinhas de baixo calão. E pode ter sido o calor daquele verão o culpado por tudo o que aconteceu. Talvez um castigo social contra alguém que se destaca em seu meio, contra a moça inocente que aquela noite passou tão tarde, a boca da rua tão escura, com sombras de lobo. E curiosamente não se via uma alma quando ela chegou à esquina. Quando, estranhando, esperou que a gangue malandra gritasse algo, mas não ouviu nenhum ruído. E caminhou como sempre contornando o terreno do campinho, até que não conseguiu gritar e braços feito tentáculos a agarraram das sombras. E ali mesmo a pancada na cabeça, ali mesmo o peso de vários corpos rolando em cima dela no chão, rasgando sua blusa, todos juntos arrancando sua roupa, queriam despedaçá-la com amassos e agarrões desesperados. Ali mesmo se revezavam para amordaçá-la e segurar seus braços, abrindo suas pernas, montando nela, epilépticos, na pressa da curra comunitária. Ali mesmo os puxões de cabelo, os arranhões das pedras em suas costas. Em seu ventre, todo aquele leite sujo inundando-a aos borbotões. E em algum momento ela gritou, pediu ajuda mordendo as mãos que tapavam sua boca. Mas eram tantos, e era tanta a violência sobre seu corpo tiritando. Eram tantas fauces que a mordiam, que a chupavam como hienas em festa. A noite sem lua foi cúmplice de sua vergonha naquele descampado. E ela sabe que uivou pedindo ajuda, ela tem certeza de que os vizinhos ouviram, assistindo tudo atrás das cortinas, covardes, coniventes, quietos. Ela sabe que o quarteirão inteiro apagou as luzes para não se comprometer. Na verdade, para ser o espectador anônimo de um julgamento coletivo. E ela também soube, quando o último estuprador deu o fora erguendo o zíper, que era preciso se levantar como pudesse, e juntar os farrapos de roupa e cobrir a carne nua, roxa de hematomas. A garota da moda soube que precisava chegar se arrastando até sua casa e entrar sem fazer barulho para não contar nada. Soube que devia se lavar no banheiro, esconder os trapos humilhados de seu modelito preferido e fingir que dormia acordada, sobressaltada por um pesadelo. A garota da moda tinha certeza de que ninguém serviria de testemunha se denunciasse os culpados. Sabia que o quarteirão inteiro ia dizer que não tinha ouvido nada. E que se os moleques do time tinham dado um corretivo na metidinha da favela, era bem que merecido, pois ela passava toda tarde provocando com sua minissaia. Queria o quê, atiçando os homens com aquele jeitinho de piranha vagaba?

Nunca mais vi a garota da moda passar rebolando sua beleza. E hoje, ao ver a matilha de vira-latas babões indo atrás da cadela, penso que a brutalidade dessas agressões se repete impunemente no calendário dos dias. Um certo juízo moralizante avaliza o crime e a humilhação das mulheres que abalam a hipocrisia do bairro com o perfume açucena de sua emancipada nudez.

"Noites de cetim branco"
(ou Aquele rapaz tão duro)

Como se dependesse de certo gume repartindo em geometria de talhos sobre as linhas nevadas dos Andes. Uma espécie de autópsia da cordilheira, o comércio do inocente *buque manicero** carregado de neve-dólar, pilotado pelo narcotráfico rumo à nossa costa. Ao nosso mar que se deixa penetrar tranquilo pelo rigor mortis da deusa branca.

A cocaína é uma dama de gelo com luvas de seda e colherinha de prata, fiel acompanhante dos magnatas internacionais que não encontram em Santiago a suíte com heliporto, jacuzzi, palmeiras de jade, pisos de mármore e um mancebo de ébano (peladinho) que bata uma bronha para eles.

Coisas assim, excentricidades e estampas de leopardo, chamam atenção neste país acostumado com o drapeado murcho da roupa importada de segunda mão e o made in Taiwan fosforescente dos camelôs. No máximo, uma orquídea sintética na lapela do marginalzinho que tropeçou no cetim branco das suas noites de tráfico na Plaza Italia. Das suas intrépidas incursões ao banheiro de um bar para passar pó no nariz ou pintar os lábios com o batom rijo da moda. Mas ele não é Sté-

---

* Como são chamados os carrinhos em forma de barco que vendem doce pelas ruas de Santiago. (N. T.)

"Noites de cetim branco" 101

phanie de Mônaco, que pode se declarar amante da farinha até o talo. Também não mora no castelo Grimaldi, que nessa língua de barro é o escombro do terror, a inocente vila de Peñalolén, prisão da Dina,* onde tantas vezes a mesma deusa viu pelos olhos dos torturadores o esplendor dantesco dos volts. Mas aquelas noites de cetim fúnebre não são uma boa referência para a memória *speed* dos drogados democráticos.

A deusa não tem ética, seu itinerário é marcado pelo vaivém do poder. Uma nota de dólar pode transportá-la na platina de um uniforme militar ou no lenço que enfeita o terno de um parlamentar que dá sua cafungada num cantinho do Congresso para aguentar os exaustivos debates sobre a lei antidrogas.

A deusa também não tem coração, seu beijo é um raspão nasal em lábios de mármore. Apenas o rastro de um segundo em que o pó amarga sua língua e tudo começa outra vez, adeus cansaço da noitada. Como se um dublê de corpo o substituísse na adrenalina da festa. Um outro que é capaz de virar a noite cantando *"Ojalá que llueva coca en el campo".***

Só um grama com 10 mil, a nota grande que coroa a cabeça da deusa e vende-a como a prostituta mais cara da cidade. A rameira mais requisitada, que suspeitosamente polvilha os bolsos furados da classe média. Uma espécie de abertura de mercado, recrutar um bando de moleques carregados até as tampas como promotores do teco. Um contingente de jovens usados pelos chefões do negócio vai semeando a amarga ob-

---

* Dirección de Inteligencia Nacional, equivalente ao DOI-Codi brasileiro. (N. T.)
** "Tomara que chova coca no campo". Paródia da música de Juan Luis Guerra regravada pela banda Café Tacuba, que diz: *"Ojalá que llueva café en el campo"*. (N. T.)

sessão, captando futuros clientes com o slogan: "O primeiro eu te dou, o segundo eu te vendo".

Pobres guris sonhadores, quando menos esperam caem na real, na mão pesada da lei sem a luva de seda. Então, os peixes grandes fogem para Miami e abandonam a deusa travestida de legalidade para negá-los mil vezes, para deixá-los sozinhos apodrecendo seus curtos anos atrás das grades, como material descartável no tráfico da vitamina C, o petróleo branco do mercado.

Essa rede de energia marca o ritmo dos sistemas de produção. Um laboratório da pasta que também processa corpos de Terceiro Mundo, estrangulados pela fita branca que move as engrenagens do poder. Um mecanismo que de vez em quando moraliza sua hipocrisia de consumo e aponta sempre para o mais fraco. Um bode expiatório que anos atrás foi Maradona, fetiche futebolístico eleito corpo de castigo por sua ousadia de pobre apreciador dos prazeres burgueses.

Para além do consumo ancestral, que no altiplano está incorporado aos seus costumes há milênios. Para além do uso recreativo da coca em agências publicitárias, festas de diretoria, pubs, boates, sets e discotecas. Para além da sua justificativa de produtividade e até mesmo da dose social do músico, garçom ou stripper, que precisam de uma carreirinha para sobreviver à catalepsia laboral do seu ofício. Para além de tudo isso, a maratona sociocultural da cafungada promove certa lucidez que esgota na hiperatividade sua máxima latência. Uma forma de dobrar a resistência segundo a demanda neoliberal para impulsionar o mercado. Sem a menor fantasia que não dependa da sua política de cheque especial, da necessidade angustiante de prolongar o momento, o toque, o

"Noites de cetim branco"

só mais um pouquinho, a boca seca, a vontade de atravessar uma porta de vidro com seu ímpeto, ou de voar no cangote da vovozinha para roubar seu pó compacto. Só mais um minuto nesse estado de glória, de esplendor às vezes manchado pelo nariz sangrando.

Amanhã sempre é outro dia, um vasto abismo sem qualquer motivação. Uma náusea pálida que rodeia a larica matinal. Porque o papelzinho chupado e lambido já não conserva a identidade farsante que cintilava ontem à noite na linha de giz distribuída entre os amigos. Também não sobrou nenhum baseado para passar esse asco de viver dependendo de uma felicidade em gramas, uma felicidade gotejada na chuva do arco-íris traiçoeiro. Lá fora a cidade aumenta a depressão com o peso do seu ar de chumbo. A cidade se ergue em torres de alumínio e hotéis estrelados para a fantasia do transeunte, que olha boquiaberto o céu repartido nos espelhos dos quartos vazios. O céu espelhado nos chafarizes onde se lava o dinheiro. As piscinas das coberturas onde os *columbos* enxaguam as mãos, os primos pobres da família colombiana, os mais sujos. Aqueles que com um sorrisinho de filme americano assediam as mulas que vendem o pó e baixam a cabeça pro chefe do esquema com uma nota amassada debaixo da manga.

Enfim, a visita da dama branca sempre deixa um excedente de fatalidade, sobretudo nessa democracia, que é uma tortilha do prazer neoliberal assada no rescaldo das minorias. Além do mais, só neva nos bairros da nata, e, quando caem alguns flocos na periferia, matam inocentes.

PARTE II

Fingir como se nada, sonhar como se nunca

Éramos tantas tontas juntas

NA ÉPOCA NÃO SABÍAMOS como iria se decantar aquela euforia política dos anos 1970, essa História filha da puta que estreava revoluções num cinema de bairro com lindos sonhos sem rugas, com amores sem camisinha e utopias descabeladas pelo furacão da Era de Aquário. Porque éramos bichas-loucas e hippies, e isso era muito para uma época de tanta mudança. Também não éramos tantas, apenas um grupinho de estudantes meio camufladas em túnicas indianas, confundindo a bicharada com gurus. As borboletonas de maio brotavam no Parque Florestal feito plantas de maconha regadas pelo mijo de algum bróder gente fina. Com o destino escrito na testa, as bichas *new love* passavam despercebidas se amassando no mato selvagem do parque. Confundidas no unissex daquela moda, dezenas de bibas esvoaçavam pelos ares emancipados da Unidade Popular. Aqui, ali e em toda parte, amarravam fitinhas da sorte no floripôndio alucinógeno, confiando que o futuro seria assim. Uma mochila repleta de amores em *tie-dye*, vidrinhos de patchuli e blues da Janis Joplin para embalar o coito psicodélico com o bicho-grilo da vez. Todas artistas, todas poetas, artesãs, colando miçangas nas calças boca de sino para dançar com as tranças soltas pelos pátios da

Unctad III.* Nunca soubemos de que se tratou essa grande conferência latino-americana, mas admiramos Chicho Allende por construir um edifício tão lindo e alto numa cidade tão chata. Um edifício tão moderno, com aquela praça de esculturas onde os boquetes nos estudantes de arte prolongavam os jorros líquidos dos chafarizes. A Unctad III foi o primeiro lugar onde os homossexuais progressistas encontraram um canto onde se reunir para zoar, dar pinta e propalar ideias de organização. Como esquecer aqueles idealistas vinte anos? Como esquecer a delegação cubana que descarregava tão longe da ilha a proibição sodomita? Como esquecer aquela delegação africana que se acendeu com o fogo boiola e acabamos bêbadas de selva no marfim negro de seus braços? O que foi de nós, tantas tontas juntas, passando por guerrilheiras nas marchas, nos atos de esquerda, só para sentir a catinga acre do suor operário? Como esquecer a Casa de la Luna Azul, em Villavicencio, onde o mestre Noisvander nos mostrou o primeiro nu masculino na peça *Educación seximental*? Ficamos todas apaixonadas pelo protagonista, com sua piroquinha iluminada pelas luzes do teatro de mímica. Todas queríamos beijá-lo na saída da peça, que assistimos incansáveis vezes. Depois saíamos pela noite rindo, fumando erva, o que fosse; afinal, o povo estava no poder, o que poderia acontecer com a gente? Milhões de noites cantando aquelas músicas ripongas da Carole King ou do Festival de San Remo no Teatro El Túnel, onde a Luigi protagonizava seu show de paquiderme

---

* Prédio inaugurado em 1972 para abrigar a III Conferência das Nações Unidas sobre Comércio e Desenvolvimento. Após ser destruído por um incêndio em 2006, o edifício foi recuperado e hoje abriga o Centro Cultural Gabriela Mistral. (N. T.)

lírico em cima das mesas. Também conseguíamos nos infiltrar no primeiro café-concerto. Ali se reuniam as bichas finas, as barbies de maxicasaco e Mini Cooper que não suportavam a ralé do Paseo Huérfanos: as travas proletárias que tentavam imitar o look europeu de Margarita Trólebus, como chamávamos aquela bicha grandalhona e gorda. Era a rainha dos *conchazos*, um tipo de chacota que elas faziam entre si com graça e elegância. Naquele verão de 1972 descobri o que era um *conchazo* quando jurei na frente de todas que jamais convidaria um viado para ir à minha casa. Nunca uma bicha vai pisar lá. Fez-se um silêncio e a Trólebus disse, com a mandíbula caída: Então você vai ter que entrar voando, linda! Depois do golpe, nunca mais soube daquele grupo. Nunca mais vi nenhuma delas. E agora que atravesso a Alameda em frente ao esqueleto chamuscado da Unctad iii, ouço o gargalhar de suas risadas de outrora e uma brisa leve me traz à lembrança minhas primeiras amigas bichonas, quando éramos tão jovens e lindamente tontas no sonho ingênuo de um trincado adolescer.

La Payita
("A porta se fechou atrás de ti")*

PARA MUITOS QUE ENGOLIRAM a versão caricata da Unidade Popular, a imagem de Miria Contreras continua sendo o esboço pitoresco da secretária cúmplice e amante que acompanha a figura de Salvador Allende. E esse frívolo estereótipo que os militares criaram continua correndo os salões políticos e sociais onde a língua jararaca da direta cospe a história com sua saliva venenosa.

Pouco se sabe realmente sobre esta mulher que optou pelo anonimato diante da maledicência e do desprestígio público. Pouco se sabe como está hoje em dia, e é melhor respeitar seu silêncio, acatar sua fobia de entrevistas, sua desconfiança do jornalismo mórbido e tendencioso. Ela foi um dos poucos protagonistas dessa gesta, que guardou para si a confidência do histórico fim, do triste fim que virou tragédia pela turba golpista. Talvez tenha sido a única pessoa que esteve mais próxima do presidente no auge daquele momento, no afã daqueles minutos interrompidos pelo estrondo da última decisão.

Quem sabe, para Miria, o trauma dessa data tenha arrancado para sempre o riso fresco que embandeirava seu rosto

---

* *La puerta se cerró detrás de ti*", verso do bolero "La puerta", imortalizado na voz de Luis Miguel. (N. T.)

La Payita III

na campanha ao lado de Salvador. La Paya, alegre, sempre otimista, animando as reuniões, gritando palavras de ordem, ouvindo atenta a voz do futuro presidente com uma pétala de ternura em seus olhões emocionados, em seu olhar de pombinha agitada por aquela presença arrebatadora de Salvador, seu amigo de tantas lutas. O Chicho, seu vizinho na rua Guardia Vieja, onde os dois moraram com as famílias durante todos aqueles anos de campanha e derrota. Todos aqueles anos ajudando, esperando que os pobres tivessem seu próprio candidato. Naquela rua sem saída do bairro de Providencia da época, onde as duas casas eram uma confusão de comitês políticos e cartazes e faixas e exaustivas reuniões até de madrugada. Até que a luz tísica anunciasse o dia, avermelhando os olhos irritados detrás das lentes de Salvador. Então, Miria deixava-o beber o último gole de café e lhe dava o braço para acompanhá-lo até sua casa. E ali, naquela rua, sob a claridade tuberculosa da alvorada, ainda restava um último olhar separando as duas casas. Eles ainda tinham tempo de reforçar a paixão socialista que cingia cardeais vermelhos ante o presságio do amanhecer. Mas Salvador nunca gostou de despedidas, por isso propôs a Miria unir as duas casas com uma porta interna. Assim tudo será mais fácil, as reuniões, as cartas, as notícias de última hora, as visitas de amigos em comum. Assim também evitamos os adeuses na calçada e os comentários dos vizinhos, dizia ela com seus olhos claros espiando ao redor. Isso é o que menos importa, companheira, lembre-se de que o amor e a revolução caminham juntos no mesmo verso. O que me preocupa de verdade é que a luta e as empanadas não esfriem de uma casa para outra, respondia Allende com seu riso solto, que cintilava encantador os alvores da mudança.

Assim, as duas casas foram unidas por aquela porta interna que viu desfilar personagens, informes e o futuro pátrio daquela história fumegante nas bandejas de empanadas e vinho que empolgavam a esquerda sonhadora da Unidade Popular, lutando para encerrar o século com seu fervor assalariado. E Miria Contreras não pôde permanecer indiferente no utópico turbilhão que regava de pétalas o sonho dos oprimidos. E apostou tudo nessa causa popular que atingiu seu auge nos anos 1970, naquele 4 de setembro, bendita data em que Salvador foi eleito presidente. E ali começou a batalha, a luta quixotesca contra o capitalismo do império. E mesmo assim, apesar dos contínuos ataques do fascismo interno e externo, La Payita, como assessora da presidência, aconselhava e escutava seu projeto durante horas, tomando notas e agendando reuniões e compromissos do companheiro presidente, que, em traje casual, recebia embaixadores, ministros, sindicatos ou grupos de mães no elegante Salão Vermelho do palácio. Sem medir esforços, ela ia e vinha pelo La Moneda de então, atolada de papéis e jornais que comentava e discutia com Salvador, às vezes lhe dizendo para não ser tão ingênuo, para não acreditar na fidelidade militar, porque, por trás da viseira castrense dos generais, uma sombra escura vendava sua lealdade. Mas ele nunca lhe deu ouvidos, devolvendo um sorriso apaziguador à sua desconfiada preocupação.

Tudo acabou no dia 11, sob a tempestade de chumbo que explodiu em chamas o Palácio de La Moneda. Tudo terminou naquela manhã de setembro com um telefonema do presidente à primeira hora. Dizia a ela que a Marinha tinha se insurgido em Valparaíso, que provavelmente o Exército e a Aeronáutica se uniriam, que havia um ultimato, que não

La Payita

podia falar mais, que ao lado dele estavam suas filhas, seus amigos e colaboradores mais próximos, mas Miria, apesar do tom seguro, intuiu pela inflexão da voz que Salvador se sentia sozinho, que pela primeira vez ela ouvia aquela voz desesperançada no eco sem multidões de uma praça vazia, que ele precisava dela mais do que de ninguém naqueles momentos difíceis, precisava pedir para seu filho levá-la de carro urgentemente até La Moneda, acelerando, furando o sinal vermelho, mostrando credenciais no clima apressado de uma estranha Alameda deserta.

O resto já é história conhecida, narrada em primeira pessoa pela transmissão radiofônica das últimas palavras do presidente. E talvez, nesse documento sonoro, multiplicado pela ondas curtas da Radio Magallanes, os três anos da Unidade Popular inundem a crônica oral da história com a intensidade dramática de quem escreve seu adeus definitivo no ar fustigado do atropelo constitucional. Talvez essa seja a mais bela carta de amor patriótico que o mandatário poderia improvisar, como um sussurro indelével que manchará para sempre nossa memória. Um discurso estremecedor, naufragando nas esporeadas golpistas que sacudiam aquela hora, naquele momento de corridas desesperadas cruzando os corredores irrespiráveis de fumaça e poeira da bazuca ribombando. Ali, no instante em que a guarda e as mulheres abandonaram o palácio por ordem de Allende, Miria, confusa na hora do despejo, não obedeceu à ordem e cedeu à intuição impulsiva de um idealista retroceder naqueles breves minutos; quando Allende reunia seus fiéis amigos para abandonar o local numa coluna onde Miria iria na frente com uma bandeira branca, de novo o palpite a fez virar a cabeça para dizer algo a ele, olhar suas têmporas grisalhas, mandar um beijo, um até sempre, sei lá, dar um sorriso que perfumasse o ar fedendo a pólvora daquela inútil primavera. E ali, parada no corredor em meio à porta entreaberta do Salão Vermelho, conseguiu atrair sua atenção com um olhar urgente de ternura, um lenço de mirada na silhueta vaporosa do seu rosto desfigurado, colando atrás da porta que se fechava como a página final da *Revolución en Libertad* e seu malogrado querer. E ali ficou o presidente, como o órfão mais solitário da nação, abraçando seu estimado fuzil enquanto ouvia ruir a festa daquela ilusão.

O resto beira o impreciso alvoroço de salvar a pele, confundir seu rosto entre as professorinhas e enfermeiras que entravam numa ambulância diante da ameaça imediata do bombardeio. Sair dali, no relâmpago vermelho do veículo que passou uivando pelos postos de controle. Depois descer por lá, anônima, se esconder, "perder o rosto" na clandestinidade dos dias que vieram, quando começou a caçada sinistra, as listas que o jornal *El Mercurio* publicava, onde Miria Contreras, conhecida pelo codinome La Payita, constava como um dos personagens da Unidade Popular mais procurados pelos caçadores de recompensas.

É provável que, se Miria não tivesse escapado da garra criminosa da ditadura naquele momento, teria sofrido o mesmo destino de seu filho, massacrado no dia 11 e até hoje desaparecido. Também é possível que as histórias escandalosas que a ditadura espalhou sobre ela na Tomás Moro* tenham ficado gravadas na mente de muitos incautos como

---

* Avenida Tomás Moro, 200, endereço da residência do presidente Salvador Allende em Santiago. (N. T.)

La Payita

o filme pornô da Unidade Popular que os militares prometeram exibir de madrugada no canal 7. Mas isso nunca aconteceu, pois aquelas filmagens e vídeos só existiram na mente doentia da mentira milica.

A partir desse descrédito forjado, a subjetividade coletiva chilena construiu a personagem de "La Payita" associada à farra sem fim com que a burguesia hipócrita caluniou Salvador Allende, só porque havia na Tomás Moro umas garrafas de uísque, uns frangos e dólares que a imprensa oficial da época multiplicou ao infinito.

Esta crônica, imaginária no resgate confidencial daqueles que conheceram La Payita e estiveram próximo desses acontecimentos, pretende apenas entrelaçar intensidades e pulsões humanas que teceram a biografia política. É provável que o ímpeto da escrita extravase romanceado o caudal épico daquelas presenças no cenário traumático do aborto histórico. Antes, estas improváveis costuras memoriais talvez possam delinear timidamente o perfil de Miria Contreras no exilado claro-escuro de seu público distanciamento. Como quem se refugia intimamente em suas lembranças, ela se deixou envolver pelo mito, quis que aquele véu fosse evaporando lentamente seu protagonismo junto ao mandatário. E a distância colocou-a em segundo, terceiro ou quarto plano, esfumando-a, apagando de propósito seu nome, seu crédito, seu rosto ausente no álbum moral que embaça com uma leve bruma a tragédia da Unidade Popular. Assim, no segundo plano da história, lê-se em vermelho opaco o nome de La Payita, como a marca do batom que deixa no lenço esmaecido o rastro do rosa amante no lacre pálido de uma crosta carmesim.

A noite dos visons
(ou A última festa da Unidade Popular)

Santiago chacoalhava com os tremores de terra e os vaivéns políticos que fraturavam a estabilidade da jovem Unidade Popular. No ar, um bafo escuro trazia cheiros de pólvora e repiques de panelas que as ricaças batiam em dueto com suas pulseiras e joias. Aquelas senhoras loiras que clamavam aos gritos por um golpe de Estado, uma intervenção militar que freasse o escândalo bolchevique. Os trabalhadores olhavam para elas e agarravam o pau oferecendo sexo, mostrando às gargalhadas a fileira de dentes frescos, respirando felizes o vento livre enquanto faziam fila em frente à Unctad para almoçar. Algumas monas passeavam entre eles fingindo perder o vale-refeição, procurando-o em suas bolsas artesanais, tirando lencinhos e cosméticos até acharem-no com gritinhos de êxtase, com olhares lascivos e apalpadas apressadas que deslizavam pelos corpos suados. Os músculos proletários em fila, esperando o bandejão do refeitório popular naquele distante dezembro de 1972. Todas animadíssimas comentando sobre o *Música Libre* e o Lolo Mauricio, com sua boca azeitonada e corte de cabelo à la Romeu. Sobre os jeans boca de sino apertados, tão colados no cu-lote, tão agarrados em seu ramalhete de ilusões. Todas o adoravam e todas eram suas amantes secretas. Vi o Mauricio esses dias. Ele me contou.

A noite dos visons 117

Estive com ele ontem. Apressavam-se em inventar histórias com o príncipe mancebo da televisão, garantindo que ele era um dos nossos, que também queimava a rosca, e uma delas prometeu levá-lo à festa de Ano-Novo, ao grande rega-bofe prometido pela Palma, aquela bichinha pão-com-ovo que tem uma banca de frango no mercadão La Vega, que quer se passar por grã-fina e convidou Santiago inteira para sua festa de fim de ano. E falou que ia matar vinte perus para que as bibas se fartassem e não saíssem falando pelas suas costas. Porque ela estava feliz com Allende e com a Unidade Popular, dizia que até os pobres iam comer peru naquele Ano-Novo. Por isso espalhou o boato de que sua festa seria inesquecível.

Todo mundo foi convidado: as bibas pobres, as de Recoleta,* as furrecas, as do Blue Ballet, as do Tía Carlina, as que rodavam bolsinha de noite no Paseo Huérfanos, a Chumilou e sua gangue travesti, as patricinhas do Coppelia e a Pilola Alessandri. Todas se reuniam nos pátios da Unctad para planejar os modelitos que iriam desfilar aquela noite. Porque a camisa de babados, porque o cinto Saint-Tropez, porque a calça listrada, não, melhor a larga e plissada tipo maxissaia, com tamancos e uma pele de vison por cima, suspirou a Chumilou. Você quer dizer de coelho, né, querida? Porque duvido que tenha um vison. E você, princesa? De que cor é o seu? Eu não tenho, disse a Pilola Alessandri, mas minha mãe tem dois. Teria que dar uma olhada. Qual você quer, o branco ou o preto? Os dois, disse a Chumilou, desafiante. O branco para se despedir de 1972, que foi uma festa para bichas pobres como nós. E o preto para dar as boas-vindas a 1973, que com tanto panelaço

---

* Bairro popular de Santiago. (N. T.)

estou achando que vai ser dose. E a Pilola Alessandri, que tinha oferecido os casacos, não pôde voltar atrás. Naquela noite de fim de ano ela chegou de táxi à Unctad e, depois dos beijinhos, mostrou as peles surrupiadas da mãe, dizendo que eram autênticas, que seu pai havia comprado na Dior de Paris e que, se acontecesse alguma coisa com elas, cortariam seu pescoço. Mas as monas não lhe deram ouvidos, enrolando-se nos pelos, posando e desfilando enquanto caminhavam para pegar o ônibus até Recoleta, comentando que nenhuma tinha comido nada. Nem a Pilola, que na pressa de pegar os casacos tinha perdido o jantar em família com lagosta e caviar, por isso estava morta de fome, com um nó no estômago, desesperada para chegar à festa da Palma e provar os perus daquela molambenta.

Quando o grupo atravessou em frente a uma delegacia, as bonecas se adiantaram para não ter problemas, mas mesmo assim os policiais gritaram qualquer coisa. Então, Chumilou parou e, deslizando o vison pelo ombro, sacou um leque e disse a eles que estava pronta para a noite. Depois, no ônibus, não parou de arrastar o casaco pelo corredor, bancando a aeromoça. Cantando versinhos, transformando a viagem num show de gargalhadas e gozações que as outras respondiam encaloradas pelo verão noturno. Quando chegaram, nem sinal de peru. Uma jarra de sangria com frutas e pedaços de canapés mordidos regavam a mesa. E a Palma pedindo desculpas, correndo para lá e para cá porque haviam chegado as divas, as famosas, a elite cultural, as celebridades de nariz empinado desembarcando do avião. Aquelas loiras nojentinhas que nem olhavam na cara delas no Paseo Huérfanos, as mesmas bibas da alta sociedade que odiavam Allende e seus bandejões populares. Elas, que derramavam jorros de pérolas, um rio de lágrimas porque os vagabundos tinham expropriado a fazenda da família. A Astaburuaga, a Zañartu e a Pilola Alessandri, tão venenosas, tão desbocadas, tão elegantes em seus casacos de vison. Porque elas chegaram a Recoleta com peles de vison parecendo a Liz Taylor, a Dietrich, de ônibus. Imagine só. O bairro veio abaixo só para vê-las, sofisticadas como estrelas de cinema, como modelos da revista *Paula*. E as vizinhas velhas não podiam acreditar, ficaram mudas quando as viram entrar na casa da Palma. Naquela festa viada que ela passara meses organizando. E, ao vê-las chegarem, encasacadas naquele calorão, olhando a casa com nojo, dizendo com falsidade: Bela prataria, menina!, referindo-se aos castiçais de gesso que decoravam a mesa, a pobre mesa com toalha de plástico onde nadavam alguns ossos de frango e restos de comida. Palma não sabia onde se meter, dando explicações, repetindo que havia tanta comida... vinte perus, caixas de champanhe, saladas e sorvetes de todos os sabores. Mas essas bibas pobres são umas esfomeadas, não deixaram nadinha, comeram tudo. Como se fosse estourar uma guerra.

Muita cúmbia viada tocou a noite inteira naquela primeira madrugada de 1973. Enquanto a farra corria, com mais garrafas de pisco e de vinho que as madames mandaram comprar, as diferenças sociais se confundiram em brindes, abraços e amassos rolando soltos no quintal enfeitado com balões e serpentinas. Panelinhas de gueto, seduções coletivas, apertões na bunda e agarrões dos vizinhos operários que chegavam para cumprimentar as divas Pompadour, amigas da anfitriã. Chacotas e mais zoeiras que explodiam em gargalhadas e indiretas ao banquete perdido. No meio da música, a Pilola gritava: teus perus voaram, menina!, e a Palma voltava a dar explicações, juntava os andaimes descarnados e as penas, mostrando o cemitério de ossos chupados que tinham sido descartados no centro da mesa. No início, só dava a dona da casa se desculpando corada, quando paravam a cúmbia e as ricaças gritavam: segura esse peru, menina! Mas depois o álcool e o porre transformaram a vergonha em brincadeira. As travestis iam juntando os ossos por todos os cantos e empilhando-os em cima da mesa como uma grande pirâmide, como uma vala comum iluminada por velas. Ninguém soube de onde uma diaba tirou uma bandeirinha chilena, que pôs no vértice da sinistra escultura. Então a Pilola Alessandri se irritou e, indignada, disse que aquilo era uma falta de respeito com os militares, que tinham feito tanto pela pátria. Que este país era um asco populista com aquela Unidade Popular que deixava todo mundo morto de fome. Que as bibas toscas não manjavam de política e não tinham respeito nem pela bandeira. E que ela não podia ficar nem mais um minuto ali, por isso que entregassem os visons para ela, porque estava indo embora. Que visons, garota?, respondeu a Chumilou, se abanando com seu leque. As bibas toscas, aqui, não conhecem esse tipo de coisa. Ainda mais com esse calor. Em pleno verão? Tem que ser muito besta para usar pele, querida. Então, o grupo de dondocas percebeu que fazia muito tempo que não viam aquelas peles finas. Chamaram a anfitriã, que, bêbada, continuava colecionando ossos para erguer seu monumento à fome. Procuraram em todos os cantos, desfizeram as camas, perguntaram na vizinhança, mas ninguém se lembrava de ter visto visons brancos sobrevoando os tetos de zinco de Recoleta. Pilola não aguentou mais e ameaçou ligar para seu

A noite dos visons 121

tio comandante se os casacos da mãe não aparecessem. Mas todas a olharam incrédulas, sabendo que ela nunca faria isso por medo de que sua honrosa família desconfiasse do seu resfriado. A Astaburuaga, a Zañartu e umas quantas arrivistas solidárias à perda se retiraram indignadas, jurando nunca mais pisarem naquela espelunca. E enquanto esperavam na rua algum táxi que as tirasse daquele fim de mundo, a música voltou a retumbar no barraco da Palma. Voltaram as requebradas de pélvis e o "Mambo nº 8" deu início ao show travesti. De repente alguém interrompeu a música e todas gritaram em coro: Teu vison voou, menina! Segura esse vison!

O primeiro amanhecer de 1973 era um voal desbotado sobre as bocas abertas das bichas dormindo espalhadas pela casa da Palma. Por toda parte cinzas de cigarro, guirlandas pisoteadas debaixo do caramanchão. Gemidos baixinhos de gente trepando nas camas bagunçadas. Copos pela metade, sacudidos pelo vaivém de um coito sonolento, risadinhas silenciosas relembrando o voo do vison. E aquela luz vazada entrando pelas janelas, aquela luz de fumaça flutuando através da porta escancarada. Como se a casa fosse uma caveira iluminada de fora. Como se as monas dormissem refesteladas naquele hotel cinco caveiras. Como se o ossário velado, erigido ainda no centro da mesa, fosse o altar de um futuro devir, um presságio, um horóscopo de Ano-Novo piscando lágrimas negras na cera das velas, prestes a se apagar, prestes a extinguir a última fagulha popular na bandeirinha de papel que coroava a cena.

Dali em diante, os anos despencaram como a derrubada de toras que sepultaram a festa nacional. Veio o golpe, e a avalanche de balas provocou a debandada das travestis, que nunca mais dançaram nos pátios floridos da Unctad. Procuraram outros lugares, reuniram-se nos calçadões recém-inaugurados da ditadura. As festas continuaram — mais privadas, mais silenciosas, com menos gente doutrinada pela cripta do toque de recolher. Algumas boates continuaram funcionando, porque o regime militar não reprimiu tanto a viadagem como na Argentina ou no Brasil. Talvez a homossexualidade abastada nunca tenha sido um problema subversivo a ponto de abalar sua moral pulcra. Ou talvez houvesse demasiadas bibas de direita apoiando o regime. Quem sabe seu fedor de cadáver fosse disfarçado pelo perfume francês das bichonas dos bairros nobres. De qualquer forma, a catinga mortuária da ditadura foi uma palhinha da aids, que fez sua estreia no início dos anos 1980.

Daquela sinopse de emancipação restou apenas a Unctad, o grande elefante de cimento que por muitos anos abrigou os militares. Mais tarde a democracia foi recuperando aqueles terraços e pátios, onde já não estão as esculturas doadas pelos artistas da Unidade Popular. E também os enormes auditórios e salas de conferências, onde hoje acontecem fóruns e seminários sobre homossexualidade, aids, utopias e tolerâncias.

Daquela festa há apenas uma fotografia, um pedaço de papel desbotado onde os rostos das travas ressurgem remotamente expostos ao olhar presente. A foto não é boa, mas salta à vista a militância sexual do grupo que a compõe. Enquadrados à distância, suas bocas são risos extintos, ecos de gestos congelados pelo flash do último brinde. Frases, bordões, caretas e chacotas pendem de seus lábios prestes a sair, prestes a destilar a ironia no veneno de seus beijos. A foto não é boa, está tremida, mas a bruma do desfoque dissipa para

A noite dos visons 123

sempre a estabilidade da memória. A foto está borrada, talvez porque o véu esgarçado da aids embace a dupla desaparição de quase todas as bibas. Essa sombra é uma delicada venda de celofane envolvendo a cintura da Pilola Alessandri, que apoia o quadril boiola na lateral direita da mesa. Ela comprou a epidemia em Nova York, foi a primeira a trazê-la com exclusividade, a mais autêntica, a recém-lançada moda gay para morrer. A última moda fúnebre, que a emagreceu como nenhuma dieta jamais conseguira. Que a deixou tão magra e pálida como uma modelo da *Vogue*, tão esticada e chique como um suspiro de orquídea. A aids sugou seu corpo e ela morreu tão espremida, tão contraída, tão estilizada e bela na economia aristocrática de sua morte mesquinha.

A foto não é boa, não se sabe se é em preto e branco ou se a cor fugiu para um paraíso tropical. Não se sabe se o blush das bibas ou as rosas murchas da toalha plástica foram sendo lavados pelas chuvas e inundações, enquanto a foto esteve pendurada com um prego no barraco da Palma. Difícil decifrar seu cromatismo, imaginar cores nas camisas salpicadas pela geada do inverno pobre. Apenas uma aura de umidade amarela, a única cor que realça a foto. Apenas esse rastro mofado ilumina o papel, alaga-o feito dilúvio na mancha sépia que cruza o peito da Palma. Que a atravessa, espetando-a como uma borboleta na coleção da aids proletária. Ela pegou no Brasil, quando vendeu a barraca de frango que tinha no La Vega, quando não aguentou mais os milicos e disse que ia desmunhecar nas areias de Ipanema. É pra isso que somos travas, pra viver num eterno carnaval e sambar a vida. Além do mais, com o dólar a 39 pesos, a festa carioca cabia no bolso. A chance de ser rainha por uma noite às custas de uma vida.

O que foi?, disse ela no aeroporto, imitando as ricaças. A gente gasta o que tem e pronto.

E a aids que a Palma teve foi generosa, rueira, atracada por aí com qualquer perdido faminto querendo sexo. Quase daria para dizer que ganhou aquela aids de bandeja, comendo até se fartar pelos becos ardentes de Copacabana. Palma sorveu o soro de Kaposi até a última gota, como quem se empanturra com seu próprio fim sem fazer desfeita. Queimando de febre, ela voltava à areia, distribuindo a serpentina contagiosa aos vagabundos, mendigos e leprosos que encontrava à sombra do seu Orfeu negro. Uma aids ébria de samba e boemia foi inchando-a como um balão desbotado, como uma camisinha inflada pelos sopros de seu cu caridoso. Seu cu filantrópico, retumbando pandeiros e atabaques no ardor da colite aidética. Como se fosse uma festa, uma escola de samba para morrer coberta de lantejoulas esparramada no tombo das favelas, no perfume africano solto, molhando de azeviche a pista, a avenida Atlântica, a rua do Rio, sempre pronta para pecar e pagar na carne os prazeres de seu delírio.

Palma voltou e morreu feliz em sua destroçada agonia. Despediu-se ouvindo Ney Matogrosso, sussurrando a saudade da partida. Nos vemos em outra festa, disse, triste, olhando a foto pregada nas tábuas da sua miséria. E antes de fechar os olhos pôde se ver jovenzinha, quase uma donzela corada erguendo a taça e um punhado de ossos naquele verão de 1973. Ela se viu tão linda no espelho da foto, envolta no víson branco da Pilola, tão chique no halo albino daqueles pelos, que deteve a mão ossuda da morte para contemplar a si mesma. Espere um pouco, disse à Pálida, e agarrou-se à vida mais um instante para admirar seu narciso felpudo. Então,

A noite dos visons

relaxou as pálpebras e deixou-se ir, flutuando na seda daquela lembrança.

A foto não é boa, o clique saiu apressado pelo fuzuê das monas ao redor da mesa, quase todas borradas pela pose rápida e o louco afã de saltar ao futuro. Parece uma última ceia de apóstolos viados, onde a única coisa nítida é a pirâmide de ossos no meio da mesa. Parece um afresco bíblico, uma aquarela da Quinta-feira Santa presa nos vapores do garrafão de vinho que a Chumilou está segurando como um cálice sagrado chileno. Ela se pôs no centro, tomou o lugar de Cristo sem a auréola. Empertigada nos vinte centímetros de seus tamancos, Chumilou exibe seu glamour travesti. O vison negro da Pilola escorregando pela brancura dos ombros num abraço animal que aquece seu frágil coração, seu delicado suspiro de virgem nativa. Toda capulho, toda botão de rosa enluvada na pelagem do vison. Ela lembra uma fotografia de cinema, altiva na face que oferece um beijo. Só um beijo, Chumilou parece dizer à lente da câmera que arrebata seu gesto. Só um beijo do flash para granizá-la de brilhos, para cegá-la com o relâmpago de seu próprio espelho. Seu espelho mentiroso, sua falsa imagem de diva proletária bancando o quilo de pão e os tomates para o café da manhã da família. Arriscando tudo na esquina da galinhagem sodomita, defendendo a golpes de navalha seu território prostibular. Chumilou era brava, diziam as outras travestis. Chumilou era boa de briga quando alguma folgada lhe roubava um cliente. Ela era a preferida, a mais cobiçada, o único consolo dos maridos entediados que se excitavam com seu cheiro de bicha acesa. Por isso o anzol aidético a escolheu como isca de sua pesca milagrosa. Por ser fominha, esganada, pela fodeção incansável da lua monetária. Gulosa, não viu que não tinha mais camisinha na bolsa. E eram tantas notas, tanta grana, tantos dólares que aquele gringo pagava. Tanta maquiagem e barbeadores e cera depilatória. Tantos vestidos e sapatos novos, que daria para aposentar os tamancos fora de moda. Tanto pão, tantos ovos e macarrão que ela poderia levar para casa. Eram tantos sonhos condensados naquele maço de dólares. Tantas bocas abertas dos irmãozinhos assombrando-a noite após noite. Tantos molares cariados da mãe que não tinha dinheiro para ir ao dentista e a esperava na madrugada insone urrando de dor. Eram tantas dívidas, tantas mensalidades escolares, tanta conta para pagar. Porque ela não era ambiciosa, como diziam as outras bichas. Chumilou se contentava com pouco, apenas um modelito de brechó, uma blusinha, uma saia, um trapo velho que a mãe costurava daqui, ajeitava dali, colando rendas e brilhos, enfeitando o uniforme de trabalho da Chumi. Dizendo para ela tomar cuidado, para não se meter com qualquer um, para não se esquecer de usar camisinha, que ela mesma comprava na farmácia da esquina, passando a vergonha de ter que pedir. Mas naquela noite ela não tinha nenhuma, e o gringo impaciente, afoito para montar nela, oferecendo o leque verde dos seus dólares. Então a Chumi fechou os olhos e, esticando a mão, agarrou o bolo de dinheiro. Não era possível ter tanto azar para que apenas uma vez, uma única vezinha em tantos anos trepando em carne viva, ela fosse pegar aquela sombra. E assim a Chumi, sem querer, cruzou o umbral acolchoado da praga, mergulhou lentamente nas águas viscosas e comprou passagem só de ida naquele barco sinistro. Foi um sequestro inevitável, ela dizia. Além do mais, já vivi tanto, meus 25 anos foram tão longos que a morte chega

A noite dos visons 127

para mim como uma espécie de férias. Só quero que me enterrem vestida de mulher, com meu uniforme de trabalho, com o tamanco prateado e a peruca preta. Com o vestido de cetim vermelho que me trouxe tanta sorte. Nada de joias, os diamantes e esmeraldas eu deixo para minha mãe arrumar os dentes. O sítio e as casas da praia, para meus irmãos mais novos, que merecem um bom futuro. E, para as travas, deixo a mansão de cinquenta quartos que ganhei de presente do sheik. Para fazerem uma casa de repouso para as mais velhas. Não quero luto, nada de choradeira, nem aquelas coroas de flores fajutas compradas às pressas na Pérgola San Francisco. Muito menos aquelas sempre-vivas duras que nunca secam, como se a gente não acabasse nunca de morrer. No máximo, uma orquídea lânguida no meu peito, salpicada com gotas de chuva. E os círios elétricos, que sejam velas. Muitas velas. Centenas de velas pelo chão, por toda parte, descendo a escadaria, cintilando na rua San Camilo, em Maipú, na Vivaceta e em La Sota de Talca. Tantas velas como num apagão, tantas quanto os desaparecidos. Uma infinidade de chaminhas salpicando a bainha molhada da cidade. Feito lantejoulas de fogo em nossas ruas chuvosas. Como pérolas de um colar que arrebentou, milhares de velas como moedas de um cofrinho partido. Tantas quanto estrelas arrancadas do decote. Quanto faíscas de uma coroa para iluminar a derrota... Preciso desse brilho cálido para dar a impressão de recém-dormida. Levemente corada pelo beijo morcego da morte. Quase irreal no halo bruxuleante das velas, quase sublime submersa sob o vidro. Quero que todos digam: parece que a Chumi está dormindo, como a Bela Adormecida, como uma virgem serena e intacta cujas cicatrizes o milagre da morte apagou.

Nenhum vestígio da doença. Nem hematomas nem pústulas nem olheiras. Quero uma maquiagem cândida, mesmo que tenham que refazer meu rosto. Como Ingrid Bergman em *Anastásia*, como Bette Davis em *Jezebel*, quase uma garotinha que dormiu esperando. E tomara que seja de manhã cedo, como quem volta de um palácio para casa depois de dançar a noite inteira. Nada de missas nem padres nem sermões tediosos. Sem essa de coitadinho do viado, perdoe-o Senhor para entrar no reino de Deus. Nada de choro, nem desmaios, nem despedidas dramáticas. Estou indo faceira, realizada como toda vedete. Não preciso de discursos nem dos beijos que o amor me negou... Nem do amor... Olhem para mim, que já vou atravessando a espuma. Olhem para mim pela última vez, invejosas, que não vou mais voltar. Ainda bem. Sinto a seda encharcada da morte amordaçando meus olhos e digo que fui feliz nesse último minuto. Daqui não levo nada, pois nunca tive nada e até isso eu perdi.

Chumilou morreu no mesmo dia em que a democracia chegou, o pobre cortejo cruzou com as passeatas que festejavam a vitória do "Não" na Alameda. Foi difícil atravessar aquela multidão de jovens pintados, flamulando as bandeiras do arco-íris, gritando, cantando eufóricos, abraçando as travestis que acompanhavam o funeral da Chumi. E por um momento o luto se confundiu com alegria, tristeza e carnaval. Como se a morte fizesse seu caminho e descesse do rabecão para dançar uma última *cueca*.* Como se ainda desse para ouvir a voz moribunda de Chumi quando soube da vitória na eleição. Mande meus cumprimentos à democracia, disse ela.

---

* Dança nacional chilena. (N. T.)

A noite dos visons 129

E era como se a democracia em pessoa lhe devolvesse os cumprimentos nas centenas de jovens descamisados que treparam no carro fúnebre, pulando em cima do teto, pendurando-se nas janelas, pintando com spray e pichando todo o veículo com grafites que diziam: ADEUS, TIRANO. ATÉ NUNCA, PINOCHO.* MORTE AO CHACAL. Assim, diante dos olhos horrorizados da mãe da Chumi, o rabecão se transformou em carro alegórico, num desfile rebelde que acompanhou o funeral por vários quarteirões. Depois retomou sua marcha enlutada, seu trote paquidérmico pelas ruas desertas até o cemitério. Entre as coroas de flores, alguém espetou uma bandeira com o arco-íris da vitória. Uma bandeira branca listrada de cores que acompanhou a Chumi até seu jardim de inverno.

Talvez a foto da festa na casa da Palma seja o único vestígio daquela época de utopias sociais, onde as bibas vislumbraram o esvoaçar de sua futura emancipação. Misturadas na multidão, elas participaram daquela euforia. Tanto à direita quanto à esquerda de Allende, bateram panelas e protagonizaram, do seu anonimato público, tímidas centelhas, discursos balbuciantes que iriam construindo sua história minoritária na luta pela legalização.

Do grupo que aparece na foto, quase não restam sobreviventes. O amarelo pálido do papel é um sol desbotado como as peles desenganadas que enfeitam o daguerreótipo. A sujeira das moscas foi pontuando de pintas as faces, como uma prévia maquiada do sarcoma. Todos os rostos parecem salpicados dessa garoa purulenta. Todos os risos gralhando na sacada da foto são lenços que se despedem numa proa invi-

---

* Pinóquio, mas também o apelido irônico do ditador Pinochet. (N. T.)

sível. Antes que o barco do milênio atracasse no ano 2000, antes até que a homossexualidade chilena fosse legalizada, antes da militância gay dos anos 1990, antes que essa moda masculina fosse imposta como uniforme do Exército da Salvação, antes que o neoliberalismo democrático aprovasse o casamento gay. Muito antes desses direitos, a foto das bibas naquele Ano-Novo é registrada como algo que brilha num mundo submerso. O cristal obsceno de suas gargalhadas ainda é subversivo, bagunçando a suposição dos gêneros. Na imagem puída, ainda é possível medir a enorme distância, os anos de ditadura que educaram os gestos virilmente. É possível constatar a metamorfose das homossexualidades no fim do século; a disfunção da bichona sarcomida pela aids, mas principalmente dizimada pelo modelo importado do status gay, tão na moda, tão entranhado em suas relações com o poder da nova masCulinidade homossexual. A foto se despede do século com a plumagem surrada das bichas ainda transviadas, ainda folclóricas em seus trejeitos ilícitos. Parece um afresco arcaico onde a intromissão do padrão gay ainda não havia deixado sua marca. Onde o território nativo ainda não sofrera o contágio da peste como recolonização através dos fluidos corporais. A foto daquele então mostra um carrossel risonho, uma dança de risos curiós tão jovens, tão púberes em seu jeito deslocado de reconstruir o mundo. Certamente, outro corpus tribal diferenciava seus ritos. Outros delírios enriqueciam barrocamente o discurso das homossexualidades latino-americanas. A viadagem chilena ainda tecia um futuro, sonhava acordada com sua emancipação ao lado de outras causas sociais. O "homem homossexual" ou "Mr. Gay" eram uma construção de potência narcisa que não ca-

A noite dos visons

bia no espelho desnutrido das bibas. Aqueles corpos, aqueles músculos, aqueles bíceps que chegavam às vezes por revistas estrangeiras eram um Olimpo do Primeiro Mundo, uma aula educativa de ginástica, um fisiculturismo extasiado pelo seu próprio reflexo. Uma nova conquista da imagem loira que foi colando no arrivismo deslumbrado das monas mais viajadas, as madames que copiaram o modelito em Nova York e o trouxeram para este fim de mundo. E junto com o molde do Super-Homem, precisamente no envoltório asséptico daquela pele branca, tão higiênica, tão perfumada pelo feitiço capitalista, tão diferente do couro opaco da geografia local; naquele Apolo, em seu mármore imberbe, vinha escondida a síndrome da imunodeficiência, como se fosse um viajante, um turista de passagem pelo Chile que acabou ficando pelo vinho doce do nosso sangue.

Certamente, o fim em comum entre a Palma, a Pilola Alessandri e a Chumilou fala da aids como um repartidor público livre de preconceitos sociais. A mão aidética ostenta uma fatídica generosidade em sua distribuição clandestina. Parece dizer: calma, tem para todos. Não se preocupem que não vai acabar. Tem paixão e calvário à beça até encontrarem a cura.

Talvez as pequenas histórias e as grande epopeias nunca sejam paralelas, os destinos das minorias continuam escaldados pelas políticas de um mercado sempre à espreita de qualquer fuga. E, nesse mapa ultracontrolado da modernidade, as fissuras são detectadas e reparadas com o mesmo cimento, com a mesma mescla de cadáveres e de sonhos que jazem sob os andaimes da pirâmide neoliberal. Talvez a última faísca nos olhos da Palma, da Pilola Alessandri e da Chumilou tenha sido um desejo. Ou melhor, três desejos que ficaram esperando o vison perdido naquela festa. Porque nunca se soube onde foram parar as lindas peles da Pilola. Viraram fumaça no ar daquela noite de verão, como um sonho roubado que seguiu escrevendo sua história para além da nostalgia. Especialmente no inverno soropositivo das bibas, quando o algodão nevado da epidemia congelou seus pés.

As joias do golpe

E ACONTECEU NUM SINGELO PAÍS pendurado na cordilheira com vista para o vasto mar. Um país desenhado no mapa como um fiapo; uma letárgica serpente de sal que um dia acordou com um fuzil na testa, ouvindo um pronunciamento fanho que repetia: "Todos os cidadãos devem se retirar cedo após o toque de recolher e não se expor à turba terrorista". Ocorreu nos primeiros meses após o 11 de setembro, na folia triunfal da paulada golpista, quando os vencidos andavam fugindo e escondendo gente e levando gente e salvando gente. Alguma cabeça uniformizada teve a ideia de organizar uma campanha de doações para ajudar o governo. A ideia, provavelmente copiada de ... *E o vento levou* ou de algum panfleto nazista, convocava o povo a recuperar os cofres fiscais colaborando com joias para reconstruir o patrimônio nacional arrasado pela farra esquerdista, diziam as senhoras loiras em seus chás beneficentes, organizando rifas e quermesses para ajudar Augusto e apoiá-lo em sua heroica empreitada. Mostrar para o mundo inteiro que o golpe tinha sido apenas um tapinha elétrico no bumbum de uma criança manhosa. O resto eram calúnias do marxismo internacional, que invejava Augusto e os membros da junta militar porque souberam ser machos e acabar de uma vez com aquela orgia da ralé. Portanto, se você apoiou a "revolução" militar, pode ir apoiando com um anelzinho, um colar, o que for. Vá logo doando um broche ou as joias da sua avó, dizia Mimí Barrenechea, a emperiquitada esposa de um almirante, a promotora mais entusiasta da campanha de presentes em ouro e platina que recebia os convidados na gala organizada pelas senhoras de azul-claro, verde e rosa que corriam feito galinhas chocas recebendo os donativos.

Em troca, o governo militar entregava uma medalhinha de lata pela histórica cooperação. Porque, com o gasto em tropas e balas para recuperar a liberdade, o país ficou na miséria, acrescentava Mimí para convencer as ricaças a entregarem suas alianças de casamento em troca de um anel de cobre que em pouco tempo deixaria seus dedos verdes como uma lembrança embolorada de sua patriota generosidade.

Toda a imprensa estava presente naquela cerimônia, embora bastassem apenas o jornal *El Mercurio* e a Televisão Nacional mostrando os famosos fazendo fila para entregar o colar de brilhantes que a família guardara por gerações feito cálice sagrado; a herança patrimonial que Mimí Barrenechea recebia emocionada, dizendo a suas amigas aristocratas: "isso é que é ser patriota, meninas", gritava eufórica às mesmas bruacas de cabelo grisalho que tinham ido junto bater panelas em frente aos quartéis, as mesmas que a ajudavam nos coquetéis da Escola Militar, do Club de la Unión ou na própria casa de Mimí, recolhendo a esmola milionária de ajuda ao Exército. Por isso, era um tal de: por aqui Consuelo, por ali Pía Ignacia, matraqueava a sra. Barrenechea, enchendo as cestinhas timbradas com o brasão nacional, e ao seu passo chique e simpático caíam as bugigangas de ouro, platina, ru-

As joias do golpe 135

bis e esmeraldas. Com seu famoso humor pedante, imitava Eva Perón arrancando as joias do pescoço das amigas que não queriam soltá-las. Ai, Pochy, não era você que tinha adorado a revolução? Que aplaudia tomando champanhe no dia 11? Pois então, passe para cá esse anelzinho que parece uma verruga brilhando no seu dedo artrítico. Pode ir passando esse colar de pérolas, querida. Esse mesmo que você está escondendo debaixo da blusa. Entregue para a causa, Pelusa Larraín.

Então, Pelusa Larraín, injuriada, apalpando o pescoço nu que havia perdido aquele colar finérrimo que ela amava tanto, respondeu a Mimí: e você, linda, vai contribuir com o quê? Mimí olhou desconcertada, notando que todos os olhos estavam fixos nela. Ai, Pelu, é que na pressa de organizar essa campanha, acredita que eu tinha esquecido? Pois então dê o exemplo com esse valioso broche de safira, disse Pelusa, arrancando-o do decote da outra. Lembre-se que a caridade começa em casa. E, com horror, Mimí Barrenechea viu cintilar sua enorme safira azul, presente de sua vovozinha porque combinava com seus olhos. Ao vê-la cair na cesta de donativos, terminou ali o espírito de seu voluntarioso nacionalismo. Mimí entrou em depressão quando viu a cesta se afastar, perguntando-se pela primeira vez o que fariam com tantas joias. Em nome de quem estava a conta bancária? Quando e onde seria o leilão para resgatar sua safira? Mas nem mesmo seu marido almirante soube responder, e, olhando-a duramente, perguntou se ela por acaso duvidava da honra do Exército. O fato é que Mimí ficou com suas dúvidas, pois nunca se soube a conta nem quanto foi arrecadado naquela luxuosa vaquinha da Reconstrução Nacional.

Anos mais tarde, quando o marido a levou para os Estados Unidos por motivos de trabalho e foram convidados para a recepção na embaixada chilena pela recém-nomeada embaixadora do governo militar perante as Nações Unidas, Mimí, de luvas e vestido longo, entrou de braço dado com seu almirante no salão cheio de uniformes que reluziam com medalhas, franjas douradas e condecorações tilintando feito pinheirinhos de Natal. Em meio a todo aquele brilho de galões e emblemas de ouro, a única coisa que ela viu foi um relâmpago azul no cangote da embaixadora. E ficou dura na escada de mármore, puxada pelo marido, que lhe dizia entredentes, sorrindo, em voz baixa: o que foi, sua boba? Vamos, que todo mundo está olhando para nós. Mi-nha-sa, mi-nha-sa-fi, mi-nha-sa-fi-fi, dizia Mimí gaguejando, olhando para a lapela da embaixadora que se aproximava sorridente para lhes dar as boas-vindas. Reaja, imbecil. Qual é o problema?, murmurava o marido, beliscando-a para cumprimentar aquela gloriosa mulher vestida de cetim azul com a joia cintilando no pescoço. Mi-nha-sa, mi-nha-sa-fi, mi-nha-sa-fi-fi, repetia Mimí, prestes a desmaiar. O que foi que disse?, perguntou a embaixadora sem entender o balbucio de Mimí, hipnotizada pelo brilho do adorno. É que minha mulher adorou o seu broche, respondeu o almirante, tirando Mimí do apuro. Ah, sim, é divino. Foi um obséquio do comandante em chefe, que tem muito bom gosto e me presenteou com dor no coração, porque é relíquia de família, disse a diplomata, emocionada, antes de continuar cumprimentando os convidados.

Mimí Barrenechea nunca se recuperou desse choque, e naquela noite bebeu todas, até o resto das taças que os garçons

As joias do golpe 137

recolhiam. O marido, envergonhado, teve que levá-la arrastada, porque para Mimí era preciso embebedar-se para suportar a tristeza. Era urgente encher a cara como um gambá para morder a língua e não dizer uma palavra, não fazer nenhum comentário enquanto via, enevoada pelo álcool, o resplendor de sua joia perdida multiplicando os fulgores do golpe.

Ronald Wood
(Para esse lindo lírio despenteado)

Talvez fosse possível resgatar Ronald Wood dentre tantos jovens fuzilados naquele tempo dos protestos. Quiçá fosse possível encontrar seu olhar cor de mel entre tantas órbitas vazias de estudantes mortos que um dia haviam sonhado com o futuro esplendor dessa democracia impune. Quando penso nele, a lembrança daquele menino grande dói no meu peito, e vejo as nuvens passarem tentando recortar seu perfil nesses algodões esgarçados pelo vento. Quando o evoco, é difícil imaginar seu riso podre debaixo da terra. Quando sonho com ele, no enorme céu salgado de sua ausência, é difícil acreditar que o redemoinho brincalhão dos seus gestos nunca mais alegrará minhas manhãs.

Porque seria lindo encontrar o Ronald de novo naquele bairro de Maipú onde eu lhe dava aula de artes plásticas, na arena esfolada dos anos 1970. E ele não estava nem aí para a arte, vadiando o tempo inteiro, derramando as tintas, manchando com raiva a folha do caderno, incomodando os mais aplicados. Enquanto isso eu tentava ensinar arte pré-histórica, projetando slides. Enquanto isso eu despejava arte egípcia, mostrando ilustrações de pirâmides e tumbas faraônicas. E o Ronald, insuportavelmente hiperativo, entediado com a minha ladainha educativa, de saco cheio, esticando as pernas de adolescente repentinamente crescido. Porque ele era o mais alto, o grandalhão irritante que não cabia naqueles banquinhos escolares. O palhaço da turma, que tornava minha aula um suplício, pintando o rosto, rindo do meu discurso sobre história da arte. Até que cheguei à arte romana, à arte militar do império. Então pela primeira vez eu o vi atento, olhando com nojo as esculturas daqueles generais, os bustos daqueles imperadores e os blocos de exércitos tiranos. Pela primeira vez ele ficou parado escutando, e aproveitei aquele instante de atenção para introduzir o discurso político, arriscado naqueles anos, quando era pecado falar sobre a conjuntura na escola. E o Ronald tão atento, participando, me ajudando naquela subversão compartilhada através da ingênua disciplina das artes plásticas. E depois, ao terminar a aula, quando toda a classe saiu em tropel para o recreio, ao levantar os olhos do livro de chamada, o único que continuava sentado na sala era Ronald em silêncio. E você, o que está fazendo aqui? Não ouviu o sinal do recreio? E ele, sem dizer nada, me olhou com aqueles olhos castanhos enormes, estendendo a metade de sua maçã escolar para mim, como um coração partido que selava nossa secreta cumplicidade.

Desse dia em diante, aquele lindo despenteado não perdia uma palavra da minha oratória antimilitar. Escute, professor, dizia ele cochichando, temos que fazer alguma coisa pra ditadura acabar. Estamos fazendo, Rony, não se apresse. Enquanto isso, você tem que estudar, dar o exemplo, e não sair por aí quebrando as janelas da inspetoria, muito menos fazer careta para a diretora. Está me entendendo? E ali, no meio do pátio de crianças gralhando, eu o deixava com seus pensamentos, coçando a cabeça loira que brilhava como uma chama fosforescente naquelas distantes manhãs de cristal, no final dos anos 1970.

Durou pouco essa minha estratégia de conscientizar através da história da arte. Talvez tenham espalhado algo, alguém tenha ouvido, e, sem qualquer explicação, tive que deixar as aulas naquele lugar. Nunca mais vi Ronald Wood, jamais soube o que aconteceu com ele nos anos turbulentos que vieram. Nunca descobri se ele também fora expulso daquele colégio, como eu.

Somente no dia 20 de maio de 1986 recebi a notícia de seu assassinato em meio a uma manifestação estudantil na ponte Loreto. Só naquele dia fiquei sabendo pelo jornal que Ronald estava estudando para ser auditor no Instituto Profissional de Santiago, que tinha apenas dezenove anos quando, naquela tarde, uma maldita bala milica apagara a fogueira viva de sua apaixonada juventude. Ali eu também soube que ele agonizara três dias com sua linda cabeça estilhaçada pelo chumbo da ditadura.

Mesmo assim, por muitos anos pensei reconhecer sua risada nos bandos de estudantes que alvoroçavam o parque, as praças, o rio e a tarde de primavera. Acho que até hoje não estou convencido de sua fatal desaparição, e continuo vendo-o florido em sua outrora espinhenta puberdade. Talvez nunca consiga apagar a sombra de culpa que ofusca minha lembrança de seus grandes olhos escuros, naqueles dias distantes de escola pública, quando ele me entregou em sua mão generosa a maçã partida do seu rubro coração.

Fingir como se nada, sonhar como se nunca
(Sobre o vídeo *La venda*, de Gloria Camiruaga)

DE FRENTE, na tela, o rosto testemunhado desse grupo de mulheres que conseguiu sobreviver ao porão do horror é apenas a porcentagem oral que, no sussurro nervoso do relato, tenta dar conta do pântano sombrio onde foram submersas naqueles dias tão difíceis de lembrar e ao mesmo tempo indeléveis em algum lugar onde a memória abriga seu humilhado furor. E essa dualidade, que faz piscar intermitentemente a zona crispada da lembrança, parece ser a única entrada em certa intimidade trêmula, ainda assustada na vocalização confessional do videotestemunho. Talvez o registro dessas conversas multiplique uma somatória de vozes que por muitos anos guardaram esses fatos caladas, como quem se nega a reconhecer em si mesma a brutal evidência. Como quem não quer sentir nunca mais o toque da luva militar que estampou suas carnes com os hematomas digitais do selo nacional. Como quem finalmente deixa transparecer diante de uma câmera o triste emblema arroxeado de suas feridas, que emergem das trevas repetidamente para documentar a história não contada da tortura neste país. A história extraviada do ultraje oficial que não aparece julgada em nenhum litígio. A história mordida, ainda amordaçada pela indiferença e pelo processo democrático.

Seria preciso dizer mil vezes: isso aconteceu, isso ocorreu em alguns bairros, aqui perto, em frente à pracinha onde um avô alimenta os pombos. Próximo à igreja, onde um padre bem penteado gargareja pela reconciliação. Passando o jardim de infância, onde o mesmo torturador se despede do filho com um beijo sujo na bochecha. Naquela mesma casa, tão igual a outras casas com cheiro de peste que exala do porão. Casas de família, vizinhas daquelas outras moradas do terror onde mofam as tomadas que evocam a náusea de um arrepio indefeso. Paredes silenciosas, bastidores arranhados onde ainda se leem pichações de "Lagos para presidente".

Isso aconteceu sob este céu que pinta de azul imundo sua ladainha de irmãos. Isso aconteceu aos pés desta cordilheira tão branca, tão orgulhosamente branca e pálida como um morto. Isso aconteceu, e é como se ao dizê-lo não se dissesse nada. Como se, nesse ar renovado, esses testemunhos desmembrados pela evocação se escorassem num soletrar fictício que abafa, branqueia e despolitiza a crosta úmida de sua memória. Isso aconteceu, foi tão real como gritam no vídeo esses olhos femininos embaçados. Foi real, mas quem se importa, se metade do país ainda não acredita? Metade do país prefere não saber, não recordar a noite em que, na casa vizinha, uma garganta de mulher trinava no pau de arara os estertores de seu desespero. Metade do país se recusa a acreditar e quer virar a página, olhar para a frente, fingir como se nada, sonhar como se nunca. Metade do país não sabe porque não quer saber, porque se faz de trouxa. E ainda que doa dizer isso, a relação cupincha que atende pelo nome de compatriotas, a cumplicidade familiar de uma esposa, irmã ou mãe que oculta o filho torturador, a cumplicidade cultural extasiada

Fingir como se nada, sonhar como se nunca

pela arte naqueles dias de pano preto, a farra incestuosa da televisão e da imprensa lambe-botas brindando com a escória fascista, tudo isso teceu a venda do individualismo que deu visto de cidadão legal ao monstro torturador.

O que o vídeo mostra é o que se pode mostrar oralmente pelas vozes nuas de suas protagonistas. Apenas um retalho menstruado no vazio abjeto de sua narração. De resto, o que segue ou o que fica, nenhuma emoção solidária pode penetrar no descalabro desses fatos sem olhar mais uma vez para o país fingidamente democratizado em que se vive, sem sentir mais uma vez que uma parte importante de sua população, por medo, insegurança ou indiferença, tapou os ouvidos, fechou os olhos e assumiu a venda no lugar de um céu arranhado pelos ecos órfãos de sua torturada contorção.

As mulheres do PEM e do POJH
(ou Recordações de uma chacota de trabalho)

E QUASE NA METADE da ditadura, quando estourou uma avalanche de desemprego, depois dos anos gloriosos dos yuppies e seu dólar a 39 pesos. No final dos anos 1970, quando o boom econômico eram viagens, festas e circo para os fanáticos do regime, logo depois desses privilégios de ricos e fardados, o castelo econômico desabou para a patota amiga de Cuadra, José Piñera e do boneco enrugado do Büchi (alguém se lembra desse candidato ao La Moneda? Que loucura, que piada ter aquela peruca de palhaço na cadeira presidencial). Era estranha, exótica e nefasta aquela tropa de trintões pica-grossa planejando a economia de um país anestesiado pela repressão. E nessa paisagem, nessa vida castigada das classes populares, essas figuras tiveram a ideia de disfarçar o enorme desemprego com um programa de trabalho em massa que desse um ganha-pão precário ao ócio faminto dos chilenos.

Rezava a propaganda que, se você não tinha trabalho, se era chefe de família e estava desempregado, bastava correr até a prefeitura mais próxima para se inscrever no plano de trabalho instantâneo do PEM (Programa de Empleo Mínimo) e do POJH (Programa de Ocupación para Jefes de Hogar),*

---

* Respectivamente, Programa de Emprego Mínimo e Programa de Ocupação para Chefes de Família. (N. T.)

informar seus dados, sua idade e especialização e, antes do galo cantar, seria chamado para integrar um esquadrão de trabalho municipal. Eram grupos formados por mulheres e homens jovens, operários que carregavam pedras de uma calçada a outra, pessoas mais velhas que passavam a manhã inteira cavando buracos debaixo do sol para depois tapá-los sem nenhuma justificativa. Era uma Santiago nebulosa, que lembrava aqueles vilarejos nazistas onde filas de judeus marchavam para trabalhos braçais. Santiago acordava assistindo a essas manadas de trabalhadores do PEM e do POJH plantando os canteiros das avenidas com grama e florzinhas. De longe, seus uniformes e aventais cinza eram uma chacota de trabalho que recrutava todas as senhoras de uma favela para varrer as ruas, espanar os monumentos e lustrar as lajotas da prefeitura, onde o prefeito passava rodeado de trabalhadores do PEM e do POJH puxando seu saco, sacudindo seu terno, lambendo a rua principal para a visita de dona Lucía, a primeira-dama, e sua corte de velhas mexeriqueiras do chamado Cema-Chile.* No ginásio municipal, a esposa do ditador se reunia com as mulheres do PEM e do POHJ: avós, mães, tias e sobrinhas que a ouviam com raiva e tristeza. Em silêncio, elas escutavam suas palestras para sobreviver naqueles tempos difíceis. Peguem um papel e lápis — mandava uma secretária — para anotar as deliciosas receitas de comida barata que vocês podem fazer com

---

* Sigla para Centro de Madres, instituição criada em 1954 para atender mães e mulheres em situação de vulnerabilidade. Após o golpe de 1973, tornou-se uma fundação privada com atividades desenvolvidas por uma rede de voluntárias, geralmente esposas de militares, sob a presidência de Lucía Hiriart de Pinochet. (N. T.)

as sobras. Juntando cascas de batata bem lavadas é possível fazer uma sopa saborosa para substituir o guisado, acrescentando uma espiga de milho. Não joguem fora as cascas de maçã, pois dá para fazer com elas uma cuca maravilhosa para o café da tarde, decorado com grãos de uva juntados na feira. Vocês não sabem o que a imaginação pode fazer nesses tempos de crise. Principalmente nas cozinhas populares. Não é mesmo, Laurita Amenábar? Não joguem fora os restos e caroços, nem os ossos, que são pura vitamina quando moídos, ou vocês também podem fazer artesanatos ensinados pelas professoras do Cema-Chile. Não é época de desperdiçar comida, diziam as senhoras emperiquitadas, despedindo-se das pobres mulheres enfileiradas nas calçadas, com uma bandeirinha na mão, saudando as madames da comitiva presidencial.

O programa de trabalho fácil do PEM e do POJH foi a maior humilhação que a ditadura fez com a força laboral de um país massacrado pelo desemprego. Em troca de um salário miserável e da esmola de uma cesta básica, centenas de chilenos e chilenas eram usados em tarefas decorativas, trabalhos inúteis, serviços degradantes para a inteligência da classe proletária. O bravo povo chileno, formado em longas filas do lado de fora das prefeituras para receber as migalhas do orçamento nacional deixadas pelos milicos e yuppies. Ali, naquelas manhãs da doce pátria pinochetista, a multiplicação nas ruas das costas estampadas com o logotipo do PEM e do POJH retratava cruamente o menosprezo pela dignidade humana imposto por aquele modelo econômico. O mesmo que hoje, remoçado pelo barbear democrático, tenta repetir o vexatório emplastro daqueles projetos como um curativo

As mulheres do PEM e do POJH 147

circunstancial para o atual desemprego. Poderíamos dizer que essas geometrias temporárias da função salarial evocam outra Santiago, outra paisagem corpórea, que nos dias do PEM e do POJH marchava pelas ruas gotejando a ocupação mendiga de seu instável viver.

Pisagua na ponta dos pés

E só HOJE, quando o país saltou ao futuro com uma mochila lotada de cadáveres gotejando pelas sendas do seu reconciliado desenvolvimento. Quando os dias de horror parecem ter evaporado e a aura sangrenta daquele tempo ficou para trás. Noites de batidas policiais, manhãs com caminhões verde-oliva na porta, esperando passageiros em viagem para o cárcere. Para o sul, rumo a uma ilha perdida no mapa. Para o norte, rumo a alguma salitreira instalada como campo de concentração. E ali, naquele momento de abandonar o passado, a vida em família e a casa, com os milicos apressando a partida. Com os milicos, metralhadora na mão, empurrando os presos que, histéricos, não sabiam o que enfiar na mala do exílio. Pegando o casaco, o cachecol e a jaqueta para o caso de esfriar. Era um tal de: José, não se esqueça dos remédios! Carmen, as seringas de insulina para o diabetes! E as cuecas, meias e absorventes para essa menina-mulher detida no colégio. E, no apuro, sem saber destino nem futuro, era difícil adivinhar o que levar na bagagem do exílio. Ainda mais se você só tinha alguns minutos, pressionado pelos gritos e empurrões dos soldados amontoando esquerdistas sob a lona verde sem esperança do caminhão blindado.

Na manhã em que vieram buscar Gastón, sua casa era uma bagunça de roupas e malas arrumadas e desarrumadas pe-

Pisagua na ponta dos pés   149

las mãos maricas do bailarino e coreógrafo. Maquiagens, fotografias, *leggings* e sapatilhas de balé forravam o chão, enquanto ele, um artista da dança que erguera o coração na ponta dos pés para apoiar o sonho allendista, pegava uma coberta, descartava um pijama de seda, escolhia um blusão de lã, hesitava ao pegar uma camisa social, guardava as botas de salto, deixava cair um pente, ao passo que dois milicos impacientes apontavam para ele com o dedo no gatilho. O senhor sabe para onde vão nos levar?, perguntou Gastón, arqueando a sobrancelha depilada. É segredo militar, não posso dizer. E rápido, que temos pouco tempo, murmurou o recruta quase latindo. Mas eu preciso saber se é no norte ou no sul, se faz frio ou calor, para ver que roupa levar. Acho que você vai para o norte, disse o soldado, rispidamente. Mas para que parte do norte? Praia ou cordilheira? Parece que para Pisagua. Isso é praia, areia, mar e sol, pensou Gastón, aproveitando para pegar sua roupa de banho e uma toalha.

E naquelas longas tardes de campo de concentração, à beira-mar de Pisagua, enquanto os companheiros faziam longas reuniões políticas às quais ele não era convidado, enquanto os outros prisioneiros entalhavam artesanatos ou escreviam poemas de luta e resistência escondidos dos guardas. Quando o sol amarelo contrastava com o azul-turquesa das ondas, ao longe, emoldurada pelas cercas de arame farpado, a figura de Gastón tomando sol de sunga em sua toalha laranja era quase um comercial de bronzeador naquela paisagem de isolamento e morte. Sem dúvida, era uma estranha contradição a imagem sonolenta do bailarino duplamente desterrado em seu metro de areia, exílio, arame farpado e torres de vigilância, onde os guardas zombavam do seu frívolo veraneio naquela prisão a céu aberto. Mas na verdade era Gastón quem zombava, quem burlava a depressão e a seriedade daquele confinamento. Era a única maneira de fugir dali, ainda que fosse bronzeando-se boiolamente no mesmo território que mais tarde se transformaria nas fossas do norte.

Tu não pode ser tão viado, Gastón. Tu tá num campo de concentração, mané, não nas praias do Rio de Janeiro — criticavam-no duramente seus companheiros de partido. E o que é que eu ia fazer, se eles passavam o dia inteiro em reuniões e mais reuniões enquanto fazia um sol tão lindo à beira-mar?

Às vezes as minorias inventam outras formas de desacato usando como arma a aparente superficialidade. Dourando-se em sua toalha de praia, Gastón escapava daquele pátio de tormento, como se sua louca irreverência transformasse a toalha num tapete voador, numa tapeçaria mágica que levitava sobre as grades, flutuando para além das armas dos guardas, elevando-se imaginariamente sobre aquele campo do horror.

É possível que alguns dos prisioneiros que conseguiram sair dali com vida ainda se lembrem da manhã em que Gastón recebeu seu salvo-conduto para deixar o confinamento e então partir para o exílio em algum país europeu. Com um sorriso de orelha a orelha, Gastón dobrou cuidadosamente a toalha, guardou a roupa de banho e respirou fundo, engolindo todo o ar, como se quisesse apagar com um suspiro a atmosfera macabra daquele local. Então se despediu de todos os companheiros e, caminhando na ponta dos pés, cruzou o arame farpado da entrada. E, com seu bronze tropical, sumiu na poeira da estrada sem olhar para trás.

As orquídeas negras de Mariana Callejas*
(ou O Centro Cultural da Dina)

ERAM CONCORRIDAS E REGADAS a uísque as festas na mansão de Lo Curro,** em meados dos anos 1970. Quando no ar crispado da ditadura ouvia-se música pelas janelas abertas, lia-se Proust e Faulkner com devoção, e um grupinho de gays culturais borboleteava em torno de Callejas, a dona da casa. Uma diva escritora com um passado antimarxista que fincara raízes no pântano da Patria y Libertad.*** Uma mulher de gestos calculados e olhar metálico que, vestida de preto, causava fascínio pelo seu temperamento marcial e o encantador sarcasmo de suas críticas literárias. Uma socialite que era uma promessa do conto nas letras nacionais. Publicada até na revista de esquerda *La Bicicleta*. Elogiada pela elite artística que frequentava seus salões. A descontraída classe cultural

---

* Eu soube desta história em plena ditadura e publiquei esta crônica no jornal *La Nación* em 1994. Roberto Bolaño leu o texto, conversamos a respeito em sua primeira visita ao país e depois ele escreveu o romance *Noturno do Chile*. (N. A.)

** Bairro residencial da elite santiaguina, afastado do centro. (N. T.)

*** Frente Nacionalista Patria y Libertad, organização política chilena de extrema direita que atuou entre 1970 e 1973 em apoio ao golpe de Estado de Pinochet. Após ser dissolvida, alguns de seus ex-membros passaram a integrar a Dirección de Inteligencia Nacional (Dina), a polícia secreta do regime. (N. T.)

daqueles anos, que não acreditava em histórias de cadáveres e desaparecidos. Que preferia mudar de assunto recitando Eliot, discutindo estética de vanguarda ou balançando o rabo cético ao ritmo de ABBA. Embriagados demais pelas orquídeas fúnebres de Mariana Callejas.

Muitos nomes conhecidos de escritores e artistas desfilaram pela casinha de Lo Curro naquelas tardes de tertúlia literária, acompanhadas de chá, *panecillos* e às vezes uísque, caviar e queijo camembert quando algum escritor famoso visitava o ateliê, elogiando a casa encravada no morro verde e a paisagem da pré-cordilheira e aqueles pássaros rasgando o silêncio necrófilo do bairro nobre. Aquele sossego de cripta de que um escritor precisa, com jardim de madressilvas e jasmins "para sombrear o laboratório de Michael, meu marido químico, que trabalha até tarde num gás para eliminar ratos", dizia Mariana com o lápis na boca. Então, todos erguiam as taças de Old Fashion para brindar pela alquimia exterminadora de Townley, essa suástica profissional que evaporava seus fedores murchando as rosas que morriam perto da janela do jardim.

É possível acreditar que muitos desses convidados não soubessem exatamente onde estavam, embora quase todo o país conhecesse o farfalhar abutre dos carros sem placa. Aqueles táxis da Dina que pegavam passageiros no toque de recolher. O Chile inteiro sabia e se calava, algo haviam contado, diziam por aí, talvez um cochicho de coquetel, uma fofoca de pintor censurado. Todo mundo via e preferia não ver, não saber, não ouvir aqueles horrores infiltrados pela imprensa estrangeira. Aqueles quartéis forrados de interruptores e ganchos sanguinolentos, aquelas fossas de corpos retorcidos. Era ter-

As orquídeas negras de Mariana Callejas 153

rível demais para acreditar. Neste país tão culto, de escritores e poetas, não acontecem essas coisas. É pura literatura sensacionalista, pura propaganda marxista para desprestigiar o governo, dizia Mariana, aumentando o volume da música para abafar os gemidos estrangulados que chegavam do jardim.

Com o assassinato de Orlando Letelier em Washington e mais tarde a investigação que revelou os segredos de Lo Curro, veio a debandada do jet set artístico que visitava a casa. Vários foram convidados a prestar declaração nos Estados Unidos, mas recusaram, aterrorizados pelas ameaças telefônicas e missivas de morte deslizadas por debaixo das portas.

Mesmo assim, embora tenha se tornado uma pária cultural e por muitos anos espalhado terror nos eventos literários de que participava, ainda restavam a Mariana pérolas maricas em seu colar de admiradores. Ela ainda exercia um poder sombrio nos fãs de contos que uma vez a convidaram para a Sociedade de Escritores, a fichada casa da rua Simpson cheia de cartazes vermelhos, boinas, ponchos e aquelas canções de protesto que Mariana ouviu indiferente, sentada num canto. Ali, todos conheciam o calibre daquela mulher que fingia ouvir atenta os versos da tortura. Todos perguntando quem a havia convidado, nervosos, fingindo não a ver para não cumprimentá-la e receber a leve descarga eletrificada do seu aperto.

Quem compareceu àquelas noitadas da cafonice cultural pós-golpe provavelmente se lembrará das incômodas oscilações de voltagem que faziam piscar as lâmpadas e a música, interrompendo a dança. Provavelmente nunca souberam de outra dança paralela, onde a contorção do choque elétrico retesava em arco voltaico a panturrilha torturada. É possível que não conseguissem reconhecer um grito no falsete da música disco, em voga naqueles anos. Abobados, confortavelmente abobados pelo status cultural e pelo álcool que a Dina pagava. E também pela casa, uma inocente casinha de dois gumes onde literatura e tortura coagularam-se na mesma gota de tinta e iodo, numa amarga lembrança festiva que asfixiava as vogais da dor.

As amazonas da Coletiva Ayuquelén

E FOI TÃO SURPREENDENTE ver naqueles anos de ditadura o moroso traço lésbico do grupo Ayuquelén. Quase impensável imaginá-las bravas, feministas e combativas, lutando, naquele tempo de mobilizações no Parque O'Higgins, onde suas pichações tinham o sutil desaforo da militância sexual que desenhava corações partidos de mulher para mulher. Era estranho pensar nelas como pioneiras de um movimento libertário de minorias sexuais, na Su e na Lily, duas jovens guerreiras que haviam iniciado essa peregrinação de *macorinas*[*] após o assassinato de Mónica Triones, a linda Mónica, como lembrava Su entre cervejas e fotografias de mulheres e a voz incansável de Chavela Vargas tingindo de boleros o testemunho horroroso daquele assassinato.

Mónica foi uma artista, sobrevivente do movimento hippie, do Parque Florestal e de tantos cafés utópicos que fumegavam nas tardes da Unctad, nos distantes anos da Unidade Popular. E apesar do golpe, do toque de recolher e da repressão dos milicos, ainda lhe restavam forças para sonhar noites naquela Santiago amordaçada. Ainda lhe restava paixão naquele

---

[*] Seguidoras de María Calvo Nodarse, mais conhecida como La Macorina (1892-1977), cubana à frente de seu tempo, considerada um ícone do feminismo e perseguida pela sociedade conservadora de Havana no início do século xx. (N. T.)

ano de mil novecentos e setenta e poucos para brindar pela esperança no bar Jaque Mate da Plaza Italia. E a Mónica falava alto, não tinha papas na língua para manifestar sua raiva pelo machismo, pela violência do Estado e por todas as fobias que cercavam de arame farpado seu amor proibido. Mónica era assim, voluptuosa, desenfreada, quando ouviu risadinhas de machos na mesa ao lado, piadas de macho ao ver mulheres bebendo na noite só para homens. E não conseguiu se conter, e disse algo a eles, e os dois caras se levantaram desafiadores, e, de sua pequena estatura, Mónica não se rebaixou, e veio um soco, e depois outro, e ela foi arrastada aos chutes até a rua, até a calçada, onde continuaram lhe batendo, onde partiram seu crânio e o sangue da pequena Mónica manchou seus punhos, e essa cor intensificou a brutalidade da surra. E eles não se cansavam de espancá-la, martelando sua cabeça no cimento, numa espécie de êxtase. E quando foram embora, caminhando tranquilos pela escuridão macabra da ditadura, Mónica ficou feito um trapo estampado no chão. E quando a polícia chegou, ninguém tinha visto nada, ninguém se atrevia a dar informações sobre aqueles monstros, com certeza da CNI,* que circulavam livremente na Santiago das botinas.

Esse crime horrendo permanece impune até os dias de hoje, e apenas as amigas lésbicas de Mónica o reivindicam politicamente como bandeira de luta. Assim, a Coletiva Lésbica Feminista Ayuquelén carregou por muitos anos o estandarte menstrual de Mónica Briones como ponto de partida pela justiça de suas demandas. Principalmente a Su, e também a

---

* Central Nacional de Informaciones, a polícia política de Pinochet, que operou entre 1977 e 1990, após a dissolução da Dina. (N. T.)

As amazonas da Coletiva Ayuquelén 157

Lily, minhas velhas amigas militantes, hoje extraviadas no calendário dos acontecimentos. Daquele grupo restou apenas o nome araucano pichado na memória de um muro. Apenas a lembrança corajosa daquelas amazonas que tentaram dignificar seu mundo diferente na intolerância deste país.

Talvez esse grupo, duplamente segregado por serem mulheres e além de tudo lésbicas, não tenha sofrido agressão somente do patriarcado: elas também foram expulsas de uma associação feminista naqueles anos, quando não convinha misturar as coisas, nem que se confundisse feminismo com lesbianismo. Agora isso pouco importa, já que as duas causas estão igualmente estigmatizadas.

O amor sexual entre mulheres é mais reprimido nesses sistemas em que o gay às vezes tem um papel decorativo na festa eufórica neoliberal. Enfim, daquelas amazonas da Coletiva Ayuquelén quase não tenho notícias, apenas quando alguma lésbica viajante me conta ter visto a cabeleira esvoaçante da Su flutuando sem pressa em algum mercado da Tailândia, ou posando ao lado da sereia de Copenhague com uma taça na mão. Por aí, por ali, a bela Su seguirá livre, onde seu coração errante se aninhar, lésbico, na asa de outra mulher.

Noite palhaça

Segundo me contou Andrés Pavez, minha amiga recém-falecida, o fato aconteceu com uma bicha-louca incansável em sua ronda por cúmbias safadas, que não estava nem aí para o pavoroso toque de recolher em algum setembro da pátria oitentista. Naqueles setembros de ditadura com tantas datas e comemorações e barricadas e o resplendor dos protestos no céu tenso da repressão. Mas essas turbulências políticas nunca intimidaram aquela bichona. Muito menos naquele dia em que, juntando as economias, saiu para comprar seu sonhado par de tênis de marca que lhe custou os olhos da cara. Mas ela podia se dar a esse luxo, passeando finérrima pela Estação Central, quase no horário da paralisação nacional. Uma hora exata para arranjar um bofe errante com quem dar uns amassos em algum canto ermo. E ela andava elástica em seu Adidas novinho, enquanto o povo corria para pegar o último ônibus e, com sorte, voltar para casa. Ela andava radiante em seus Adidas alados, enquanto o povo neurótico passava depressa olhando a hora. Santiago era dose quando as ruas ficavam desertas e a única coisa que soava na noite era o uivo da sirene policial alterando o batimento cardíaco da urbe. Naquele tempo, bichinhas famintas de sexo *express* penteavam a cidade eriçada do toque de recolher em busca de sêmen fresco. E esse era o desafio,

Noite palhaça 159

conseguir algo no último instante da perigosa vadiagem. Então, a mona flutuava pela Alameda em seus Adidas novíssimos vendo que nada acontecia, nenhuma alma se distinguia no temido silêncio noturno. Só lá longe, perto da General Velásquez, dava para ver piscar as guirlandas de luzes anunciando a presença dos circos, que nessa época sempre armavam suas tendas no terreno baldio daquela movimentada esquina. E foi para lá que a bicha-louca se dirigiu, atraída pelos letreiros luminosos. E só encontrou a infinita solidão, faltando apenas cinco minutos para o toque de recolher. Tem um cigarro?, a voz grossa de um zelador do circo que vigiava as tendas a assustou. Ufa, finalmente alguma coisa, suspirou a biba, aliviada. E então, à luz do fósforo, viu o brilho lascivo no olhar do *macho man*, que sem perder tempo a conduziu pela pequena cabana de lona onde dormia, num catre de campanha. Ali não havia nada além dessa cama dobrável. E para que mais?, pensou a biba, desamarrando seu magnífico Adidas, que deixou no chão com delicadeza. Depois se entregou aos gemidos de orangotango do zelador, que a comeu viva enterrando várias vezes seu mastro circense. Aquela agitada contorção sexual deixou esgotado o vigoroso homem, que imediatamente caiu no sono profundo, roncando o alívio do gozo. Então é isso, pensou a bicha com seus botões, levantando silenciosamente do catre para procurar seus tênis novos na escuridão. Procurou e procurou, tateando debaixo da cama sem encontrar nem sinal do calçado. Então percebeu que a tenda era curta e não chegava até o chão, e que do lado de fora alguém vira o tênis e só precisara esticar o braço para pegá-lo enquanto os dois estavam na combustão sodomita.

Sem dúvida era uma tragédia ter perdido seus incomparáveis Adidas, mas era ainda mais terrível ter que sair descalça em plena madrugada, caminhando em meio ao toque de recolher. Alguma coisa deve ter por aqui, pensou ela, fuçando debaixo da cama, alguma coisa para calçar, nem que seja um chinelo velho. Então, apalpou algo parecido com sapatos, porém tão grandes... E, ao pegá-los, topou com um enorme par de sapatos de palhaço. Bom, fazer o quê, pensou, calçando as lanchas pontudas nos pezinhos de princesa. Saiu dali com muito cuidado e, arrastando os pés, chegou à entrada do circo, onde se escondeu atrás de um luminoso ao ouvir o motor de um carro-patrulha. Quando o silêncio voltou, atravessou correndo a Alameda, causando estrondo com suas bofetadas de arlequim. Ali ela parou atrás de uma árvore, esperando calarem-se os ecos de sua corrida. E assim a biba foi embora na noite palhaça, de árvore em árvore, correndo e sapateando, se escondendo e tremendo, enquanto cruzava a cidade sitiada com o coração na mão e a bunda suja pingando pelas ruas fúnebres da ditadura.

O Informe Rettig
(Recado de amor no ouvido insubornável da memória)

E FOI TANTA PORRADA, tanto amor arrombado pela violência das invasões de domicílio. Tantas vezes nos perguntaram por eles, uma e outra vez, como se nos devolvessem a pergunta, fazendo-se de bobos, dando risada, como se não soubessem o local exato onde os fizeram desaparecer. Onde juraram pela honra suja da pátria que nunca revelariam o segredo. Que nunca diriam em que lugar do pampa, em que fresta da cordilheira, em que maré de ondas verdes extraviaram seus ossos pálidos.

Por isso, depois de tanto vociferar essa dor em tribunais militares, ministérios de Justiça, repartições e guichês de juizados, onde nos diziam: lá vêm essas velhas de novo com seu papo de detidos e desaparecidos. Onde nos faziam esperar durante horas pela mesma resposta, o mesmo Esqueça, senhora, já chega, senhora, não temos nenhuma novidade. Devem estar fora do país. Se mandaram com outros terroristas. Pergunte na polícia, nos consulados, nas embaixadas, porque aqui é inútil.

Próximo, por favor.

Por isso, para que a onda turva da depressão não nos fizesse desertar, tivemos que aprender a sobreviver de mãos dadas com nossos Josés, Marias, Anselmos, Carmens, Lúcios e Rosas.

162   *Fingir como se nada, sonhar como se nunca*

Tivemos que segurar suas mãos crispadas e encarar sua frágil carga caminhando o presente pela salina amarga de sua busca. Não podíamos deixá-los desamparados naquele frio, tiritando no relento debaixo de chuva. Não podíamos deixá-los sozinhos, tão mortos naquela terra de ninguém, naquela pedreira baldia, destroçados debaixo da terra daquele lugar nenhum. Não podíamos deixá-los presos, amarrados, sob a laje daquele céu metálico. Naquele silêncio, naquela hora, naquele minuto infinito com os tiros queimando. Com suas belas bocas abertas numa pergunta surda, numa pergunta cravada no carrasco que dispara. Não podíamos deixar aqueles olhos queridos tão órfãos. Talvez apavorados sob a escuridão da venda. Quem sabe tremendo, como crianças deslumbradas ao entrar num cinema pela primeira vez, tropeçando no escuro, procurando no último minuto uma mão no vazio à qual se agarrar. Não pudemos deixá-los ali tão mortos, tão apagados, tão queimados, como uma fotografia evaporando ao sol. Como um retrato que se eterniza lavado pela chuva de sua despedida.

Tivemos que refazer noite após noite seus rostos, suas brincadeiras, seus gestos, seus tiques, suas fúrias, seus risos. Nos obrigamos a sonhá-los obstinadamente, a recordar tantas vezes sua maneira de andar, seu jeito especial de bater na porta ou de sentar cansados ao chegar da rua, do trabalho, da universidade, do colégio. Nos obrigamos a sonhá-los como quem desenha o rosto amado no ar de uma paisagem invisível. Como quem volta à infância e se esforça para refazer continuamente um quebra-cabeça, um puzzle facial bagunçado na última peça pelo estrondo do tiroteio.

E ainda assim, apesar do vento frio que entra sem pedir licença pela porta escancarada, gostamos de dormir emba-

O Informe Rettig 163

lados pelo veludo quente de sua lembrança. Gostamos de saber que toda noite os exumaremos desse pântano sem endereço nem número, nem sul, nem nome. Não poderia ser diferente, não poderíamos viver sem tocar, a cada sonho, na seda congelada de suas sobrancelhas. Nunca poderíamos erguer a cabeça se deixássemos evaporar o perfume ensanguentado de seu hálito.

É por isso que aprendemos a sobreviver dançando com nossos mortos a triste *cueca* chilena. Que os carregamos por toda parte como um cálido sol de sombra no coração. Eles vivem conosco e vão prateando de lua nossos grisalhos rebeldes. São convidados de honra em nossa mesa, e conosco riem e conosco cantam e dançam e comem e assistem tevê. E também apontam para os culpados quando eles aparecem na tela falando de anistia e reconciliação.

Nossos mortos estão cada dia mais vivos, cada dia mais jovens e frescos, como se rejuvenescessem sempre num eco subterrâneo que os canta, numa canção de amor que os renasce, num tremor de abraços e suor de mãos, onde a umidade insistente de sua memória não se seca jamais.

Carmen Gloria Quintana
(Uma página queimada na Feira do Livro)

COMO QUEM PASSEIA À TARDE pela Feira do Livro, cruzo com ela folheando poesia e olhando exemplares, confrontando o rosto tatuado em brasa com as boquinhas doces e a tez de seda das garotas *top* reluzindo nas capas de best-sellers e revistas. Carmen Gloria Quintana, a cara em chamas da ditadura, parece hoje uma magnólia despedaçada aos olhos que a reconhecem sob o mapa de enxertos. Olhos impertinentes que se voltam para contemplar sua figura de jovem mãe, passeando com o filho no meio da multidão.

Mas são pouquíssimos os que se lembram do rosto impresso nas fotografias dos jornais. São raros os que reconhecem sua cara, como se encontrassem uma pétala chamuscada entre as folhas de um livro. São escassos os que podem ler naquela face agredida uma página do romance do Chile. Porque a biografia de Carmen Gloria nada tem a ver com a literatura light que infesta as vitrines. E se alguém escrevesse sua história, dificilmente escaparia do testemunho sentimental que destaca seus traços no esboço incinerado da escrita. Talvez, dizer algo sobre ela passe inevitavelmente por narrar sua história, que poderia ser comum à de muitas jovens que viveram a fumaça espessa dos protestos nas periferias, ali pelos anos 1980. Não fosse por aquela noite, quando o Chile era um eco

Carmen Gloria Quintana

total de panelaços e gritos. E era preciso fechar aquela rua com uma barricada. Ela e Rodrigo Rojas de Negri estavam com o galão de gasolina naquela esquina do terror quando chegou a patrulha. Quando os jogaram no chão violentamente, rindo, encharcando-os com o inflamável, ameaçando incendiá-los. E ao molhá-los, eles ainda não acreditavam. E ao riscar o fósforo, ainda duvidavam que a crueldade fascista os transformaria em pira humana para escarmento do inimigo. E então, a faísca. E ali mesmo a roupa queimando, a pele queimando, esfolada feito brasa. E todo o horror do mundo crepitando em seus corpos jovens, em seus lindos corpos carbonizados, iluminados como tochas no apagão da noite de protestos. Seus corpos, marionetes em chamas pulando no compasso das gargalhadas. Seus corpos em vermelho vivo, metaforizados ao limite como estrelas de uma esquerda flagrante. E para além da dor, para além do inferno, a inconsciência. Para além daquela dança macabra, um vazio de túmulo, uma vala onde foram abandonados, acreditando estarem mortos. Porque somente mortos poderiam contestar seu acidente, um derramamento de gasolina que incendiou suas roupas. E veio o amanhecer, mas apenas para Carmen Gloria, pois Rodrigo, o belo Rodrigo, talvez mais frágil, talvez mais menino, não conseguiu saltar a fogueira e continuou queimando mais abaixo da terra.

Depois veio seu enterro, envolto na mortalha carmesim das bandeiras, e então o julgamento e os culpados. E logo em seguida o perdão judicial e o esquecimento que deixou livres aquelas risadas pirômanas, hoje talvez confundidas com o burburinho da Feira do Livro. Por isso Carmen Gloria anda entre a multidão sem ceder à piedade ao sentir-se observada.

Algo nela abre passagem, a cabeça erguida, altiva, como se fosse uma bofetada no presente. Mesmo assim, cara a cara com João Paulo II, manteve esse gesto dizendo ao papa: "os militares fizeram isso comigo". Mas o pontífice fingiu que não era com ele e passou direto pelo sudário chileno, lançando punhados de bênçãos à torta e à direita.

Agora Carmen Gloria é psicóloga, se casou e teve um filho. Aparentemente, sua vida seguiu um rumo semelhante ao de muitas jovens daquela época. Exceto por sua maquiagem perpétua, que ela exibe com certo orgulho. Como se quem ostenta esse rosto fosse uma fatura do custo democrático. E essa página da história não tem preço para o mercado livreiro, que vende um rosto de louça, sem passado, para o consumo neoliberal.

Assim, muito tempo depois de Carmen Gloria ter sido engolida pela multidão, continuo vendo sua cara como quem vê uma estrela que se extinguiu, e somente a lembrança a faz cintilar no coração homossexual que escapa do meu peito, e eu o deixo ir, como um vaga-lume apaixonado, atrás do brilho dos seus passos.

A política da arte-relâmpago

O Coordinador Cultural

Se eu não contar isso aqui, talvez acabe se perdendo, a memória se contorça e se feche como ostra a este *remember*. Porque eram aziagos aqueles dias que mal iluminavam o início dos anos 1980, quando éramos tão poucos os que expressávamos descontentamento com ações culturais que gerassem algum despertar na consciência meio sonâmbula dos chilenos embotados pelas botas. Aqui e ali, meio camuflados, meio clandestinos, nós, atores, pintores, poetas e outros grupos, nos reuníamos na noite para planejar atos de desobediência contra o regime. Assim nasceu o Coordinador Cultural, formado por vários coletivos e uma penca de artistas e ativistas de ações que preparávamos para as datas simbólicas que se aproximavam. Acho que era para o 11 de setembro, que, como em todos os anos, amanhecia controlado para reprimir qualquer indício de protesto. Somente os organizadores se reuniam em algum lugar secreto, para que a informação não vazasse. Por isso, o local e a hora da intervenção eram mantidos sob sigilo até o último minuto, as indicações corriam só no boca a boca, evitando instruções escritas e telefônicas.

Contar isso agora parece um filme da Alemanha nazista, mas era arriscado mesmo: num ato anterior, a repressão che-

168   *Fingir como se nada, sonhar como se nunca*

gara com um saldo de feridos, detidos e uma morte. Para aquele dia 11, foi escolhida a praça que fica em frente ao Teatro Municipal, um lugar extremamente perigoso por estar em pleno centro. Mas o Coordinador havia instalado a uma quadra dali uma equipe médica e outra de advogados para qualquer eventualidade. Nunca se sabia quantos seríamos, mas naquele dia fomos muitos os que corremos o risco. Percebemos que éramos cerca de cem, enquanto fingíamos esperar o ônibus ou caminhávamos apressados sem dar oi, nos fazendo de desconhecidos. Tudo começava com o tiro do meio-dia* e devia ser simultâneo e rapidíssimo. Quando soou o canhão do cerro, na esquina do Municipal, pela rua San Antonio, no meio da multidão, apareceu uma atriz com um balão azul (aquele era o código). Ela também estava carregada de pacotes que, ao atravessar a rua, caíram no chão, causando o maior tumulto. Enquanto as pessoas a ajudavam a juntá-los, surgiu um veículo que cortou a rua e desceram dele vários companheiros, amarrando um cordão para bloquear o trânsito. Começou ali a ação-relâmpago, tudo devia durar não mais do que três minutos. Era o tempo que a repressão levava para chegar do Paseo Ahumada. De relógio na mão, os pintores corriam trocando os pôsteres da ópera por cartazes em alusão à ditadura. Na esquina da Bombero Salas, os poetas puseram sacos com o sinal do cifrão na estátua do prefeito ultraconservador Patricio Mekis, e um cartaz que dizia: "Agora eu me mando com a grana". Fui encarregado de tingir o chafariz que fica na pracinha da frente. Dissimulei

---

* O *cañonazo de las doce*, disparado diariamente do morro Santa Lucía, é tradição no centro de Santiago desde 1824. (N. T.)

A política da arte-relâmpago 169

os sacos de terra vermelha numa mochila florida e joguei-os na água com uma nuvem de poeira, mas a tintura se depositou no fundo sem conseguir o efeito sangrento. Ao meu lado, um gari assistia alucinado àquilo tudo. Me empresta a vassoura, pedi a ele, puxando o cabo, e mexi com uma volta a tinta vermelha. Justo a tempo de sair voando, já que no centro da ação o pessoal da dança tentava erguer um cartaz com um monte de balões que não conseguiu subir, e ao som de um apito tivemos que evacuar rapidamente o local.

Ufa! Que dias, que tempos urgentes, arriscando nossa pele para protestar. É estranho, mas são poucos os que se lembram dessas experiências. Os detalhes se apagaram nos protagonistas dessas ações, quando ninguém pensava em fazer nada no espaço público. Não éramos tantos, talvez menos de cem, os que comparecemos naquele meio-dia à mobilização-relâmpago de arte política, com o cu na mão e um suspiro carmesim eletrizado de adrenalina.

Uma árvore de pernas

Quando puxamos pelo fio da memória, vão surgindo episódios que naquela época não queríamos lembrar por questão de segurança. Talvez o Coordenador Cultural tenha durado o que dura um raio na tempestade. E nunca ninguém documentou aquelas ações de ocupar a cidade com a demanda da arte pública, da arte politizada, rebelde em sua transgressão teatral. Também não tínhamos câmeras de filmagem e as sofisticações técnicas que hoje abundam. Não tenho certeza das datas, mas eram dias cruciais para a esquerda. O lugar escolhido, como sempre, era segredo, e a instrução era levar meias-calças recheadas com papel e um pacote numa sacola. Assim chegamos naquele dia de manhã ao cruzamento da Irarrázaval com o parque Bustamante. Dávamos voltas, passávamos de novo, víamos alguns companheiros simulando paquerar, a quem distinguíamos pelo jeitão desgrenhado e ripongo. Mal nos olhávamos, fechando um olho ao passar. Dessa vez, também ao meio-dia, surgiu um carro jogando panfletos e um molotov caiu no meio da rua e rolou pelo asfalto, deixando uma linha de fogo como barricada. O trânsito ficou paralisado. Ali começou a ação. Era um lugar aberto, por isso devíamos tomar mais precauções. Alguém podia atirar em nós do parque, e enquanto isso estávamos ali, no meio da rua, apressados, pegando as meias recheadas de papel que pareciam pernas. As meias cor de carne que pareciam extremidades mutiladas. Várias pernas resgatadas de alguma vala da ditadura. A ideia era pendurá-las numa árvore grande que havia no parque, como se fossem frutas humanas pendendo dos galhos. Uma grande faixa com um poema combativo coroava a ação (não lembro o verso). Todos se empoleirando no tronco, todos desesperados amarrando as pernas de meias. Naquela manhã de inverno, a árvore havia florido de panturrilhas e coxas e pés. Na verdade, não foi tão estético nem tão surrealista como estou contando, porque na pressa as pernas ficavam mal penduradas ou caíam na grama. Não tínhamos a pausa cerimonial e rigorosa da arte para executar a performance. A qualquer momento podia baixar a repressão; por qualquer esquina podiam aparecer os serviços secretos de Pinochet e disparar na gente em plena rua. Isso estava contemplado, mas de qualquer forma precisávamos de tempo para

A política da arte-relâmpago 171

dar no pé depois, daí a ideia de deixar uma pilha de pacotes e caixas na rua, para despistar. Tudo era questão de minutos ("a vida é eterna..."), uns gritos, uma pichação, umas buzinas, uns panfletos e então se escafeder subindo pela Irarrázaval. E depois de andar rápido várias quadras, pegar um ônibus que, por azar, voltou pelo mesmo caminho. Do veículo pudemos ver o aparato policial chegando, certamente chamado por algum vizinho caguete da região. Com uma vara, tocavam nos pacotes e caixas pensando que podiam conter uma bomba. E o trânsito continuava parado e nós no ônibus com frio na barriga rezando pros canas não subirem pra revistar os passageiros. Porém, eles subiram, olhando para nós com uma cara azeda de suspeita. Deixa eu ver essa mochila. Senhora, abra a bolsa. E você, o que tem aí nessa sacola? Mas não encontraram nada. E o ônibus seguiu seu caminho deixando para trás a árvore de pernas que de longe parecia liricamente trágica. Deixando para trás a árvore florida de pernas que os meganhas arrancavam com violência. Só isso, apenas flashes de arte de rua que duravam um piscar de olhos. Nem sequer há fotos daquele ativismo que alegrava nossa resistência, que aliviava nossa raiva. Então, voltávamos para casa comentando os detalhes. Como éramos jovens naquelas mobilizações da pátria doente, sentindo-nos autores de uma pequena infração. Não balançávamos nem a viseira do quepe do tirano, sequer saíamos nos veículos de comunicação. O país seguia inalterado por sua senda alambrada. Enquanto isso, o Coordenador Cultural planejava a próxima ação. Dessa vez seria um chamado à Greve Nacional. E tinha que ser muito impactante.

Vamos todos à greve

Na realidade, o Coordinador Cultural era um protesto frontal do ativismo emergente daqueles dias. Nem todos eram artistas, nem todas as ações eram exatamente cultas, algumas eram apenas gritos e pichações de ordem contra os acontecimentos que tornavam visível a insatisfação. A ditadura seguia intacta, mais feroz, mais assassina, e só uma greve nacional podia abalá-la. Então, esse devia ser o chamado, a instância mobilizadora.

Os locais de encontro deviam ser sempre diferentes e também não havia tantos: o Taller 666, o Centro Cultural Mapocho, a Sociedade de Escritores. Mas esses lugares estavam ultrafichados, visados demais para botá-los a perder com uma batida policial. Por isso, o Taller El Sol — uma *peña*, um centro de artes — foi o local dos preparativos daquela grande ação que apoiaria o chamado à greve.

Criar um enorme cartaz de convocação, que boiasse no rio Mapocho e percorresse parte da cidade como uma balsa da resistência. Essa era uma operação mais restrita, mais guerrilheira, por ser perigosa. O cartaz seria enorme, era preciso construí-lo com plástico e madeira. Além disso, ele deveria boiar com câmaras de pneus inflados. Fiquei encarregado de comprar as câmaras no mercadão popular. Na ditadura não era fácil andar pelas ruas com um monte de pneus. Mas consegui, morto de medo.

Éramos vinte no total, disfarçados de operários, com macacão e capacete amarelo. Faríamos de conta que estávamos trabalhando ao levar o cartaz de vinte metros enrolado nos ombros. Nós o jogaríamos da ponte Los Carros, no mercado La

A política da arte-relâmpago 173

Vega. Também deve ter sido em setembro, não tenho muita certeza, mas havíamos passado a semana inteira pintando e montando o grande rolo do cartaz que dizia apenas: VAMOS TODOS À GREVE. Na mesma ponte, às pressas, colocaríamos as boias nele. Era uma empreitada suicida, sem dúvida. E seria realizada ao meio-dia, como todas as ações do Coordinador.

Naquele dia nos reunimos às oito da manhã no Taller El Sol para organizar a ação e receber as instruções. O grupo era só de homens, para não levantar suspeita; claro que além de mim havia outro gay do MIR, já falecido. Não digo seu nome porque ele nunca se declarou homossexual, embora estivesse ciente de que todos sabiam. Era um escritor que se dedicava ao gênero confessional. Um sujeito nada afetado, na verdade bastante sério, e que nunca sorria. Agora me lembro dele e entendo sua mensagem muda: não eram tempos para andar desmunhecando nos protestos. Ele era grave, com uma voz profunda e olhar penetrante. Certa vez uma poeta criticou sua homossexualidade no bar El Castillo da Plaza Italia, e ele a enfrentou: E o que a senhora tem com isso, companheira? A mulher teve que engolir o atrevimento, e ele continuou tomando sua cerveja como se nada tivesse acontecido.

A manhã era tensa, tínhamos pessoas de prontidão vigiando a ponte, para o caso de haver repressão. Sempre havia a possibilidade de que o ato vazasse. Às onze horas, estávamos todos a postos e organizados para trasladar o enorme panfleto navegante. Não digo que houvesse tranquilidade, uma dura calma escorria gelada pelas nossas costas quando apareceu um dos sentinelas informando que a área estava cheia de policiais. Algumas mulheres tinham pendurado uma faixa no parapeito da mesma ponte e eles haviam cercado o local. É impossível realizar a ação, disse ele, fumando inquieto. Todos nos olhamos com decepção, menos o mirista* gay, que deu um passo à frente, criticando nossa covardia: Mais um motivo para a ação ser executada. Estou disposto a arriscar, declarou ele, com altivez. Todos os homens baixaram a cabeça, murmurando: Tenho filhos, tenho família. Então o militante gay se indignou e cuspiu no chão. Todos nós temos família, é por eles que insisto em levar o projeto a cabo. Ele parecia tão firme diante do grupo de machos disfarçados de operários que se negavam a cooperar. Quem se atreve?, perguntou, olhando para todos. O silêncio foi a única resposta. Então, baixou em mim a biba destemida, e, dando um passo à frente, falei: Eu também me atrevo. Quem mais? Quem vem com a gente? Só o mirista gay e eu ficamos naquela afronta, porque os machos recuaram um tanto envergonhados. Éramos dois viados decididos sem nenhum apoio, e sozinhos era impossível levar a cabo a espinhosa empreitada. Já é meio-dia. Quem vem com a gente?, voltou a perguntar o militante gay. Naquele momento, batidas fortes na porta quebraram o silêncio. Todos corremos desesperados de um lado para outro, buscando uma inexistente porta de fuga. O cartaz, o cartaz, pega o cartaz, porra! Pro pátio, pro pátio, levem o cartaz pro pátio e escondam no telhado, sussurrávamos em desespero, pegando o grande rolo e erguendo-o por cima do telhado, tentando fazer o mínimo barulho. Alguém olhou pela janela e abriu a porta. E nossa alma voltou ao corpo ao vermos um amigo chegando suado. Está cheio de

---

* Militante do MIR, o Movimento de Esquerda Revolucionária do Chile. (N. T.)

A política da arte-relâmpago

polícia, ele suspirou, sentando-se exausto. E ali acabou tudo. Lentamente nos despimos, tirando os macacões e capacetes, e eu aproveitei para dar uma espiada nas pernas peludas do meu companheiro gay.

Aquela foi a última e fracassada ação do Coordinador Cultural e sua curta história nos reveses da ditadura. Conto-a aqui para que o vento neoliberal não leve embora também as pétalas murchas dessa temerária lembrança.

PARTE III

Onde é que você estava?

Onde é que você estava?

E SE TE CONTARAM que tudo era maravilhoso nos anos 1980, pirralho, que íamos todos ao Omnium tomar um coquetel com a franja dura de laquê e usávamos aquela roupa ridícula que aparecia nas propagandas. Se te disseram que essa década foi um arraso em tendências da moda, que as garotas eram iguais à Bolocco* com as ombreiras da Farrah Fawcett, que os moleques dançavam Michael Jackson e Depeche Mode na boate não sei das quantas do bairro nobre e se reuniam no Apumanque para se exibir com seus blue jeans desbotados. Que víamos mil vezes aquele filme gringo e amávamos *As panteras*. Que éramos todos imbecis, loirinhos e dançávamos no compasso das botinas. Pois não acredite nisso, pirralho. Por sorte havia outro Chile oitentista e allendista, onde ser ripongo era bacana, onde usar lã peruana era ser dissidente e decente, onde cheirar a patchuli e pintar-se de roxo era um código. Porque tínhamos que contra-atacar aquela patota famosa da tevê lambe-botas. Então, bem-vindos os hippies cirandeiros e as feiras de artesanato onde tocava baixinho Silvio Rodríguez. Bem-vinda a roupa indiana e o cabelo comprido, bem comprido, até a cintura, sonhava eu em minha utopia oitentista. E fumávamos baseados de Los Andes escondido da

---

* Cecilia Bolocco, celebridade chilena e miss universo 1987. (N. T.)

polícia e nos sentíamos protestando contra essa merda chilenosa que alguns adoravam. E também tinha o rock. Antes de Los Prisioneros, sempre teve rock sob as pedras sobrevivendo à ditadura. Tumulto, Arena Movediza e seu metal Zeppelin raivoso martelando na boate Klimax, Alameda abaixo. Ainda não rolava a contracultura nem o underground da Matucana, apenas meia dúzia de poetas beatnik lendo seus versos em saraus obscuros. Nós vivíamos ali, a pequena pátria proscrita com toda sua chorosa e setentista comoção. E como não? Os outros estavam Plaza Italia acima, em festas direitosas do toque de recolher. Com eles não acontecia nada, não andavam com o cu na mão colando pôsteres do Neruda. Também não iam além do Bowling, pois tinham nojo dos mulambentos que se muniam de molotov em alguma universidade com os olhos vermelhos de vinho de garrafão. Foi desse jeito, seu mauricinho velho que agora quer instituir sua lembrança oitentista eunuca, xarope e sem causa.

Os anos 1980 começaram aqui embaixo como um murmúrio de quenas e violões tristes. Não havia nada a comemorar naquele cenário de crimes e torturas. Nada a festejar na pista iluminada do espetáculo pinochetista de *Sábados Gigantes*. Era um país azedo, amordaçado e tímido, que via na tela o farsante Maluenda ovacionando as forças armadas no *Festival de la Una*. O velho hipócrita do Maluenda, animador da *cueca* fardada. O mesmo que aparece no filme *Tony Manero*, quase homenageado pelo diretor em seu *remember* infantil. Ergh! A pátria naquela época era um vômito de *copihues*.* *"Dónde estabas tú?"*, cantavam Los Jaivas, e hoje eu te faço a mesma

---

* *Lapageria rosea*, a flor nacional do Chile. (N. T.)

Onde é que você estava? 181

pergunta. Onde é que você estava? Mesmo que invente mil histórias sobre a ditadura, nós nunca vamos esquecer essa música. Onde é que você estava?, diz para mim! Tem coisas que você não viveu, e agora é tarde para explicações. A memória é um caracol que se fecha em sua concha irremissível. Aconteceu exatamente assim, nós aqui e vocês lá, como se a tirania não existisse. Sempre na gandaia bebericando seu Tom Collins no pub Casa Milá, na disco Hollywood e em toda aquela merda esfuziante. Éramos amargurados e tínhamos medo. Também dançávamos, chapávamos e às vezes ficávamos felizes, porém com ódio, com raiva. Mobilizadamente possessos. A onda disco tocava nas rádios, e nas *peñas* o Canto Nuevo. Os anos 1980 chegaram como um cometa incendiando a batalha campal, os primeiros protestos, a mobilização estudantil, para derreter o medo, merda. Também tinha rock, sempre teve rock e maconha fresca urgente. Na tevê os filhinhos de papai se faziam de rebeldes cantando a balada pop rock do regime, presuntos podres que é melhor nem lembrar.

"La era está pariendo", guitarreava um cabeludo, e num cassete gasto Violeta respirava. Assim foi o início de uma década inesquecível por suas reviravoltas políticas. Uma década que estreava suas fúrias naquele blindado amanhecer.

Garagem Matucana
(A pelúcia humana de um hangar)

A ONDA NOS ANOS 1980 era vadiar pela noite santiaguina em eternas festas da revolta resistente. A turma rueira, meio artista, meio hippie, poetas de moicano punk, intelectuais de esquerda do Ñuñoa* e suburbanos destrambelhados em sua vertigem de entortar garrafões de vinho tinto nas praças, nos atos políticos, nos saraus, nos shows, enfim, onde quer que se manifestasse o ritual ansioso de aspirar com raiva uma mudança no presente. E se ela não acontecesse, pelo menos era preciso imaginá-la nas noitadas que trançavam sandálias, tênis e coturnos a caminho da Matucana. Na Estação Central, a meia quadra da Alameda, a garagem berço da vanguarda marginal, lotada de carecas metaleiros e cabeludos chapados, todos ali, irmanados pelo underground alternativo onde se idealizava o Chile democrático.

Naquela época eram os fanzines, os penteados bizarros e a patota pirata que dava asas à criatividade nesse casarão do prazer utópico, a tenda que abrigava 3 mil mulheres em três dias de feminismo, esquerda e fúria sem calcinha. Por ali passou quase toda a subversiva mobilização antiditadura, empolgada pela família de amigos pintores, poetas, povo do

---

* Bairro de elite em Santiago. (N. T.)

Garagem Matucana 183

teatro, artistas e sonhadores que iam ao delírio com a música eletrizante nas sextas da Matucana. Sempre com viaturas da polícia na porta, pelas reclamações, pelo barulho, pelas brigas, pelas garrafas quebradas, por todo o tráfico de ideologias liberadas e ressentimentos dançáveis, bebíveis, fumáveis que aconteciam naquele galpão periférico. O coração daquela Santiago crispada pelo chiar dos protestos. O espaço oficina para pintar faixas e cartazes usados nas manifestações. Frases e poéticas do panfleto escrito nos ecos daquela catedral fuleira, sempre em festa pelos shows, encontros e ações de arte que narravam seu desespero.

É que, ali, a noite oitentista queria durar para sempre na dionisíaca prévia da democracia hesitante, na ansiedade adolescente se esfregando e oferecendo o corpo na pelúcia humana do hangar. A multidão variada de moleques e nem tão moleques que dividiam o mesmo espaço sob o pacto da roupa preta. *New waves* pálidos com olheiras impondo o look gótico descolado em brechó, garotas rebeldes, piriguetes de minissaia que despiam as noites na fumaça azul dos baseados. Mistura de estilos, chapéus retrô e óculos de gatinha com glitter no batuque do reggae que acabava de chegar, suavizando o rock pauleira com seu calipso safado. Então se dançava, então o corpo encarava o desafio da pista onde a muvuca política de comícios e performances empolgava a jovem esquerda, a bela esquerda maltrapilha e voluptuosa em sua errância noite após noite até o clarear azedo do amanhecer.

E foram tantas vezes, tantas tardes, noites e manhãs que aquele galpão insalubre adotou o desacato urbano em seus andaimes de barco xexelento. Eram os ensaios de roqueiros novatos que não tinham outro lugar; era o teatro do movimento *Pánico*, em que os atores voavam pelos ares e acabavam no posto de saúde, moídos e tronchos das porradas. Era a visita de Christopher Reeve, o Superman, que veio se solidarizar com os degolados. E ali conhecemos de perto o homem de aço, com seu alto porte gringo e seus olhinhos azuis emocionados durante o discurso. Tudo isso aconteceu debaixo do teto abaulado daquele galpão, como um lampejo glorioso da tão esperada abertura, forjada nos anos 1980 e que nunca viu futuro. Porque, chegada a democracia, o atraso conservador da mudança desalojou a festa daquele lugar, inaugurou outros espetáculos de vanguarda neutralizados pelo comércio, banalizados pelo mercado marginal, manipulados pela venda elitista do underground censurável. Mas aquela paixão errante ficou aprisionada no teatro vazio daquela Garagem, que retomou seu ofício de depósito, onde não restam vestígios de seus grafites obscenos, e o lugar não é mais uma boca de tráfico para o bairro pacato de venda de parafusos e peças automotivas. E, hoje, ninguém reclama do estrondo acústico dos motores, que silenciaram para sempre a onda vibrante daquela época.

O exílio fru-fru
(Montparnasse era uma festa)

TALVEZ O RETORNO DO EXÍLIO no alvorecer da democracia tenha trazido de volta uma nova casta social que espalhou pelo mundo a condição de órfãos expulsos de sua terra a coronhadas, asilados em outros solos pela acolhida sensível da solidariedade estrangeira. Quiçá o exílio chileno que saiu do país com a roupa do corpo numa manhã amarga teve seus privilegiados, segundo o status político ou cultural que possuíam na época, quando alguns puderam escolher a embaixada e o destino de acordo com a paisagem europeia que rondava seus sonhos. Ao contrário de outros pés-rapados anônimos jogados em qualquer canto, México, Argentina, Cuba ou a distante Escandinávia, onde eram baratas de carvão no céu albino dos vikings.

Já para outros, que tinham amigos e parentes na Europa cultural, não foi difícil se integrar ao exílio intelectual que visitava museus em Florença, estudava na Sorbonne e se fazia de francês, falando esse gargarejo de idioma enquanto se abanava com um jornal chileno num boulevard, lamentando os dias sombrios que seus compatriotas passavam no Chile com a merda militar até o pescoço e as balas raspando o nosso rabo.

Muitos exilados de elite tornaram-se artistas ou escritores naquelas tertúlias da nostalgia pátria. Muitos pensaram que a distância e a inspiração eram sinônimos estimulados com vinho rosé e poemas do Benedetti. E, quando o pesadelo terminou, alguns voltaram com certo ar internacional, com certo orgulho de conhecer o mundo, conversando entre eles, relembrando as massas maravilhosas que os Inti-Illimani preparavam na *mia cara Italia*, ou as costelinhas fru-fru da Charo Cofré em Paris. Voltaram com o rei na barriga, vestindo ternos de linho branco e fumando cachimbo, invadindo o panorama artístico da resistência que, segundo eles, era um apagão cultural onde não havia acontecido nada.

Muitos dos que choramos com os acordes de "Cuando me acuerdo de mi país" nunca acreditamos que o exílio voltaria transformado numa classe política que reitera costumes colonizadores aprendidos no Velho Mundo, talvez um pouco para se adaptar e outro pouco pelo seu arrivismo cultural de sempre.

O retorno dessa geração que viu pela televisão intercontinental a fumaça dos protestos foi um The End cinematográfico de filme cult, um adeus numa ponte do Sena, um último trago de tango embriagado de despedida nos Champs Élysées. Uma volta sinistra ao pobre aeroporto de Pudahuel, que, por mais que seja modernizado, continua sendo um shopping ridículo plantado num terreno baldio da periferia. Quase uma cabine telefônica, uma estação de brinquedo comparada com Oslo, Zurique ou Fiumicino. "Ai, quase tenho vontade de dar meia-volta quando vejo o Chile de verdade, tão feio e pobre. Nem um pouco parecido com a terra saudosa dos meus pais lá em Copenhague. O que será que eles viram nesse lixo para querer voltar?"

Assim, o exílio não foi apenas uma separação forçada de costumes e paisagens: ele também ativou um certo repúdio

O exílio fru-fru

em muitos jovens nascidos em lençóis europeus quando eles descobriram, no retorno, sua origem humilde. E embora tenham cara de chilenos com a pele morena e o cabelo espetado, é difícil que se considerem chilenos, tendo passado metade de suas vidas ninados pelas regalias do Velho Mundo. Algo dessa sofisticação apátrida é compreensível neles, mas não em seus pais, que trouxeram até receita de sopa francesa para animar suas noitadas à *ciboulette* ao som de Piaf, Bécaud ou Prévert. Provavelmente essa classe do esnobismo-return foi a primeira que, quando o muro caiu e as utopias de esquerda balançaram, trocou o macacão vermelho para vestir uma minissaia nova. Os primeiros a adotar os ritos da neoburguesia cultural que enfeita a política. Assim como aqueles aristocratas educados na Europa no começo do século, os Red-Light tornam insuportável qualquer encontro, conversando entre si, garganteando em francês a nostalgia do Você se lembra, Katy, daquele café em Montparnasse? Eu me lembro, Maca, daquela noite com o Silvio, os Quila e a Isabel.* Foi o máximo! Assim, os "Você se lembra", "Eu me lembro", "Como iria esquecer" banalizam em espumas de champanhe a historinha bastarda do exílio chileno. Na verdade, pintam de turismo o desterro involuntário de tantos outros que a distância adoeceu de regresso, matou de regresso na impotência abismal que sentiram ao cair o pano preto de seus olhos distantes. Tantos outros, famosos ou não, duplamente exilados pelo suicídio, pela doença mortal ou a depressão sem fundo de perguntar diariamente: "Recebeu alguma carta?", "Fiquei

---

* Respectivamente, o cantor Silvio Rodríguez, a banda Quilapayún e a escritora Isabel Allende. (N. T.)

sabendo", "Já me contaram". Uma outra parte do exílio, que vivenciou a expulsão organizando saraus, amassando empanadas até de madrugada ou fazendo vaquinhas solidárias para apoiar a resistência da terrinha combatente, são os retornados do silêncio, os que raramente evocam a expatriada melancolia do andar longe, os que nunca se acostumaram, os insones do noite-após-noite esperando o visto de entrada. Os que voltaram sem alarde e aprenderam a sobreviver com esse rombo incurável no coração.

Atualmente, a esquerda dourada forma um clã de ex-alunos do exílio que se vangloriam de suas conquistas sociais e econômicas nos eventos da cafonice democrática. Talvez sempre tenham desejado pertencer a esse mundo jet set que mostra os dentes nas revistas de moda. Talvez a ideologia vermelha os tenha privado daqueles pavoneios burgueses a que assistiram de longe com secreta admiração. Seja como for, o fim do século passado desembaralhou o naipe ético da uísquerda, que vê o milênio agonizar com muito gelo na alma e um marrom-glacê no nariz para repelir a catinga moribunda do passado.

O que será da Janet do 777

ASSIM DE REPENTE, ou nem tão de repente, não sei bem como surge na memória seu cabelo eriçado de garçonete suburbana, de atendente de mesa na farra notívaga que dava as boas-vindas à democracia, lá pelo início dos anos 1990. Porque a Janet era a guardiã e protetora das mulheres e dos viados dionisíacos que arriscávamos a pele na noite púrpura e sem fim no bar 777.

Em frente à igreja de San Francisco, em plena Alameda, antes de chegar à San Antonio, uma longa escadaria erguia-se da calçada ao céu, até o último reduto boêmio que a madrugada de Santiago oferecia. Era como chegar a Valparaíso num piscar de olhos, subir os degraus sedentos do álcool que escorria das mesas sem toalha, dos lábios sem batom, àquela hora da alvorada, fora a sede ansiosa dos bandos de hippies, operários, poetas desgrenhados, críticos de arte, roqueiros cabeludos e bichas militantes da febre urbana; todos agitados, todos cantando, todos bebendo e brindando pela mesma fuleira libertinagem.

Sempre baixávamos ali a qualquer hora, após as passeatas, chegando dos comícios com os sapatos na mão, depois dos shows e lançamentos de livros. Sempre alguém lembrava que o único lugar aberto era o 777, onde a Janet corria de mesa em mesa com os jarros transbordantes, eternamente sóbria, alegre e radiante com sua carinha de maçã ruborizada. Às vezes as moedas para o jarro de chicha acabavam e implorávamos a ela: o último, Janesita, por favor. Amanhã pagamos sem falta. E ela, olhando pela janela que começava a clarear, exausta de atender bêbados, suspirava, dizendo: Tá bom, mas é o último. Então, todo mundo aplaudia, aclamando nossa querida Janet. E continuávamos festando noite após noite, defumando a lua com os baseados que brilhavam na sacada. Escondidos da Janet, que, espantando a marofa com as mãos, nos pegava no flagra: De novo fumando essa merda, pô? Outras vezes, quando o dono do bar não estava, ela se fazia de boba e deixava a gente chapar o coco. Canabicamente fermentados, vivíamos com um pé atrás as promessas do pós-ditadura.

Muitos conhecidos desfilaram pelas tábuas podres do 777. Outros tantos rolamos por sua escadaria interminável, mortos de felicidade naquela pulsão devoradora. Ontem à noite esteve aqui o Cerati, do Soda Stereo, com uns famosos da tevê, nos contava a Janet, sem dar muita importância. O que vocês vão querer? O de sempre, *niña*, gritávamos em coro. Tanto fazia, a ditadura tinha se retirado com o rabo entre as pernas. E alguns viados libertinos percorríamos as mesas falando de pós-modernidade e recitando discursos sobre a diferença, engambelando com a arte da performance os estudantes ébrios que arrastávamos para o banheiro. E ali, entre espaventos artísticos e outros malabarismos de banheiro gay, chupávamos picas frescas até o amanhecer. Já chega, meninos, saiam daí que o dono está chegando, Janet nos ameaçava, batendo na porta. Já vamos, *niña*, respondíamos, tirando um pelo da boca gulosa. Depois batem em vocês e eu tenho que

O que será da Janet do 777 191

defender, alegava Janet com brabeza materna. Porque dias antes havia estourado a Guerra de Troia no 777.

No meio de um papo sedutor com uns bofes caindo de bêbados, os copos voaram pelos ares, os chutes derrubaram a mesa e choviam socos aos gritos de "viados de merda". E uma hora, quando o caos era incontrolável, por sorte a Janet apareceu correndo e pegou uma garrafa pelo gargalo. Fique atrás de mim, Pedro. O que vocês estão aprontando com os moleques, caralho?, pulou, brava feito uma onça. Os machos ficaram desconcertados com aquela Janet furiosa, que dizia: Agora se mandem daqui, babacas, e os empurrou para a escada. Mas um deles partiu para cima e a Janet espatifou a garrafa no seu crânio. Os outros se assustaram e saíram a mil, xingando. Bravo, Janesita, gritamos as monas protegidas atrás dela. Estão vendo o que acontece quando...?, nos repreendia enquanto a ajudávamos a recolher os cacos espalhados pelo chão. Então, depois de outro jarro de chicha, continuávamos arriscando a alma com outros clientes, que, arrotando, nos seguiam até o banheiro.

Onde estará a Janet?, me pergunto hoje ao cruzar a Alameda, olhando as sacadas apagadas do 777. Desde que ela foi embora, nunca mais subimos aqueles degraus. Estava exausta de tanto trabalhar na madrugada. Queria se dedicar a outra coisa e passar o dia com sua filhota linda, que ela mostrava para nós numa foto. O que será da Janesita?, comentamos outro dia as bichas duronas que sobrevivemos àquelas farras. Aqueles primórdios de pátria feliz que a democracia cantava desafinando também a fizeram desaparecer de nossas noites, assim como as ilusões que aqueles tempos prometiam, quando um Chile justiceiro dançando atrás do arco-íris parecia chegar.

Don Francisco
(A Virgem obesa da tevê)

INCHADO PELO TORPOR da tarde sabática, o mito zombeteiro de Don Francisco recria o lânguido final de semana, o opaco final de semana do povão que, durante anos, teve apenas o escapismo cultural dos *Sábados Gigantes*. O dia estridente do verão preguiçoso, a poeira seca da rua de chão batido e a tevê ligada, onde o gordo balançava o rabisteco no ritmo do bilau.

A partir dos anos 1960, o jovem e espigado Mario* vislumbrou o sucesso futuro no metro de chita vendido na sua lojinha do bairro Patronato. A partir dessa manipulação monetária de poupança e investimento rentável, engambelou todo um país com a astúcia tagarela de seu otimismo mercantil. Quer dizer, substituiu o balcão de negócios do retalho pelo tráfico do entretenimento televisivo, pela hipnose da família chilena que, todo sábado, na hora do café da tarde, espera o gordo para rir sem vontade do seu humor grosseiro. Assim, Don Pancho soube fazer o melhor negócio da sua vida ao ocupar a embrionária televisão como tablado de sua teatralidade corporal e festiva. Com incrível habilidade, im-

---

* Mario Luis Kreutzberger Blumenfeld, mais conhecido como Don Francisco, apresentou por cinquenta anos o programa de variedades *Sábados Gigantes*, distribuído para 43 países. (N. T.)

Don Francisco

pôs sua figura gorducha antitelevisiva em um veículo visual que privilegia o corpo diet. Contrabandeando palhaçadas e pegadinhas sacanas do humor popular, nos acostumou a relacionar a tarde ociosa de sábado com seu timbre de arlequim, sua cara enorme e sua gargalhada xarope, que mesmo assim alegrou várias gerações nos momentos mais difíceis.

Talvez seu famoso talento como estrela da animação se deva ao fato de saber entreter todas as épocas com a mesma cantilena apolítica. Por mais de vinte anos, vimos brilhar a empanada burlesca de sua fanfarronice, e o Chile se viu representado no são Francisco da telinha, na mão milagrosa que dava carros e televisores de presente como se jogasse migalhas aos pombos. Manipulando a felicidade consumista do povo, o santo da tevê debochava do público pulguento, ávido por um rádio-relógio-batedeira-aquecedor, às custas de plantar bananeira, rebolar a bunda ou aguentar as piadas sujas com que o gordo divertia o país.

Talvez a permanência desse clown do humor fácil na tevê chilena deva-se ao fato de ter sido cuidadoso em suas opiniões contingentes e ter sabido entrincheirar-se no Canal Católico. Além do mais, seu programa sempre teve o apoio da direita empresarial. Mesmo assim, embora Don Francisco tenha evitado reiteradamente os temas políticos, há gestos seus que poucos conhecem e que tornariam mais suportável sua terapia populista. Sabe-se que, nos primeiros dias após o golpe, ajudou um jornalista que na época era perseguido pelos militares. Talvez esse fato, que ele uma vez reconheceu publicamente, torne mais digerível sua insuportável ladainha, mas não basta para a via-crúcis do Teleton, aquele programa odioso de deficientes rastejando para que a Coca-Cola lhes dê uma cadeira de rodas. Não basta a emoção coletiva, nem a honestidade das intenções cristãs ou o sentimentalismo piedoso, para justificar a humilhação disfarçada de arrecadação solidária. Não basta a imagem do apresentador como uma Virgem Maria obesa com o bebê paraplégico nos braços, fazendo propaganda para uma empresa privada com um problema de saúde e reabilitação que pertence ao Estado. Com esse Grande Gesto teletônico, o país se comove, se reconcilia, apazigua suas demandas raivosas. E o Todos Juntos funciona como o show conciliador em que as ideologias políticas branqueiam suas diferenças, dançando cúmbia e dando um tapinha nas costas com a hipocrisia da compaixão. Porque, além dos hospitais construídos com o escudo da infância inválida como propaganda, quem mais ganha em popularidade e adesão é o patrono do evento. O sagrado Don Francisco, o homem que é puro sentimento, puro torresminho de coração,* o apóstolo televisivo cuja única ideologia é a chilenidade, e, seu norte, o deboche cruel e a gargalhada que ele patenteou como humor nacional.

Quem sabe, nesses últimos anos de desilusão democrática, se tivesse que exportar um produto tipicamente chileno que não fosse o Condorito, fora de moda por ser um pé-rapado derrotista, lá estaria Don Francis: sentimental, bem-sucedido e gozador. Se havia que instalá-lo em algum palco, sem dúvida o melhor era Miami e seu público latino arrivista. Para completar o show, acrescente um toque de deserção cubana

---

* No original, "Chicharrón de corazón", cúmbia famosa do grupo Los Palmeras. (N. T.)

Don Francisco

com seu hibridismo de hot dog gringo e salsa transplantada, assentada, paraquedistas eternamente de visita, mesmo que se achem ianques com seus cabelos tingidos, sua banha monumental e sua vida balofa do carro ao shopping, do shopping ao *zapping*, da *beach* ao *living room*. Com pacotes de batata frita, *pop corn*, frango *chicken* e litros de coca-cola para assistir ao chileno engraçado, que todo sábado à tarde distribui carnaval e eletrodomésticos aos espectadores latinos. E não há dúvida de que ele se tornou insubstituível nesses trópicos, embora já não esteja com sua junta do humor, o comediante Mandolino, a quem descartou com sua fantasia de mendigo sob as palmeiras praianas da Flórida. Mas isso não preocupou Don Francis, nem a denúncia de abuso sexual feita por uma modelo. Ele se livrou sem um arranhão e ela passou por mentirosa, burra e oportunista. Enfim, digam o que disserem, Don Francisco equivale à cordilheira para os milhões de telespectadores do continente que o seguem, o amam, o exaltam como um santo e veem na boca palhaça do gordo uma propaganda otimista do país. Ou melhor, uma grande gargalhada neoliberal que cessa numa careta triste chamada Chile.

O incesto cultural da grande família chilena
(ou Os erres e zês de uma paisagem próspera)

Como se o relógio da história tivesse retrocedido aos anos de linhagem abastada, por volta de 1940, quando a capital era um bando de famílias rançosas, aparentadas entre si pelos zês e erres do sobrenome grã-fino. E era costume perguntar: "O senhor pertence aos Anguita de Aculeo ou aos Aninat de Polpaico?". Porque naquela Santiago provinciana e reacionária, a fetidez incestuosa da burguesia irmanava em espiral de rabo de porco a classe política, a nata cultural e o ócio ricaço daquele gueto *chilensis* que se olhava narciso nas páginas da revista *Zig-Zag*, onde os aristogatos satisfaziam seu umbiguismo social.

Atualmente, essa mesma decadente descendência se pavoneia na esfera pública dessa democracia decrépita, porque as redes de comunicação de massa estão nas garras de uma direita econômica que estende o dito "Agarra, Aguirre"* para o "Agarra, Larraín" ou "Agarra, Edwards", multiplicando o sermão pedante da estirpe familiar que todo domingo no jornal *El Mercurio* ostenta seu nariz empinado na foto do coquetel da vida social. O palco público onde o país se reconcilia

---

* Ditado popular chileno que faz referência àqueles que aproveitam para roubar enquanto estão no poder. (N. T.)

O *incesto cultural da grande família chilena* 197

com uma taça de champanhe na mão mordendo um canapé tricolor. Ali, nesse álbum de figurinhas com direito a voz e opinião no Chile democrático, é possível encontrar essa fauna político-cultural que estampa o dia a dia do showbiz e das revistas de famosos. O punhado de rostos branquelos, refinados pela cosmética do remendo ou pelo clareamento de mechas e ideias que sutilmente branqueiam o panorama nacional. Ali, na parcela estético-abobada do Chile público, abunda a grande família grã-fina que opina sobre tudo, a grande família chilena, que em seu incesto pátrio produz de tudo: políticos, músicos, padres, modelos, escritores, velhas solteironas e até um bambi camuflado sob a gravata varonil desses tempos cafonas. Como a família Chadwick, a família Aylwin, a família Frei, a família Alessandri, a família Gumucio ou a família Piñera, tão prolífica e fecunda como um panfleto antiaborto, só que em papel cuchê e patrocinado pela bolsa Andes. A família Piñera, uma das poucas com o direito de reproduzir a moral liberal através do variado espectro político do qual se gaba, sentada à mesa do almoço de domingo. Da extrema direita economista (*remember* Pinochet), passando pelo Woodstock made in Arrayán* de Miguelito,** até um candidato presidencial que engordou os cofres nos melhores anos da mordaça e do horror. Temos de todas as tendências políticas, repetem em coro da sua casinha de meia-água no balneário magnata de Cachagua, quando todos sabemos que o mais à esquerda que a família Piñera tem é um democrata-cristão com cara de hóstia.

---

* Região de montanha próxima a Santiago frequentada por milionários. (N. T.)

** Miguelito Piñera, o irmão hippie do ex-presidente Sebastián Piñera. (N. T.)

Assim, os conceitos pátria, ordem e proteção familiar enchem a boca dos propagandistas desse ensopado parentela que tempera suas cumplicidades na vitrine sofisticada do coquetel, do seminário, da exposição de arte no prédio da CTC, não importa se é de Guayasamín, Balmes ou Matta, porque ali reunido o compadrio chilenoso, sob o clarão dos flashes, tanto faz ficar lado a lado com os milicos fascistas, com o socialismo reciclado ou com o exílio perfumado de esgoto parisiense, e ver respirando o mesmo ar, as mesmas fumaças, o presidente Lagos, Hortensia Bussi e Lucía Pinochet H. — que, muito faceira, acha que pode estar em todos os vernissages, inclusive no de Roberto Matta, pois ganhou esse direito cultural no governo do papai.

Quem sabe, depois de revoluções populares, ditaduras fascistas e transições com farda militar, nesses encontros que validam a arte e a cultura, seja possível misturar memória e amnésia no mesmo trago amargo servido pelos garçons do evento. Talvez, dessa mesma forma, a tradição familiar recrudesça no fator "Quem Indica" dos sobrenomes. E, para entender melhor esse mapa político-cultural da grã-finagem e da indicação profissional por status, é preciso saber que aquele notório escritor vanguardista é filho de Julita Astaburuaga, uma madame esguia e cerosa como uma vela de missa natalina, estrela da risada com beicinho esnobe que bate cartão nas revistas dos ricaços e cujo único mérito, além de ser finérrima de cabelo comprido, foi ter se casado com um diplomata, e que, por sua vez, esse senhor de direita caviar é tio de um ex-mirista que nos anos 1960 envergonhou a parentada magnata ao se unir ao fervor revolucionário do MIR, essa escalada guerrilheira que seduz as ovelhas vermelhas da realeza na-

O incesto cultural da grande família chilena 199

cional. E foram muitos os estudantes universitários, artistas, hippies da *high society* que descarrilaram seu futuro abastado pelo fascínio da transformação social. Sem dúvida, os anos 1960 causaram um rebuliço de classes na aposta generosa desses dândis que trocaram seu status perfumado pela catinga do povo. Essa entrega política livre de preconceito deixou mortes, rostos desaparecidos nas fotografias da linhagem tradicional. Sobrenomes ilustres, dolorosamente estampados no Informe Rettig: não são tantos, apenas um punhado de zês e erres reivindicados no arreio coletivo da raça proletária rumo ao massacre. Talvez hoje devêssemos nos perguntar: que lugar ocupam essas vítimas no álbum familiar da direita? Como a burguesia chilena reconstrói sua árvore genealógica tendo, a contragosto, esses vazios do crime e da desaparição? É possível que alguns desses casos sejam duplamente desaparecidos, indizíveis parênteses mudos na conversa animada à mesa dominical dos Jarpa, Larraín, Alessandri e Ortúzar. Lacunas legais, esquecidas à força, ocultas pelo "o que vão dizer?", negadas pela cumplicidade burguesa com o fascismo da ditadura militar.

Assim, a fotografia pública da família nacional estampa a cena com seu protagonismo estelar. Os escolhidos, os clãs de papais, titios, sobrinhos e madrinhas que formam sua genealogia pública, presunçosa e oportunista. O resto do país pode apodrecer no anonimato de seus sonhos. O resto do país pode continuar hipnotizado pela farsa noticiosa da tevê e sua esquizofrênica atualidade de consumo. Enquanto for assim, enquanto o conceito de progresso-família e futuro for considerado um paraíso, uma loteria esportiva ou uma Mega-Sena comandada pelo *zapping*, o resto do país pode continuar sendo um resto, um rastro, um rosto difuso colado no peito de um parente de detido desaparecido que, após tantos anos batendo na porta de juizados e tribunais, tornou-se o retrato órfão da grande família chilena. A parentalha chilena que ronrona refém o incesto envergonhado de sua convivência.

O encontro com Lucía Sombra

E A GENTE NÃO SABE que esses personagens, avalistas de tanta impunidade, são cidadãos comuns e correntes. E a gente anda por aí pensando que nunca vai topar com um deles cara a cara, e por isso julga-os meio mitificados, meio caricaturados pela imagem pública da tevê ou das revistas que pintam o dia a dia com a sombria lembrança de seus rostos. Mas eles existem, não são especulação do marxismo, e podem ser vistos no shopping, no cinema, ou olhando com lupa os quadros de uma exposição numa galeria metida a besta da avenida Costanera. Na mostra daquele pintor ripongo e endinheirado, que certa tarde no Venezia convidou Ernesto Muñoz e eu para sua exposição de pintura. É que às vezes a gente se deixa levar pelo clima de coquetel e bons drinques que esses vernissages oferecem. A gente pega um buzão e chega, atrasado como sempre, meio deslumbrado pelo alvoroço de garçons e canapés de lagosta que eles passeiam por nossos narizes apenas para cheirarmos, porque quando esticamos a mão eles tiram a bandeja com destino a um grupo de críticos que alisam o bigode, elogiando as obras. E então ficamos com a mão estendida e a língua de fora, correndo atrás dos garçons. Os engravatados copeiros de coquetéis que driblam o bando de artistas pirralhos e famintos que vão a esses eventos para degustar iguarias. Integramos a turma que se organiza para assaltar bandejas e se instala perto da cozinha, de onde os garçons saem apressados com o uísque. E ali é preciso interceptá-los. Qual é, babaca elitista, fica evitando a gente e só serve os almofadinhas? Porque esses garçons de coquetel chique são instruídos a atender de acordo com a aparência. São como os seguranças de supermercado, que se curvam à grã-finagem e tratam o povão como eles aos pontapés. Maldição de Malinche,* comenta comigo um pintorzinho mastigando um pitéu, enquanto chega um zoológico envolto em pele de lontras, ursos e raposas, e o artista expositor se joga de barriga no chão para recebê-lo. Só então reconheço o rosto de uma mulher que entrou com dois sujeitos de óculos escuros e gestos nervosos. Só aí o uísque se dissipa e aquela cara me embrulha o estômago numa náusea com cheiro de terebintina, milicos e rumbas. E em meio a essa vertigem surge na minha frente a filha do tirano, a menina Lucía, tão quebrantada em sua estirpe de sabres e guarda-costas da CNI, avaliando os quadros. Radiante, parece um personagem de pesadelo, porém real com seu terninho de tweed e sua risada sarcástica. Como se ainda ostentasse o cargo de autoridade cultural que o papai lhe deu. E o pior: vejo que as pessoas a cumprimentam, rodeando-a, sorrindo com todos os dentes, como se ela ainda exercesse o poder sombrio da sua antiga gestão. E, já sem poder me conter, pergunto aos artistas por que se fazem de besta, por que não vamos todos embora, como eles podem continuar respirando o ar macabro daquela

---

* Referência à lenda de Malinche, indígena considerada traidora por ter ajudado Hernán Cortés na conquista espanhola do México. Culturalmente, a expressão remete àqueles que valorizam o estrangeiro e menosprezam o próprio povo. (N. T.)

O encontro com Lucía Sombra 203

presença. Como continuam brindando, se fazendo de bobos, dividindo o mesmo espaço, a mesma festa com o fascismo de saia Chanel. E por que me fazem calar, dizendo que não fale tão alto, que não seja barraqueiro, Pedro, larga mão de ser tinhoso. Que essa senhora foi convidada pelo dono da galeria e deve ser para tratar de negócios. Mas o pintor é responsável pela exposição e deveria saber quem se convida, respondo. Pelo menos ele deve dar uma explicação por esse mal-estar. Porque, se eu soubesse, jamais teria vindo. Então diga isso a ele, me responde uma pintora punk que se afasta com o grupo, me deixando sozinho. Mas nem precisei repreender o pintor, porque ao saber do escândalo ele se aproximou com os capangas e me disse: Se não gostou, vá embora. Claro que não gostei, respondi, porque se você quer negociar com o fascismo, não me convide como espectador. Quase não consegui terminar a frase, pois os dois gorilas de óculos escuros me ergueram com suas mãozorras, me arrastando na ponta dos pés para a rua, onde me deram uma surra que me deixou inconsciente jogado na calçada.

Parece que algum conhecido me botou dentro de um táxi, e acordei com a violenta queimação do álcool que puseram na ferida da minha cabeça. Que sorte que ainda tenho amigos, falei para os rapazes que tinham me levado à sua casa para me acudir. E também que sorte que não foi em outra época, pensei com tristeza, vendo entre nuvens o retrato de Lucía Sombra pendurado na parede branca daquela galeria perto da Costanera, onde pintura, mercado e fascismo deram-se as mãos, manchando os dedos, no dia cúmplice daquele vernissage.

Minha amiga Gladys
("O amor à liberdade é irrefreável")

DE QUE LUGAR SERÁ POSSÍVEL perfilar a peregrinação dessa mulher, sobrevivente das brasas históricas que ainda esfumaçam o ocaso do século passado? O trânsito biográfico de Gladys Marín por essa geografia segue às vezes o rumo de uma lágrima turva que, em seu teimoso rolar, foi marcando de rubra utopia o longo esqueleto magro do Chile. Talvez sejam muitas as passagens na vida dela capazes de ativar sua presença nesta crônica, na forma de lampejos, de violentas e forçadas mudanças, de reclusões, surras e flashes nômades que, apesar de sua brusca ocorrência, não murcharam seu furor apaixonado pela justiça e o desamparo social.

Talvez haja algum frescor na persistência incansável de seu discurso que revive o sonho proletário nestes dias de negociada transição. Algo dela perdura na silhueta primaveril daquela estudante provinciana que emigrou à capital para entrar na Escola Normal de Professores, quando o afã mistraliano da vocação pedagógica ainda seduzia meninas humildes, garotas simples ávidas por se entregarem ao simbolismo parturiente da educação popular. Desde antes, as gloriosas feministas interceptavam o poder falocêntrico com seus discursos emancipatórios e panfletos militantes. Anos de merda para tantas mulheres que subverteram seu destino

Minha amiga Gladys 205

doméstico e, no desafio da participação política, libertaram sua voz. Tempos críticos para uma esquerda prófuga, fichada e abortada tantas vezes pela exclusão. Dias tempestuosos para essas causas, sempre envolvidas na tensa demanda que canalizava seu trânsito de justiça social. "Seu irrefreável amor à liberdade", sempre obstaculizado pelos entraves conservadores e o atraso burguês. E esse foi o clima que pôs o coração de Gladys nos trilhos de um arriscado comunismo. O perseguido Partido Comunista do Chile, no qual também não era tão fácil para uma mulher aderir com dignidade à bíblia varonil dos próceres e ao verbo do enérgico catecismo militante. Marchas, mobilizações e praças repletas de brava gente eram o estímulo de um multitudinário clamor. E, nessa aposta, Gladys Marín arriscou a vida em verso e luta, sangue e esperança, repressão e reação armada; pulsões populares sob o céu oprimido que raiava as tintas ilusórias de uma aurora vermelha.

De tudo aquilo, sobraram restos de fogueiras e ecos fantasmais que ainda ressoam pelas ruas nas manifestações do descontentamento. Porém, nesses gritos, nessas palavras de ordem abafadas pela violência da repressão democrática, está o único lugar onde a dignidade da memória habita inesgotável. Nessas explosões de desacato, mulheres, estudantes, jovens e trabalhadores somam ao sagrado direito à desobediência a desfaçatez por um governo que traiu a adesão popular que no plebiscito o apoiou. Aquelas mobilizações encabeçadas pela esquerda nos anos 1980 foram o motor social que mais tarde produziu a mudança. O atentado a Pinochet nos fez acreditar que o tirano não era invulnerável. E foram muitos os que festejaram o desafio; infelizmente hoje essas figuras políticas, então de esquerda, trocaram de pele na mudança de estação. Os mesmos que em seu comodismo parlamentar se livram do passado como se trocassem de terno. Aliás, tanta metamorfose descarada não os sustenta, não apoia seus discursos irmanados com a luva golpista. Cada gesto, cada flerte com as amarras blindadas dessa democracia os transforma em caricaturas, esvazia-os flácidos na papada molenga da negociada reconciliação.

Estas linhas aderem carinhosamente a Gladys por cicatrizes de gênero, por marcas de clandestinidade e exílio combatente. Por ser uma das tantas mulheres que capitalizaram ética no túnel lanhado da ditadura e seu fascistoide incidente. Estas letras minoritárias se solidarizam com ela na delação frontal do crime impune e no fedor do bafo direitista que minimiza a tragédia. Mas talvez bastasse uma única imagem biográfica de Gladys. Quem sabe contemplar seu retrato de juventude, perseguida após o golpe, tendo como pano de fundo a aquarela memorial do amado amante desaparecido, extraviado, perdido para sempre na imagem derradeira de ver a figura muda de Jorge passar caminhando em frente à embaixada que dera asilo a Gladys. E essa distância enorme, esse abismo de uma calçada a outra, essa vala de apenas vinte metros, impossível de preencher pelo toque impalpável do abraço imaginado, do abraço que não se deu, mil vezes sonhado na noite inconclusa da abrupta separação.

Talvez bastasse o ar dessa espera para concluir este texto, ou para estendê-lo feito bandeira de oxigênio, uma flâmula de tantas causas de direitos humanos esperando justiça e castigo aos culpados. O passado e o futuro são presente no rio arterial dos povos, como um caudal subterrâneo que corre sem freio, carcomendo os andaimes da pirâmide neoliberal. Porém, mais do que águas extravasadas perpetuando numa só direção, são vozes, arrulhos, gritos, discursos, como o de Gladys, que em sua polifonia oprimida esperam chegar ao mar.

O beijo de Joan Manuel
(Tua boca tem gosto de erva)

SEM SABER O QUE ia acontecer aquela tarde, quando Serrat se encontrou com os alunos da Universidade Arcis.* Quando você guardou um beijo de fogo para o trovador durante vinte anos e agora tem a chance de carimbar a boca viada naquela sua boca com gosto de erva. Aquela boca histórica que cantou pela revolução, pelos trabalhadores, pelos piratas e por tanto amor perdido. Porém, que nunca nos dedicou nenhuma estrofe, nenhum refrão. Como se os viados não existissem, fomos exilados do universo poético do seu canto. Como se nenhuma bicha-louca tivesse nadado no Mediterrâneo do seu coração azul. Nenhuma mereceu levantar voo, gaivota maricas em seu céu nublado. Então ele nunca soube do pássaro lorquiânus de Federico, estripado pelas puas do franquismo. Decerto não houve uma bichona espanhola que pintasse o ar de vermelho quando chegou o socialismo. E Madri se encheu de gritos, bandeiras e palavras de ordem, assim como agora os estudantes acalorados gritaram ao vê-lo aparecer acenando na Arcis. Como na época em que o vi pela primeira vez, tão lindo, tão jovem, tão esbelto, vestido de veludo preto

---

* Universidad de Arte y Ciencias Sociales, instituição ligada ao Partido Comunista do Chile. (N. T.)

O beijo de Joan Manuel

no Festival de Viña del Mar nos anos 1970, em plena Unidade Popular. Mas agora a vida o trazia de volta para mim, mais velho, com alguns quilinhos a mais, quase um senhor nervoso respondendo às perguntas, tentando parecer legal para aquela juventude de esquerda que cantou suas canções em meio ao tiroteio. Joan Manuel, o mito, tão perto, a apenas alguns passos, vestido como um yuppie, com paletó de tweed e calça bege. E eu, de veludo preto, Penélope esperando na estação. Com aquele beijo guardado que envelheceu enrugando, como meu rosto e o seu. Um beijo encarquilhado na carta ideológica que não encontrou destino. Um beijo pálido que sobreviveu à ditadura e beijou o Não do plebiscito. Um beijo como uma marca ou uma assinatura estampada imaginariamente em seus versos. Por isso, quando terminou o ato, depois de cantar *"Vuela esta canción para ti, Lucía"*, eu era sua Lucía de veludo preto, eu era "a coisa mais linda que ele nunca teve", tentando me aproximar, empurrando, me esgueirando entre os corpos espremidos daqueles jovens que lhe pediam autógrafos. Conseguindo passar por baixo de uma corrente de braços que formaram um corredor de segurança para protegê-lo, eu o encontro de costas se despedindo, e ao se virar ele topa com a minha cara à queima-roupa, a uns poucos centímetros. Então o tempo parou e um grande silêncio congelou aquele instante. "Vinte anos não é nada", me disse ele, e minha boca decolou de mim como um pássaro sedento que pousou em seus lábios. Por apenas um momento, a homossexualidade o tocou com a sede carmesim de uma boca gulosa. Um instante que o levou de volta ao seu primeiro beijo adolescente e, desconcertado de emoção, senti-o tremer no calor daquela primeira vez, quando outra boca estranha arrancou pela raiz sua inocência. "Vinte anos não é nada", pensei comigo, deixando-o ir embora carregado pela multidão que o engoliu em meio aos insultos e agressões que os alunos da Arcis gritavam para mim, por ter destruído seu mito macho cancioneiro. "Vinte anos não é nada", respondi meio sonâmbulo a uma fã que queria me arranhar pelo que eu havia feito com seu ídolo.

"Vinte anos não é nada", meu catalão, continuei pensando enquanto saía dali empurrado pelos estudantes. Sabendo que aquela seria a primeira e última vez que o teria em meus braços. Sabendo que nunca mais esqueceria sua visita ao Chile. E toda vez que ele cantar "Lucía", meu beijo cantará em sua boca como uma flor estranha que ele sentirá enroscar em suas palavras. Meu beijo será uma lembrança proibida, como uma lua sodomita que arranhou seu mar.

Universidade Arcis, Santiago, 28 de outubro de 1994.

Gonzalo
(O rubor maquiado da memória)

COMO SE NINGUÉM SE LEMBRASSE da sua elefântica silhueta maquiando a cara da ditadura, escondendo essa fenda, essa ruga, essa gosma na comissura do tirano quando ironizava pela televisão sobre o número exato de desaparecidos. Ali, em plena emergência de apagões e pronunciamentos oficiais, sua gorducha mão direita alongava as sombras, polvilhava de luz e coloria de hipocrisia a cara da repressão. Porque Gonzalo, o afetado estilista amante dos coturnos, tinha salvo-conduto para entrar e sair da casa do comandante em chefe. Dispunha de carta branca como cabeleireiro, alfaiate e maquiador do alto-comando. E ai do milico de plantão que lhe mandasse um beijo ou fizesse comentários sobre seus lenços de seda flutuando na fumaça da pólvora. Ai do careca que imitasse seu jeito de andar, aquela gelatina boiola de seus quadris, aquele rebolado espalhafatoso que confundia desfile de moda com parada militar. Quando, altivo, passava sob os sabres, prestando honras à pátria com o farfalhar do seu estojo cosmético.

Assim, Gonzalo ou Gonza — como o chamava a primeira-dama, preocupada antes de aparecer na televisão em rede nacional —, não acha esse terno Chanel cor de carne violento demais para aparecer falando sobre a fome? Não acha, Gonza, que o ruge está muito vermelho? Ai, Gonza, ajeita meu chapéu caído no olho, que sou míope. Ai não, Gonza, não ponha muito azul que eu fico parecendo a biscate da Eva Perón. Então, o afrescalhado estilista ia e vinha com sua aquarela Princeton, pintando de furta-cor os discursos oficiais, retocando as puas da alambrada paisagem nacional, escolhendo o tom maçã yuppie para acentuar a prosperidade do regime, irradiando de morangos estivais o duro inverno ditatorial, que na periferia desovava cadáveres sem maquiagem.

Com a chegada da democracia, ninguém poderia imaginar esse mesmo personagem embetumando a outra cara da moeda. Ninguém pareceu notar a sutileza cetácea de sua conversão política, embora o enorme vazio deixado por sua gordura tenha causado tristeza nas fileiras militares. Esses "invertidos" são todos traiçoeiros, dizia a ex-primeira-dama, maquiando-se sozinha. Irritada com a mistureba de sombras e blushes que tentava combinar em vão para recompor a derrota. Ele era um cínico, eu sabia. Me chamando de dona Lucy pra cá, dona Lucy pra lá. Porque o chapéu marrom fica divino, porque a senhora tem finesse, tem charme e elegância, esse estilo de rainha que já nasceu de chapéu.

Ninguém soube como Gonzalo, aproveitando a amnésia local e os festejos pela vitória da Concertación,* mudou de lado ou se agarrou no rabo da bem-vinda democracia. No tumulto de tantos que viram minguar os privilégios da caserna, passou infiltrado, acrescentando rosa ao arco-íris democrático.

---

* Concertación de Partidos por la Democracia, a Coalizão de Partidos pela Democracia. (N. T.)

Gonzalo

E assim ele apareceu de novo, transbordando na tela, dando dicas naturebas e recomendações estéticas para os novos tempos. Seu antigo amor pelas botinas pareceu evaporar no timbre frágil de sua voz declarando amizade pessoal com o atual presidente, dizendo que a direita lhe propusera ser candidato por Colina, mas que havia recusado a oferta, esclarecendo que estivera na Escola Militar exclusivamente como cadete, e, ao seu passo de cisne, a estrela da bandeira ficava vermelha de inveja. Mas isso foi antes do golpe, na época ele era tão jovem e espigado que serviu de mastro para a bandeira e ficou uma semana duro, plantado no pátio. Apenas por patriotismo. Além do mais, reiterava e deixava claro como a neve dos Andes que não era homossexual, mas assexuado, por isso não tinha problemas para se adaptar às transformações políticas.

Parece que a metamorfose de Gonzalo é indiscutível, embora sua esponja estética seja a mesma que rejuvenesce as duas caras dos discursos oficiais. A máscara de esgar que transmite ao país sua mensagem positivista. O artificial rosto sem rosto, que os dedos estéticos de Gonza enfeitam com receita semelhante. Ainda que os anos tenham se passado e a moda cosmética tenha renovado seu nacarado camelão. E ao opaco recato de cinzas, azuis e verdes que uniformizaram as pálpebras da memória, o neoliberalismo acrescenta sua fantasia de prata e ouro, que traveste de carnaval as cicatrizes.

Adeus ao Che
(ou As mil maneiras de se despedir de um mito)

TALVEZ, hoje, sejam necessárias representações operísticas das passagens mais turbulentas que marcaram um clímax de tensão no filme do último milênio. E para quem viveu as escaramuças dos anos 1960, para quem as leu em livros e revistas, assim como para os jovens dos anos 1990 que chegaram atrasados à esbórnia revolucionária, o grande ato em homenagem ao Che no Estádio Nacional tinha o caráter de ressuscitar sua memória por algumas horas, para depois virar a página da sua perigosa lembrança. E é preciso reconhecer que, embora o ato tenha tido momentos emocionantes que transportaram a massa à cruel história ditatorial, ainda que seja e será necessário repetir mil vezes o ritual de nomear as vítimas e acusar seus verdugos, para os 70 mil jovens ali presentes a remota história do Che não passava de outra remota história como desculpa para se manifestar sobre atuais contingências. Vibrava no ar um ódio parido contra o tirano perpetuado no poder, tremiam as arquibancadas no repúdio estridente ao status neoliberal da democracia. Marginais, torcidas organizadas, universitários e os cinquentões do Canto Nuevo encontraram naquela noite uma nota em comum para manifestar seu desencanto, para reunir a família esquerdista e sua pirralhada inesgotável. E naquele cenário de nostalgia,

Adeus ao Che

raiva e tristeza, a turba se esmagava no vaivém irmanado de "o povo unido jamais será vencido"; a multidão, esfregando-se no calor político daquela toada, fazia da homenagem ao guerrilheiro um êxtase compartilhado, uma estranha forma de acalentar as paixões no caldeirão ardente do estádio. E, de Ernesto, poucos seguiam a liturgia memoriosa do ato, muito menos prestavam atenção na biografia documentada de Guevara. E era melhor assim, ficar com o sonhador do mundo novo do que ouvir as cartas que Che mandou à sua família, documentos que agora o retratam como um machista tradicional, dizendo à mulher e às filhas que se encarregassem das tarefas domésticas, que o esperassem com a comida quente, que cuidassem de seus filhos homens, os únicos que, como ele, eram capazes de fazer a revolução. Com certeza se Ernesto vivesse não estaria nessa, muito menos teria aceitado que aquelas cartas pessoais fossem lidas durante o ato. É possível que também não tivesse gostado de ser a estrela do megaevento organizado para sua fugaz exumação. Muito homem se apropriando da revolução, como também algumas mulheres marcando o acento macho dessa épica. Se você vivesse, Ernestinho, com certeza teria dado uma revisada nessa tua metralhadora viril. Teria se arrependido de ter jogado no chão o livro de Virgilio Piñera quando o encontrou na biblioteca de uma embaixada cubana e perguntou ao embaixador como podiam ter uma bichona metida ali. Aliás, se vivesse, você estranharia o fato de seu funeral se parecer com o da princesa Diana, da Madre Teresa de Calcutá, e inclusive com o casamento da infanta espanhola. Que contradição! Que confusas exéquias o mercado carnavaliza, Ernestinho. Com certeza você nunca imaginou que o mundo iria testemunhar a exumação de sua mortalha pela tevê. Provavelmente nunca teria aceitado ser o convidado de honra dessa missa pelos seus restos mortais num estádio lotado, muito menos para o enterro em Havana, onde até seus inimigos teriam camarote cativo. Veja você como a revolução vende o espetáculo para o grande mundo capitalista. E não é moral, é apenas um outro olhar sobre a sua memória, um olhar bicha no meio da galera alucinada gritando em coro seu nome. Um olhar também umedecido ao ouvir sua voz pela primeira vez na gravação que soava pelos alto-falantes. Sua voz desconhecida, mas tão marcial, tão milica na arenga distante daquele tempo, daquele passado, retumbando no eco do seu discurso que continuei ouvindo quando deixei o estádio, quando me confundi na passeata das 7 mil almas que naquela noite nos despedimos de um mito e abrimos a porta para um outro Ernesto, mais próximo, mais frágil, que machucou nosso coração timidamente com um beijo de boas-vindas.

A mesa de diálogo
(ou A toalha branca de uma negociação obscura)

E CUSTA ACREDITAR QUE o oficialismo chileno, em especial a ala da Concertación mais determinada a virar a página sobre o tema dos direitos humanos, esteja promovendo esta acareação entre vítimas e vitimários. No mesmo lugar, com as mesmas garantias, sentados frente a frente, familiares de detidos desaparecidos e os responsáveis pelo seu brutal desaparecimento. E essa original iniciativa parece reiterar a proximidade horrorosa desses crimes ao sugerir o encontro cara a cara da Associação de Familiares com o hálito fétido da representação militar. E felizmente, com a mesma dignidade manifestada por Sola Sierra durante tantos anos, o grupo se nega a participar desse diálogo que esconde sob a toalha democrática um acordo obscuro.

A única que aceitou compartilhar esse ar viciado foi Pamela Pereira, filha de um desaparecido e advogada famosa que há anos luta por justiça. Assim como o advogado Salazar, quem aceitou a título pessoal ser comensal na mesa do perdão e cumprimentou a delegação militar, partilhando naquele aperto de mãos o suor seboso da repressão. Lá eles, aqui nós, que continuamos acreditando que a memória dessa atrocidade só compete à justiça e a seus magarefes responsáveis.

Talvez o único motivo que tenha levado o governo a reacender esse assunto seja a prisão de Pinochet em Londres, e é óbvio que sua preocupação em superar essas feridas não passa de uma estratégia nacionalista para libertar o ditador, usando esse chamado à fraternidade em sua defesa. Mostrar ao mundo que uma parte de nós, chilenos, solucionamos as humilhações do passado de cabeça baixa. E também que somos terceiro-mundistas, cristãos e civilizados, e temos o coração tão apalermado que podemos perdoar mesmo que não nos peçam perdão. Que, por isso mesmo, somos capazes de brindar com sangue junto dos nossos verdugos na branca mesa da reconciliação. Que o cientista Claudio Teitelboim, filho de Volodia, aceitou o convite para essa última ceia do século pelos direitos humanos. Ele, um jovem bem-sucedido que aparece retratado nas revistas do jet set nacional com Andrea Tessa, a artista que canta parabéns ao Pinochet. Do seu lado, o escritor Guillermo Blanco, representando certa literatura de costumes que serve como branqueamento. No centro, Pérez Yoma, a mão enluvada do governo que pactua o esquecimento com a hipocrisia de seu sermão. Mais adiante, um padre que joga água benta e, em nome da diocese, elogia os gestos de amizade, cala os ressentimentos e manda dar a outra face para receber a bofetada de sua bênção. Na frente, as carrancas impávidas do poder militar, a cara de pau do seu sarcasmo quando afirmam não ter nenhum conhecimento sobre o destino dos corpos desaparecidos, que não sabem de nada, a menos que essa mesa ofereça garantias de absoluto sigilo para algum fardado que queira entregar individualmente alguma informação.

A palavra impunidade, ainda que não se diga, emerge e zomba na boca irônica dos generais. Mais do que isso: a pala-

A mesa de diálogo

vra impunidade, ainda que não se diga, é a única que ressoa nos ecos desse diálogo conciliatório. Alguma mão nervosa derrama uma taça e mancha com gotas espessas a alva toalha. Outra mão com distintivos na manga alcança um canapé e mordisca seu gosto de cadáver decomposto. E lá fora, na rua, em frente ao palácio presidencial, os rostos dos desapareci-dos nos cartazes desbotados que os familiares penduram no peito. E estas fotos são a única coisa que restou deles, a única coisa que os torna presentes à margem desse emético cená-culo. Talvez a rua, de cara para o sol que ilumina seus rostos extintos, seja o único lugar onde eles podem estar tão vivos, tão francos como uma declaração ética que revela o ponto final buscado nesse acordo. Lá eles, os que aceitaram dividir essa mesa de baralho com cartas marcadas. Aqui nós, fora do jogo, com a memória de Sola Sierra e ao lado das mães, dos familiares e da fortaleza moral de Viviana Díaz e Mireya García, insubornáveis em seu clamor por justiça sem nome. Lá eles, em sua longa mesa de reconciliação, partilhando o pão amargo do esquecimento e o vinho contaminado pelo brinde à impunidade.

A sinfonia estridente das candidaturas
(Todos um dia fomos jovens idealistas)

QUANDO SE TRATA DE CANDIDATOS à arena política, eles existem aos milhões. Da cantora ou o ator de novela que nunca brilhou por suas aptidões artísticas e hoje quer usar sua fama fajuta para chegar ao parlamento até o filho, neto ou sobrinho da casta partidária que usa o sobrenome paterno para se pendurar no trem democrático. Afinal, nestes tempos de consumo canibal, a política é a diva do show. A estrela de dentes perfeitos que sorri para a câmera escondendo a mão de rapina, a destra larápia que acena para as multidões, que nega enfaticamente seu passado de militância radical, seu passado maconheiro, seu passado pinochetista, seu perigoso passado guerrilheiro, seu libertino passado hippie. Enfim, o ontem não conta na hora dos cômputos, e se por acaso vaza uma foto dos tempos de juventude atrás de alguma barricada, se por acaso o candidato aparece descabelado e chapado no retrato de alguma festa dos anos 1960, todos respondem a mesma coisa, todos se justificam dizendo que um dia já foram jovens idealistas.

Quase todos os candidatos dizem que um dia, na universidade, fumaram maconha só para experimentar, mas que nunca ficaram doidões. E o povo vai acreditar. Todos dizem que militaram em alguma juventude política, que usavam

A sinfonia estridente das candidaturas 221

boina e adoravam o Che e o MIR, mas que nunca plantaram bombas. E quem é que vai desmentir, se o MIR quase não existe? E mais: a quem interessa revelar essa memória mentirosa se os próprios ex-miristas, que vão ao parlamento no mesmo ônibus, já nem lembram quem era seu companheiro de célula? Na verdade não querem se lembrar e preferem relegar as lembranças ao bonde amnésico da renovação.

Por isso, nessas datas eleitoreiras de flertes ideológicos e campanhas políticas, a cidade acorda todas as manhãs forrada de papéis com nomes pomposos que prometem varrer as drogas de Santiago. E o povo se pergunta: varrerão para onde, se a gente quiser ir buscar? Todos os dias os muros mudam de sobrenome com a pincelada noturna que impõe uma nova promessa. Assim, nome após nome, gruda na retina o candidato que tiver mais recursos para reiterar sua assinatura na descascada lousa da urbe. Ganha por cansaço a repetição insistente do sobrenome paterno, o único que interessa, o único que a professora usava para chamar os alunos, para gritar: Allamand, desça já desse banco! Escalona, fique quieto! Piñera, tire o dedo do nariz!

Assim, a corrida política dos nomes transforma a cidade num abecedário eleitoral que panfleta a nobreza de certas alcunhas impressas no latão dos barracos. Como se os erres, zês e esses do nome aristocrático dessem um upgrade nas favelas autografadas por aqueles ricaços populistas. Como se, por outro lado, os González, Carrasco ou Palestro tivessem que pedir licença na maratona política para serem escritos timidamente, às pressas, quase clandestinos, em terrenos baldios, com verba escassa para marcar presença na propaganda eleitoral. E não há outra forma de equilibrar a publicidade luxuosa da direita, cujos slogans e nomes de bacana são repintados por seus funcionários noite após noite. Que, noite após noite, impõe seus sobrenomes à aquarela apagada do candidato pé-rapado. O candidato de esquerda que sai com a família para pintar e repassar a caligrafia tosca do seu tosco nome. O candidato sem verba, que entrou nessa dança sem saber o porquê. Sabendo na verdade que vai perder, que vai acabar falido e endividado até o pescoço. Mas e daí? Seu erro não foi o arrependimento, porque ele não se declarou renovado nem justificou seu passado radical e hippie dizendo que eram erros de juventude. Foi esse o seu erro, diferenciar-se sem culpa da hipocrisia parlamentar. Dizer que acreditou e continua acreditando nesses arroubos de paixão, que não são só um problema da juventude, porque as militâncias progressistas e os sonhos dos longínquos anos 1960 são beijos que o coração deu. Provavelmente irrepetíveis, únicos em sua teimosia amorosa pela justiça. São beijos jogados no ar inesquecível de outro tempo. Na certa, difíceis de recuperar, mas ainda quentes na boca enrugada da utopia.

Bem-vindo, Tutancâmon
(ou A volta do pesadelo)

ACONTECEU HÁ MUITOS ANOS, mas continua fresco aquele dia, aquela madrugada, quando o pássaro sinistro da Força Aérea entrou em território nacional trazendo de volta a decrépita humanidade de quem outrora representou a crueldade e o poder. Como se transportasse a múmia de Tutancâmon, a nave foi habilitada como um hotel cinco estrelas, com *lounge*, enfermaria, sala de jantar e um dormitório imenso com cama de casal para trazer, como uma porcelana, o asqueroso ditador. E quando Augusto Nero sentiu o avião levantar voo no aeroporto londrino, quando experimentou a sensação de levitar a jato na decolagem da aeronave, só então respirou mais calmo, pensando que o levavam para o céu, e sorriu imaginando que lá nas nuvens encontraria Merino, Leigh e Mendoza, com quem poderia jogar uma partida de dominó e planejar outro golpe de Estado contra o pai eterno. Enquanto o avião ascendia às nuvens, Augusto Nero fechou os olhos, sonhando que lá no alto Deus em pessoa o esperaria no aeroporto do paraíso e o condecoraria como santo, nomeando-o comandante em chefe de todos os exércitos celestiais. E assim não teria que se preocupar nunca mais com todos aqueles juízes e advogados de direitos humanos que o perseguiam aqui na terra. Porém, quando abriu os olhos, viu que não era bem assim e lembrou decepcionado que estava viajando no avião de volta ao Chile, onde novamente outro socialista havia chegado por meios democráticos ao La Moneda. Por isso tocou a campainha e chamou a enfermeira, pedindo que lhe trocasse as fraldas cagadas, lavasse sua bunda e pusesse talco Babysan para chegar a Santiago cheiroso como um bebê recém-nascido.

O voo foi direto, embora a nave tenha feito uma pequena escala em ilhas tropicais onde Augusto Nero quis descer para deixar os joanetes de molho nas águas azul-turquesa do oceano. Mas ninguém o esperava ali, todos os ilhéus haviam sumido das praias, temendo que o vovô tirano tomasse a ilha a sangue e fogo. Assim, o itinerário do voo da Força Aérea seguiu singrando as cores malva da aurora boreal, enquanto Augusto Nero tinha aulas de como parecer doente, enquanto o maquiavam pálido com olheiras para causar compaixão nos milhares de chilenos que tinham madrugado com a tevê ligada, esperando pela volta de Tutancâmon.

Depois que a aeronave aterrissou em Antofagasta e então seguiu viagem a Santiago, os preparativos da recepção aceleraram-se, apesar das recomendações oficiais de que fosse uma cerimônia simples. Ainda assim, todos os comandantes em chefe pareciam papais-noéis enfeitados com broches e franjas na pompa dourada dos uniformes. Um passo atrás, suas mulheres com vestido de alfaiataria engomado e todo o pinochetismo endomingado, esperando com emoção a volta do vetusto patriarca. E quando o avião tocou o chão no aeroporto de Pudahuel, a banda militar irrompeu com a marcha "Lily Marlen". E não foi só em Pudahuel que se ouviu esse hino sinistro: no Chile inteiro pela televisão, e no mundo

Bem-vindo, Tutancâmon

inteiro pela tevê a cabo, ressoaram os ecos do Terceiro Reich. E por um instante o mundo todo teve a sensação de que, em um país distante chamado Chile, Hitler ainda estava vivo. Principalmente quando, ao abrirem-se as portas do avião, a banda interpretou "Erika", o hino favorito do Führer. Felizmente não foi Adolf quem desceu da aeronave. Em seu lugar, Augusto Nero, o decadente ex-tirano chileno, desceu carregado nos ombros como uma santa, refestelado em sua cadeira de rodas. E ali aconteceu o milagre. Como em seus melhores dias, Augusto Nero ficou em pé, caminhando desengonçado pelos ladrilhos do aeroporto. Os pinochetistas choravam, as mulheres dos generais aplaudiam eufóricas e olhavam para o céu, esperando que um raio de luz divina acompanhasse a caminhada trêmula do ditador, o mesmo Augusto Nero que, rindo de todo mundo, passou as tropas em revista, acenou para toda aquela milicada ali presente e, com sua risada sarcástica, trepou no helicóptero que o trasladou até o Hospital Militar, custodiado por um vibrante enxame de hélices. Só faltavam Rambo e Schwarzenegger quando a libélula blindada chegou ao heliporto, porque um batalhão de boinas negras, armados até os dentes e em postura de combate, o escoltou até a entrada do edifício. Nos terraços do bairro nobre, tropas de elite e franco-atiradores vigiavam o local como se fosse uma produção cinematográfica, um filme de guerra a que todos assistimos pela telinha com alguma impotência, com um nó nas entranhas que nos fez arrotar certa vergonha democrática.

PARTE IV

Seu rouco riso louco

Louco afã

DRIBLANDO OS GÊNEROS BINÁRIOS, esquivando-me do postal sépia da família e sobretudo escamoteando a vigilância do discurso. Ou melhor, aproveitando suas lacunas e silêncios; entrementes e entredentes, reciclando uma oralidade do detrito como alquimia excretora que demarca no gozo esfincteriano sua crônica cor-de-rosa. Atenho-me à perturbação desse aroma para comparecer com minha diferença. Como minoria, digo que um risco ou ass-terisco é grafado em sua micropolítica constrita. Estíptica por estética, desmontável em sua viadagem stripper, remontável em sua desviadagem oblíqua, politizante para se *maricompreender*.

A partir de um imaginário maleável, expulso esses materiais excedentes para maquiar o desejo político em opressão. Devenho coleóptero que tece seu mel negro, devenho mulher como qualquer minoria. Compactuo com seu útero de ultraje, faço alianças com a mãe indo-latina e "aprendo a língua patriarcal para amaldiçoá-la".

Parodiando seu verticalismo, obliquando-me novamente dos salões de beleza e becos da irmandade travesti. Sacudindo nossas plumas da ruína ideológica que jamais nos incluiu. Ou melhor, para que o vento da fuga utópica não nos atinja com sua depressão. Porque nunca participamos dessas causas libertárias, duplamente distantes do Maio de 1968, demasiado submersos na multiplicidade de segregações. Porque a revolução sexual hoje circunscrita ao status conservador foi ejaculação precoce nesses becos do Terceiro Mundo, e a paranoia da aids jogou por terra os avanços da emancipação homossexual. Aquele louco afã de reivindicar-se no movimento político, que nunca aconteceu, ficou preso entre os véus da precaução e a economia de gestos dedicados aos doentes.

Pouco ou nada a fazer com esse hospital de naufrágio encalhado em nossa acidentada costa. Um movimento gay do qual não participamos e mesmo assim amargamos a ressaca contagiosa. Uma causa do mundo desenvolvido que assistimos à distância, demasiado anal-fabetos para articular um discurso. Demasiadas tranças soltas flertando com o poder, demasiados falos desempregados para se preocupar com outra coisa.

Enclausurados na sordidez do gueto, costurando o modelito para a discoteca clandestina ou dando uns amassos em algum pé-rapado no veludo puído de um cinema pornô. Enquanto isso, em Valparaíso, as travestis eram arrebanhadas a coronhadas para os navios da marinha. Na nossa memória, a lenda de Ibáñez e seu cruzeiro do horror.

Mas na época ninguém acreditava que isso fosse verdade, e, em último caso, aqueles corpos orvalhados de hematomas eram meros dejetos da homossexualidade nacional, que folheava nas revistas de moda as imagens importadas da *gay parade* estrangeira. Sonhando-se na Califórnia ou juntando os trocados para participar daquela euforia. Tão distante dessa realidade ilegal de crimes impunes, do gotejar de bichas carneadas pela tinta vermelha de algum jornal, expostas em sua palidez de castigo como reiteração das punhaladas na bainha prateada da costela apátrida.

Louco afã 231

Cadáveres sobre cadáveres tecem nossa história em ponto-
-cruz carmim. Um cordão de feridas borda o estandarte de
cetim revenido em halos de fumaça que bagunçaram as
letras. Separando em estratificações de classe os viados, monas e travestis dos gays abastados em seu pequeno arrivismo
traidor.

Dupla marginalização para um desejo em comum, como
se fossem poucos os pontapés do sistema, os arranhões da
chacota cotidiana ou a absoluta indiferença dos partidos políticos e das reivindicações do poder homossexual que vimos
diminuído pela distância.

Apavorados pelo escândalo, sem entender direito a sigla
gay com a nossa cabeça indígena. Talvez não quiséssemos entender e escapamos a tempo. Demasiados clubes e associações
de machos sérios. Talvez nós, bichas, sempre tenhamos sido
loucas: estigmatizadas de loucas como as mulheres.

Talvez nunca nos deixamos colonizar por aquele discurso
importado. Linear demais para nossa louca geografia. Dema-
siada militância loira e musculatura dourada que sucumbiu
no caldeirão pavoroso do HIV.

Então, como podemos assumir hoje tal projeto? Como erguer uma bandeira alheia, transformando-nos em satélites
exóticos dessas associações formadas por maiorias brancas
alérgicas às nossas plumas, que fazem seus congressos em inglês, e por isso nossa língua indo-americana não tem opinião
influente na construção de suas políticas? Apenas assistimos,
como irmãos menores, a partir de nossa gagueira indigenista.
Dizemos sim sem entender, complexados pelo resplendor
pulcro das capitais europeias. Eles nos pagam passagem e
estadia, nos mostram seu mundo civilizado, nos incluem em

sua pedagogia dominante e, quando vamos embora, varrem nossos rastros enlameados de seus tapetes sintéticos.

Como nos reconhecer na estética gay azulada e torturante dos mamilos atravessados por alfinetes de gancho? Como nos identificar com esses signos masculinos falopizados em couro, correntes e todos os seus fetiches sadomasoquistas? Como negar a mestiçagem materna com essas representações de força que hoje se remasculinizam em paralelismos misóginos filiados ao poder?

O gay se une ao poder, não o confronta, não o transgride. Propõe a categoria homossexual como regressão ao gênero. O gay inscreve sua emancipação à sombra do "capitalismo vitorioso". Mal respira na forca de sua gravata, mas assente e acomoda sua bunda mole nos espaços glamorosos que o sistema lhe oferece. Um circuito hipócrita sem consciência de classe que configura uma órbita a mais em torno do poder.

Talvez a América Latina, travestida de transições políticas, reconquistas e remendos culturais (que, pela sobreposição de enxertos, enterra a lua morena de sua identidade), aflore numa viadagem guerreira mascarada na cosmética tribal de sua periferia. Uma militância corpórea que enfatiza a partir da margem da voz um discurso próprio e fragmentado, cujo nível mais desprotegido por sua falta de retórica e orfandade política é o travestismo homossexual que se acumula lúmpen nas franjas mais sombrias das capitais latino-americanas.

Quem sabe a única coisa a dizer como pretensão literária a partir de um corpo politicamente não inaugurado em nosso continente seja o balbucio de signos e cicatrizes em comum. Talvez o sapatinho de cristal perdido esteja fermentando na vastidão deste campo em ruínas, de estrelas e martelos se-

Louco afã

mienterrados no couro indo-americano. Talvez este desejo político possa ziguezaguear rasante por estes descampados. Talvez seja este o momento em que o fio puxado da modernidade seja a falha ou o flanco deixados pelos grandes discursos para espreitar através de seu tecido rasgado uma vigência sul-americana na condição homossexual avessa à servidão.

Texto lido como intervenção no encontro de Félix Guattari com estudantes da Universidade Arcis em 22 de maio de 1991

A insustentável leveza

RECONSTRUIR A HISTÓRIA da homossexualidade no Chile certamente significa mergulhar no oceano obscuro de sua clandestinidade. Talvez tentar cerzir seus mínimos gestos, esgarçados, atrasados ou utilizados pelo poder da vez, pela democracia da vez e, em última instância, pelos próprios protagonistas de sua gesta. Mesmo assim, apesar do obscurantismo que aureola sua existência, há antecedentes e eventos que possibilitaram o avanço de suas demandas. Gestos inaugurais que traçaram uma linha descontínua expressa nas esferas política, cultural, social e outras anônimas que escapam à pública. Mas, para além de revelar nomes conhecidos ou figuras importantes que vêm praticando o velho ofício anal, há fatos que marcam a memória como signos entre os quais se desenrola sua difícil sobrevivência.

O primeiro indica uma cruz no Pacífico. A matança executada durante o governo de Ibáñez, sob a lei de descontaminação moral aplicada contra prostitutas e homossexuais, que eram levados a alto-mar em navios da Marinha e, ali, lançados às águas sem maiores formalidades. Evidentemente, esse fato dramático não foi divulgado, como tantos outros que a memória retém apesar de sua marca dolorosa, e que são transmitidos de lábio a orelha num murmúrio que mantém à tona o brilho azuláceo dos cadáveres.

A insustentável leveza   235

O segundo acontecimento se refere à primeira manifestação pública da homossexualidade como força política realizada na Plaza de Armas de Santiago, em frente à Catedral, durante o governo de Allende. Um de seus protagonistas recorda:

— Sim, eu estava lá, mas não foi uma marcha e sim uma reunião espontânea que rolou de repente. Um grupo de pessoas do meio se juntou e começou a dar voltas em torno da praça. Acho que foi no primeiro ou segundo ano da Unidade Popular. Não eram muitas, devem ter sido umas cinquenta.

— Houve repressão?

— Claro, chegaram os agentes do Grupo Móvel, que era uma equipe de forças especiais designada para controlar qualquer manifestação contrária ao governo.

— E onde você estava?

— Olha, na verdade eu sempre tive cuidado, então não me aproximei muito.

— Se fez de desentendida?

— Por aí.

— E o que aconteceu depois?

— Bom, levaram um monte de gente nas viaturas do Grupo Móvel, e lá dentro os viados continuavam gritando. Fiquei muito assustado e fui embora.

— Isso foi divulgado?

— Pra caramba, em quase todos os jornais. No *Puro Chile*, acho que dizia: "Maricas tomaram o centro".

Esse encontro histórico passa a fazer parte do trânsito gay neste território. Provavelmente seus organizadores teriam transformado o protesto em uma ação fundadora da homossexualidade chilena, não fosse pelo golpe de Estado que sufocou todo e qualquer grito emancipatório nas gazes negras da repressão.

Depois, em pleno autoritarismo, um pessoal de esquerda, de dupla militância cor-de-rosa, sofreu tortura e deportação. Foi o caso de um bailarino comunista banido para o norte e que, antes de partir, soube que o campo de concentração ficava à beira-mar, e a primeira coisa que fez foi pegar sua roupa de banho. Assim como este, há outros casos que não tiveram a mesma sorte e aparecem menstruando a longa lista de desaparecidos, duplamente ausentes ao descobrirem, entre sussurros de corredor, sua negada condição. Esse duplo silêncio também lembra um militante do MIR que foi expulso do movimento e, depois de transitar por outras coletividades de esquerda, acabou metralhado pelos boinas negras do exército.

Mas, tirando estes e outros casos semelhantes, tirando as torturas e os abusos a travestis praticados pela homofobia militar, a homoditadura não se deu de forma tão cruel e organizada como na Argentina ou no Brasil, onde foram implementados métodos especiais de aniquilamento, como a Triple A* e suas matanças massivas de travestis nas estradas. Aparentemente, os militares chilenos fizeram vista grossa e utilizaram o trânsito das bichonas pelos calçadões como vitrine libertária, conforme revelado em uma entrevista da revista *Cauce* de 1989.

— O que é um homo no Chile?

— Um drama, mas nem tanto. Foi tranquilo, sei lá, mas aqueles milicos não implicaram com a gente, nos deixaram na nossa, como enfeites florais.

---

* Aliança Anticomunista Argentina (1973-6). (N. T.)

A *insustentável leveza* 237

— Explique.

— Fizemos parte da propaganda democrática do regime. Afinal, se estava cheio de topless e viado, como aquilo ia ser uma ditadura?

Assim, nos anos de chumbo depois de 1973, continuaram funcionando discotecas como a Fausto: lugares para gays abastados e inclinados ao regime que dançavam nos espelhos a portas fechadas e com toque de recolher, sonhando-se a imperatriz Sissi escoltada pelos sabres da soldadesca.

E os anos continuaram passando sem que o terceiro sexo manifestasse sua insatisfação ou adesão às vítimas das botinas. E somente nos anos 1980 foi criado o primeiro coletivo lésbico feminista, o Ayuquelén, após o assassinato de Mónica Briones, espancada até a morte na Plaza Italia. Em 1987, surge o coletivo de arte política homossexual Las Yeguas del Apocalipsis, que dão a cara a tapa nos veículos de oposição. Vale recordar a intervenção ao ato da candidatura presidencial de Patricio Aylwin, onde se abriu uma faixa que dizia "Homossexuais pela mudança", ou a performance de 1989 na Comissão de Direitos Humanos: a dança descalça de uma *cueca* em cima de um mapa da América do Sul cheio de cacos de vidro.

Esses dois coletivos que levantam a voz na ditadura são os primeiros sintomas de ruptura do silêncio com atos públicos e pichações assinadas com o nome proibido. Uma série de declarações cria o clima de abertura que em novembro de 1991 dá margem para a realização do Primeiro Encontro Nacional em Concepción.

Dessa forma, a causa homo impulsionou seu caráter de organização nos anos 1990. Assim, floresceram muitos grupos que foram se unindo ao grito contra a opressão. Principalmente no interior, onde a capital é reproduzida nos mesmos rostos amargurados pedindo por liberdade. No sul, destacam- -se o coletivo de lésbicas Lea e o grupo homossexual Ser, em Concepción. Já em Calama, ao norte, duas travestis aguardam instruções de Santiago, assim como em Valparaíso, Valdivia e outras cidades onde vão se reunindo pouco a pouco, em duplas e grupos de seis, até transcenderem o gueto e se transformarem em pontas soltas de uma elipse política que gira em torno da capital.

Aqui em Santiago, em 1990, surgiu o grupo Movilh, integrado por um numeroso contingente de homossexuais e uma lésbica, para não ser notado. Essa associação convocou uma marcha no dia 4 de março, aniversário do Informe Rettig. Um dia em que os familiares dos detidos desaparecidos questionam mais uma vez sobre o destino ausente dos corpos. Dias antes, o Movilh marcou uma coletiva de imprensa convidando lésbicas e homossexuais a marcharem pelos seus direitos. Esse convite seria um chamado à marcha Rettig em solidariedade às vítimas da ditadura. Porém, o alarde público fez com que a notícia da manifestação gay dominasse as manchetes, jogando uma pá de terra na demanda contra a impunidade. O grupo, aliás, havia se reunido com os organizadores do ato para unir as vozes destroçadas ao eco da justiça. Certamente era complicado misturar o tema dos desaparecidos com a causa homossexual, por isso chegou-se ao acordo de que estes últimos entrariam no fim da fila, para abafar o escândalo. E também não levariam cartazes alusivos demais, apenas um pôster poético e uma floresta de triângulos cor-de-rosa. Mas, à falta de cartazes de identificação, os rostos travestis castigados pela lâmina de barbear e a ma-

A insustentável leveza 239

quiagem de quem virou a noite foram um tratado completo da homossexualidade chilena estampando a tela. Flashes de cabelos descoloridos e um ou outro silicone triste debaixo do blusão canelado expondo seu lado mais frágil ao assédio jornalístico.

Assim, ao som de velhos bordões, este trem sem destino saiu pela Alameda diante do olhar indiferente dos transeuntes, que se perguntavam sobre aquele desfile que invertia o luto pelo arco-íris. Como se o protesto tivesse que se maquiar de circo para ser mais eficaz. Uma pomba gigantesca se agitava sobre as cabeças das bibas com sua mensagem de paz e amor, enquanto ouvia-se "justiça, queremos justiça", numa confusão de atores e cenografia. Uma montoeira de fotografias desbotadas pela exposição da dor contrastava com as caras travestis, coloridas pelo rubor de encarar as ruas em trajes civis e marchando. Ou melhor, num simulacro da marcha, com o riso frágil da mona exposta na vitrine. Talvez a lembrança dos saltos altos quebrasse o ritmo, desequilibrando o Direita Volver num perfil amargo que entortava a fila. Talvez este fosse o único ponto a entrelaçar os dois temas. É possível que o make-up teatral das travestis que apareceram na capa do jornal sobre as fotografias calcinadas das vítimas da repressão fosse a página colorida cobrindo o preto e branco dos retratos esmaecidos pela história. Talvez apenas nesse imaginário se unissem as mesmas demandas de corpos ausentes. Como diz o escritor Francisco Casas: "As interseções são necessárias se há redes formando um mesmo espaço de dor, um mesmo desejo de justiça. O problema se dá quando os homossexuais não têm mortos visíveis". Certamente a ausência dos próprios mortos da gesta gay provocou o racha entre as duas organizações e a utilização mórbida dos meios de comunicação, que, com sua política de revelar, vai velando outros assuntos que a memória teima em não esquecer. Talvez se os gays e as lésbicas tivessem aderido com seus próprios mártires, o navio de Ibáñez ou o rosto desfigurado de Mónica Briones, provavelmente essa pena enlutada teria se revertido em gesto inescrupuloso da imprensa.

Depois de tanta impunidade, esse protesto é arquivado nos anais da Televisão Nacional como propaganda para dar uma cara democrática, porém depreciada pela pose boiola. Certamente esse acontecimento faz história ao lado da marcha de 1970, mas um halo sujo não permite visualizar os corpos estagnados no fundo do oceano. Essa política publicitária dá a cara que se espera no Chile de hoje. Mas a única cara pública da homossexualidade chilena é o bofe pálido que aparece nos jornais quando matam um viado. Essa cara, maquiada de hematomas, é arquivada com outras caras que mancham o espelho neoliberal da tela da tevê. Aliás, vale se perguntar: o que é dar a cara diante do olho voraz do sistema? Por acaso dizer "sou assim, e daí?" não faz parte do sistema que descortina o mistério, deixando nu o entrevistado? Diante dos holofotes de identificação, a homossexualidade sempre comparece, e comparecer é uma questão judicial. Uma questão de culpa e confissão onde a verdade depena o réu. Parece que os homossexuais, nessas reportagens, são forçados a posar na vitrine da compaixão pública. Como se fossem objetos de especulação moral, de aceitação ou rejeição conforme a gravata burguesa ou a pluma escandalosa com que enfeitam suas vidas. Sobretudo quando o assunto voa de boca em boca, da reportagem à manipulação pública que autoriza, aconse-

A insustentável leveza 241

lha, compreende ou censura as práticas obscuras do esfíncter. Como se os homossexuais precisassem desse aval caridoso para exercer o direito à propriedade do corpo.

Seria necessário se perguntar também: por que marchar reiterando o gesto milico da dominação? Funciona, hoje em dia, a mesma organização partidária, a mesma hierarquia vertical e totalizante que excluiu os homossexuais da luta política? Será que o projeto de liberação iniciado nos anos 1970 não sucumbiu em outros países depois que as transformações legais foram alcançadas? É possível se perguntar: homossexuais, e o que mais?

Parece que, uma vez aberto o processo para uma organização dos homossexuais chilenos, os protagonismos, arranjos políticos e alianças partidárias deixam um vazio de desacato preenchido pela proposta de legalidade para acasalar sem entraves no buquê eunuco do casal gay. Parece que, uma vez obtida a bênção do governo, os homossexuais vão pendurar o salto alto para engordar em frente à tevê, regando a floreira do sonho doméstico. Aparentemente, na organização estaria o controle das minorias catalogadas pelo sistema. Na certa, o corpo político se perde nessa dança complacente em que o sindicalismo homossexual desfila na passarela que a democracia lhe oferece. Então, essas manobras de inserção deveriam ser revistas. Talvez inverter o gesto obcecado, reconhecer que na desprestigiada afetação existe uma estratégia de torção do gênero dominante, uma forma de pensar(-se) diferente que burla a atormentada rigidez do comportamento machista. Dever-se-ia saber (não tenho certeza) que a diferença é a vantagem do frágil. Usar a suposta falha como defeito que permite sair da linha para que o homossexual veja onde está inserido.

É necessário um discurso político da homossexualidade chilena que articule suas vantagens minoritárias. Que reverta o gesto compassivo da sociedade sobre essa realidade submersa. Uma forma soterrada de trânsito libidinal, que de sua margem iletrada intui a mobilidade política, mas que não precisa negociar ou barganhar seus direitos nas maracutaias do Congresso. Não precisa da anuência democrática como forma de dignidade, a qual se conquistou em sua combativa, trágica e clandestina inscrição na história deste país.

Tarântulas no cabelo

COMO SE SAÍDOS de uma revista de moda, os salões de beleza são páginas capilares que exibem em suas vitrines o look de cabeças volumosas, afinadas ou reduzidas, de acordo com a jivarização do cabeleireiro. Assim, o artesanato do cabelo desenha um mapa comercial que une em tranças descartadas o desejo social de parecer outro, de querer ser igual à boneca Barbie que assiste ao noticiário sem mexer um fio de cabelo, mesmo que o golfo Pérsico exploda pelos ares.

O estilista coleciona toda uma gama de estereótipos em catálogos importados e revistas de celebridades, poses hollywoodianas e figurinhas famosas decalcadas de seu glamour para a cabeça das clientes. Mas é ele quem se vê na face ansiosa das mulheres que enfeita. É sua fantasia de diva, mulher fatal, Quintrala ou ninfa adolescente que ele espalha pela cidade num desdobramento de semblantes.

Por trás da imagem de mulher famosa, quase sempre há um alfaiate, maquiador ou cabeleireiro que monta seu visual e garbo para ela encarar as câmeras. Uma cumplicidade que inverte o travestismo ao travestir a mulher com a exuberância bicha socialmente negada. Cada mulher tem em seu cabeleireiro um amante platônico, um conselheiro ou lencinho de bolso que seca suas lágrimas e levanta seu ânimo, numa espécie de terapia aduladora que encobre a decadência com os milagres da mãe cosmética. Transformando-se numa madre de mãos peludas que reverte seu Édipo homossexual na ternura da massagem no crânio feminino. Com máscaras e poções à base de placenta, à base de mosqueta, à base de tortura de progressivas, sacudindo a celulite e a papada solta. Na vida tudo tem conserto, meu bem, ele repete incansável a todas as mulheres que se entregam a seus dedos de tesoura.

No final, até a mais feia sai para a rua com passo de Miss Universo, exibindo um rosto emprestado e uma mescla de estilos que confunde sua biografia. E ela caminha toda engomada, olhando-se de relance nas vitrines. Sem poder se assumir com esse topete na franja ou rir de si mesma, porque ao menor movimento a máscara Angel Face se espatifa em pedaços. E ela não olha para ninguém, sentindo-se uma travesti no Vaticano, pensando que a cidade inteira está rindo dela, principalmente o viado que lhe cobrou os olhos da cara pelo nome francês dos produtos usados, e que ela tem certeza de que ele compra no mercadão popular ou nos camelôs, onde pirateiam até a vertigem do Empire State.

E, ainda que jure nunca mais cair na sedução do elogio maricas e jamais entrar naqueles salões prateados e escuros com cafezinho e bonbonnières com doces e espelhos e palmeiras de plástico, ela sabe que voltará no mês que vem para cortar só as pontinhas. Sabe que sucumbirá àquela dança de mãos tarântulas na cabeça, porque a bicha-louca a escuta ou finge que escuta, tanto faz, afinal ela não tem ninguém para quem contar seus segredos, suas puladas de cerca com um amante jovem que a faz uivar de tesão quando o fóssil do marido não está.

Tarântulas no cabelo 245

O cabeleireiro é seu confidente e às vezes também lhe conta seus relinchos. Aqui mesmo, no banheiro do salão, meu bem, acredite se quiser. Um corte para um garoto que está entrando no serviço militar e não tem grana, eu digo a ele que tudo se paga de alguma forma, e, depois de pensar, o menino se ajeita em frente ao espelho e se rende à revoada de aranhas brincando com suas madeixas rebeldes. O moleque deixa que os dedos massageiem seu crânio, nuca e pescoço. Aracnídeos de patas peludas que descem por finas teias até os ombros e mais abaixo, soltando os botões da camisa. Mãos felpudas que se camuflam na selva do tórax, dedos de pelúcia que seguem descendo em cipós até a cratera do umbigo. Mas, antes de chegar no bicho ereto, o moleque reage e tira as mãos de cima dele, manda a biba sossegar o facho. Primeiro corte meu cabelo, depois caio de boca e te faço feliz. Então, o mercado do cabelo é pura fachada, meu bem, é só para pagar os boletos, suprir o estoque e comprar modelitos para ir à discoteca de sábado a sábado. O resto da semana é correr de uma cabeça a outra, atender uma loira e sugerir o capacete dourado com franjinha à la Lady Di, garantindo a ela uma coroa ou faixa presidencial, porque seu ângulo perfilado, porque o contorno ariano do seu queixo e as pupilas celestiais congeladas à la Terceiro Reich e tudo o mais, minha linda, essa feição elegante e meio masculina para impor respeito etc. Depois chega uma senhora com a ideia de fazer luzes e é preciso botar nela uma touca de borracha cor de pele com furinhos por onde puxar as mechas para descolori-las. Então a velha fica parecendo uma medusa aidética, desmilinguida no desejo de iluminar a velhice. Porque ela quer ser loira, clarear a sujeira escura da cara com o tom castanho mel que o cabeleireiro lhe recomenda: assim, meu bem, seu "bronzeado natural" vai ficar mais luminoso. Como a Celia Cruz, sabe?

Parece que a alquimia que transmuta o barro latino em ouro nórdico anula o matagal mestiço, oxigenando as mechas duras da América Latina. Como se, nesse clareamento, evaporassem num passe de mágica as carências econômicas, as mágoas de raça e classe que o índio branqueado abafa no laboratório de apagamento social do salão de beleza, onde a bicha vai colorindo seu sonho cinematográfico nas olheiras cinzentas da utopia terceiro-mundista.

O mapa urbano dos cabeleireiros também delata o status de sua clientela na escolha do nome. Salões de bairro usam apelidos gastos em sua grafia simplória. Letras manuscritas entre rosas e corações são lidas com voz de vizinha como Carmencita, Iris, Nelly, Rita, Fany etc. Um travestismo doméstico do nome poetizado na chinelagem de dobrar a esquina e, a meia quadra dali, ao lado da vendinha, topar com o salão de beleza fajuto. Feito uma capa de revista velha onde a moda bateu em retirada, amarelando a última mecha dura de spray da noiva que sucumbiu à cozinha engordurada do casamento proletário. Como se esses salões calvos revelassem a memória de sonhos desgrenhados e utopias destelhadas pela tempestade neoliberal. Como se na velharia agonizante de seus apetrechos descascasse o nacarado da festa interrompida, apenas sonhada, imaginada sob os secadores de cabelo arcaicos, hoje escafandros mofados sob o mar acrílico da modernidade e seus eletrodomésticos de luxo. Salões de beleza pobres, encanecendo sob o pó que envelhece os utensílios. Rodelas de umidade porejam das fotografias antigas coladas nas paredes, cacheadas com bobes que já não se usam, mas que continuam

Tarântulas no cabelo

à espera da vizinha que insiste em fazer permanente, lavar o cabelo com quilaia, usar creme Lechuga e pintar os lábios morenos com o batom ordinário que a deixa com cara de quenga ensanguentada.

Salões de beleza que migram para os becos do centro, mudando de nome e de estilo, num rastro de grampos e piranhas de cabelo. Como se a substituição daquelas bugigangas pela parafernália made in Taiwan deixasse pelo caminho o pente de corte ou a identidade do cabeleireiro que, agora sob o neon, já não se chama Margot, mas Juan Alfredo, José Pablo, Luis Alberto. E, por telefone, marcam horário ministras, deputadas e primeiras-damas, que ele besunta de bom grado, acrescentando sorrateiramente o detalhe bicha de sua assinatura.

Assim, os cabeleireiros que enfeitam o orgulho feminino da beleza acentuam perversamente os tiques da hipocrisia social em aparências suntuosas que, ao relaxar, se desvelam. Como se dessa forma destilassem uma vingança pelo encarceramento que os submete a esse tipo de ofício decorativo. Trabalhos manuais que, para além da escolha pessoal ou da frivolidade viada, aprisiona-os nos salões pela negação ao ensino superior. Profissões que estão previamente destinadas ao lugar que o sistema lhes concede para agrupá-los em um ofício controlado sem o risco de sua contaminação. Mesmo assim, as mãos tarântulas das bichonas tecem a cara pública da estrutura que as reprime, traindo o gesto puritano com o ricto burlesco que pestaneja nostálgico no caleidoscópio dos espelhos.

"Os diamantes são eternos"
(Frívolas, cadavéricas e ambulantes)

No GUETO HOMOSSEXUAL, sempre se sabe quem é HIV positivo. Os rumores correm depressa, é uma bolsa que se abre de repente, derrubando documentos e remédios no chão. E não falta a enxerida para ajudar a catar, perguntando: E esse atestado médico? E pra quê tanta pílula e comprimido? E essas seringas, menina? Não vá me dizer que é viciada.

Nesses lugares onde a farra fugaz dos viados se aninha — associações de prevenção, movimentos políticos de militância, eventos culturais, desfiles de moda, cabeleireiros e discotecas —, nunca falta a indireta, a piadinha, a gozação que alardeia escandalosa a palidez repentina da amiga que vem chegando. O sarcoma fica esplêndido em você, linda! Assim, os doentes se confundem com os sadios e o estigma da aids passa por uma informalidade de clube, por uma familiaridade cúmplice que banaliza o drama. E essa forma de enfrentar a epidemia parece ser o melhor antídoto para a depressão e a solidão, que em última instância são o que acaba por destruir o infectado.

Num desses lugares, no calor delirante da folia boiola, é fácil encontrar uma bicha positiva que tope responder algumas perguntas sobre o tema, sem a máscara cristã da entrevista televisiva, sem aquele tom masculino que os doentes adotam em frente às câmeras para não serem duplamente

"Os diamantes são eternos"

segregados. Inclusive, brincando um pouco com a aura star da epidemia, invertendo assim o depoimento, o indigno interrogatório que sempre coloca no banco dos réus o homossexual portador.

— Por que portador?

— Tem a ver com porta.

— Como assim?

— A minha é uma grade, mas não de prisão nem de confinamento. É uma grade de jardim cheia de florzinhas e pássaros.

— Barroca?

— Sei lá o que é isso, pode ser. Uma cerca cheia de margaridas.

— E para onde leva?

— Pro jardim do amor.

— Dá pra abrir?

— Ela está sempre escancarada.

— E o que tem nesse jardim?

— Um banco também de ferro, igual ao da grade cheia de...

— Pássaros e florzinhas.

— E também de corações.

— Partidos?

— Bom, um pouquinho, uma lasca aqui, outra ali, mas sem flechas. Esse lance de Cupido é coisa de hétero. Em vez de flechas, seringas.

— Ui, que *heavy*!

— Nem tanto. As picadas agora me excitam.

— Bom, mas estávamos no amor. No jardim portador do amor. Não acha que está fugindo do assunto?

— Sempre! Nunca devem saber o que você está pensando.

— E em que você está pensando?

— Eu não penso, sou uma boneca falante. Como essas Barbies que dizem *"I love you"*.

— Você fala inglês?

— A aids fala inglês.

— Como assim?

— Você diz: *"Darling, I must die"*, e nem sente, você não sente o que diz, não te dói, só está repetindo a propaganda gringa. É neles que dói.

— E em você?

— Quase nada, há muitas coisas pelas quais viver. A própria aids é uma razão para viver. Eu tenho aids e isso é um motivo para amar a vida. As pessoas saudáveis não têm por que amar a vida, e cada minuto se esvai como um cano furado.

— É um privilégio?

— Totalmente. Ela me torna especial, sedutoramente especial. Além do mais, tenho todas as benesses.

— Como assim?

— Veja bem, como portador eu tenho médico, psicólogo e dentista de graça. Estudo de graça. Todo mundo para quem eu conto o drama se compadece e diz sim na hora a tudo o que eu peço.

— Menos para o amor.

— Bem, as pessoas querem que você morra, elas se sentem mais vivas, mais seguras. Mas nós, portadores, estamos além do amor. Sabemos mais da vida, só que por descontos. Neste exato minuto, sou mais feliz porque não haverá outro.

— Nunca há outro para ninguém.

"Os diamantes são eternos" 251

— Mas não é a mesma coisa. Você um dia vai ver nevar se for a Farellones ou qualquer outro lugar para onde vão os ricos. Mas eu nunca, porque pode ser que já não esteja aqui. E essa neve sempre derrete antes de eu chegar. É um sonho recorrente. Eu estico a mão para pegar um floco e é água que cai. Entende? Algo está sempre partindo.

— Como uma corrida contra o tempo?

— Minha alma evapora antes de chegar.

— Como na canção?

— Claro, mas sem música. Os desejos, as vontades, aí estamos tentando abraçá-los.

— E ser velha?

— Bom, essa é outra garantia. Nunca serei velha, como as estrelas. Sempre se lembrarão de mim jovem.

— E se descobrirem o remédio?

— Vou morrer igual, porque até isso chegar na América Latina... e a que preço? Já imaginou quanto vai custar? Como sempre, as ricas se salvarão primeiro.

— Como o AZT.

— Sim, mas pra mim o AZT é como o silicone: te aumenta, te estica, te engorda, te dá um tempo extra de duração. Tem travesti que se injeta sozinha.

— AZT?

— Não, silicone. Em La Sota de Talca, uma trava me disse que estava esperando a gasolina para o avião. E eu pensei que era AZT. Não, garota, disse ela. É pros peitos. E como você faz? Numa clínica, imagino. Nada a ver, não tenho grana pra isso. Compro duas garrafas de pisco, tomo uma. Aí, quando estou pra lá de Bagdá, me corto com uma gilete aqui, ó, embaixo do mamilo. Não tem muita veia e não sangra tanto. E então?

Saca que silicone é que nem gelatina? Como aquelas medusas que tem na praia. Bom, você enfia ele pelo talho e depois com uma agulha e linha faz a costura. E a outra garrafa de pisco? Você taca na ferida e toma o resto. Vai ficar cuzidaça. Depois o peso do silicone cai e cobre a cicatriz, nem dá pra notar. Tá vendo?

— Isso foi em Talca. Tem muita aids por lá?

— Como em todos os cantos. Ali eu descobri que as travestis chamam de sombra.

— Como é que é?

— Fulana pegou a sombra, dizem. É bonito, veja só. É como a sombra dos olhos. Já reparou que todo mundo que tem aids tem um olhar matador?

— Sem volta...

— Reparou que algo se vai quando você para de me olhar? Algo se quebra. Olhe pra mim.

— Estou te olhando.

— Não, não está olhando pra mim, você está olhando pra minha morte. A morte tirou férias nos meus olhos.

— Por que tanta poesia? Ameniza o drama? Fica mais suportável?

— Olha, eu não falo de *poesia*, mas de *possuída*.

— E você escreve?

— Às vezes, naqueles dias abafados quando está prestes a chover. Queria que chovesse quando... quando chegar a minha hora. Porque as flores duram mais tempo na água.

A música e as luzes nunca se apagaram

Como um sábado qualquer em que a rua atiça por um fervo, por um pouco de curtição, música e birita. Caso apareça um coração fugitivo refletido nos espelhos da boate gay. Quando ainda é cedo para uma noite no porto, mas a bicharada já está pegando fogo na Divine, rebolando o quadril ao som fatal da Grace Jones. Essa africana de língua ardente que nos leva pela "vida em cor-de-rosa" da Riviera francesa num carro esportivo estofado com pele de furão. Na fantasia boiola de sonhar-se jet set em Marbella ou Cannes, dançando a mesma música, salpicadas pelas mesmas luzes, juntando os trocados para mais uma *piscola** e não se deprimir olhando esse porto sujo e seus galpões mofados. Mais uma *piscola* para a bichola recém-banhada em sua nuvem de desodorante Old Spice. Mais uma vez a Grace, por favor, para arrasar na pista com o jeans Calvin Klein de segunda mão, que bem passadinho parece até novo. Ainda mais naquela escuridão estrelada pelas lâmpadas. Que a música e as luzes nunca se apaguem, que a polícia não chegue pedindo os documentos, que nada aconteça nessa noite mágica com cara de Ano-Novo. Que continue o dancing e também as bicholas *piscolas* se esfregando pelos cantos. Por isso ninguém repara no cheiro de fumaça

---

* Mistura de pisco e coca-cola, bebida popular da noite chilena. (N. T.)

que sobe a escada, fazendo tossir um viado com asma, que diz que tem viasma. Estão queimando a rosca!, alguém grita. E o filme também, menina!, mas que ninguém apague as luzes e a música; e nem a bomba incendiária que um fascista acaba de jogar na entrada. Esse resplendor amarelo que sobe os degraus como um rastro de pólvora, que atinge as plumas murchas das travestis queimando o silicone em faíscas púrpura e que todos aplaudem como se fizesse parte do show. Afinal, a música e as luzes não se apagam e Grace Jones continua cantando, por isso ninguém leva nada a sério. Como notar que a escadaria da entrada está ruindo num estrondo de cinzas, se o som é tão alto e todos suam na pista? Qual o problema de um pouco de calor, se as monas estão se atracando *calientes* e quando alguém grita fogo!, fogo!, não falta aquela que diz: Onde? Aqui, no meu coração. Mas uma hora a piada se transforma em inferno. Como se a música e as luzes imitassem a cena dantesca queimando a portas fechadas. Quente demais para continuar dançando, terror demais para resgatar a jaqueta Levi's do guarda-volumes. Presos naquele fuzuê de bichas berrando, empurrando, pisando na asfixiada que prefere morrer de susto. Procurando a porta de fuga que está fechada e ninguém sabe da chave. Então, para o banheiro!, diz alguém que viu algo assim num filme. Cruzando a pista acesa entre as brasas de bichas que dançam com Grace e a música que continua rolando. Pisar nas vigas e espelhos em chamas que multiplicam a Roma Disco de Nero Jones, atiçando a fogueira dos alto-falantes. Sem olhar para trás os casais gays calcinados nos carvões de Pompeia. Achar os banheiros para se refugiar no falso frio dos azulejos plásticos. Como se no último instante escolhesse o lugar do prazer, relembrando chupadas e

A *música e as luzes nunca se apagaram*   255

cenas de pegação, revivendo na emergência a umidade sexual dos banheiros do Cinelandia.* Melhor abrir todas as torneiras das pias, mas a gota mesquinha que sai está fervendo e a fumaça sufoca a garganta asmática numa viasma de viado que não quer morrer. Uma viasma de viado arranhando as lajotas que estalam em línguas incandescentes. E essa viasma de viado quebra os espelhos para apagar pelo menos o reflexo do fogo. Achar uma saída de ar para sua viasma de viado sufocado que asma tanto a vida, que sabe que vai pro inferno e quer viver como for, queimando as mãos, trepando nos andaimes da fumaça até encontrar uma janela no terceiro andar, tão alta, tão lá em cima. Com tanto público lá embaixo esperando morbidamente a bicha-louca se jogar no vazio. Sobre aquela multidão de curiosos que olham os incêndios, indiferentes. Decidir dar o salto, porque é possível que sua viasma de viado flutue no ar dourado que o queima. Atrever-se agora que a bicha está ardendo e o mar tão longe é uma vertigem de ondas que a aplaudem. Apenas um passo, empurrada pela fogueira que incendeia seu cabelo numa tocha. Um passo, só um passinho na passarela de vidro, e o espetáculo de bibas em chamas, voando sobre o cais de Valparaíso, será lembrado como um brilho fatídico no decote vadio do porto. Porque, ainda assim, embora a polícia garanta que foi tudo por culpa de um curto-circuito, a música e as luzes nunca se apagaram.

Discotheque Divine, Valparaíso, 4 de setembro de 1993.

---

* Antigo cinema pornô do centro de Santiago. (N. T.)

As papoulas também têm espinhos
(Para Miguel Ángel)

Nos fins de semana, a cidade transforma suas ruas em fluxos transbordantes de libido, embriagando os corpos jovens com o desejo da vez. O que vier, dependendo da hora, do *money* ou do tédio atroz que às vezes os faz trocar a selva encaracolada de uma donzela pelo túnel molhado do fogo cidadânus.

Talvez essas relações tensas sejam o agravante que enluta as calçadas onde as bichas perambulam em busca de um coração impossível, vampirando a noite por becos, debaixo de pontes e em parques onde a escuridão é um lençol preto sufocando os suspiros. A bicha-louca é cúmplice da noite em sua penumbra de terreno baldio, onde é fácil evacuar o tesão, a febre descontrolada de um sábado, quando os moleques entediados das favelas migram para o centro à procura de uma boca gulosa que ainda por cima lhes dê uns trocados.

A trava sabe o fim dessas aventuras, pressente que o rescaldo será fatal, especialmente nessa noite de arromba. Alguma coisa no ar a avisa, mas também a excita esse cheiro de ultraje misturado com a música. Essa vontade de não sei o quê. Ai, essa comichão de cadela no cio, essa histeria anal que não a deixa sentar. Ai, esse burburinho. Essa coceira hemorroida que o álcool inflama feito brasa errante, empurrando-a para fora, rueira e fugitiva.

As papoulas também têm espinhos 257

Parece que o homossexual assume certa coragem nessa capacidade infinita de risco, encurralando a sombra em seu serpenteio de botar as mãos no primeiro macho que retribuir suas piscadas. Algo como desafiar os papéis e contaminar suas fronteiras. Subverter o típico casal gay e o hibridismo de suas flores, conquistar um desses caras durões que no primeiro drinque dizem nunca, no segundo quem sabe, e no terceiro, se tiver um baseadinho na roda, se fundem na felpa do descampado.

Por isso a noite do viado cheira a sexo, algo incerto o faz vagar pelas ruas à procura do fruto proibido. Apenas um segundo que o olho bicha desliza, ferindo o meio das pernas, onde o jeans é um oásis desbotado pelo manuseio do fecho ecler. Uma rápida espiada batendo os cílios no adejar cúmplice com o garoto, que olha para suas partes preocupado, pensando que está com o zíper aberto. Mas não é isso, e no entanto essa pupila-agulha espeta aquele lugar. Então o garoto percebe que aquela sua parte vale ouro para a bicha que continua andando e, dissimulada, vira a cabeça para olhá-lo. Três passos adiante, ela para em frente a uma vitrine, esperando que o moleque se aproxime para perguntar de passagem: E aí, o que está fazendo? Andando. Então vamos. Qual o seu nome? Tanto faz, todo mundo se chama Claudio ou Jaime quando sai com uma bichona a fim de um programa. O moleque por sua vez ajeita o volume e se faz de simpático, esperando que o destino seja um apartamentaço com muito uísque, música e uma boa grana no final. Mas tem que se contentar com um cigarro barato e, depois de darem voltas e mais voltas procurando um canto escuro, acabam parando num terreno abandonado cheio de lixo e cachorro morto, onde o viado solta a tarântula no brim ereto da braguilha. Ali o rapazinho, aconchegado no fogo daqueles dedos, se entrega ao balanço genital da bicha bezerra mamando, dizendo: Mete em mim um pouquinho, só a pontinha, vai? E, sem esperar resposta, ela baixa as calças e enfia sozinha, rebolando, suando no ardor do encaixe que geme: Ai, assim dói, não tão forte, é muito grande, devagarinho. Você gosta, eu te fodo, come tudo, vou gozar, tô gozando, não se mexe, já gozei. Assim, quentinho, o garoto derrama seu leite no torniquete traseiro, o gemido esporrando até a última gota.

Só então ele olha para ela sem desejo, como se de uma hora para outra a forja da fincada congelasse numa baforada suja que embaça o descampado, o lençol nupcial onde a bicha-louca ofegante ainda pede "mais um pouquinho". Com as calças arriadas, na canela, oferece sua magnólia aveludada no coalho que a floresce noturna. Seu botão partido ao meio, arrombado e horripilante. Malmequer, bem-que-quer, ele que venha despetalar sua margarida. Ele que volte para regar sua flor homófaga, gotejando rendas no aperta-e-solta de pétalas viscosas. Seu gineceu boêmio incuba sementes adolescentes, germinadas pelo ardor fecal de sua tromba canibal. Sua papoula ouriça, que se contrai a céu aberto ainda insatisfeita. Esvaziada pelo saque, um espaço estelar a pena por dentro. A pena do pênis que se retira enrugado para se esconder em sua toca. Como uma vespa que sugou o mel dessas mucosas e abandona a corola, retornando o músculo à sua fetidez de cloaca. Após o banquete, seu cálice vazio a deixa oca de pós--parto. Iluminado por ausência, o esfíncter murcho é uma pupila cega piscando entre as nádegas. Como se fosse um desperdício, uma concha caolha, uma órbita marisca, um

As papoulas também têm espinhos 259

molusco que perdeu sua joia no meio da festa. E só lhe resta o rastro da pérola, como uma bocarra que irradia a memória do nácar no lixo. Tanto fulgor contrasta com o feixe tênue do farol que recorta em sombra a pica vergada do garoto, o pêndulo triste naquela lágrima derradeira amarelando a cueca quando, ao fugir, entra no ônibus respingado de sangue. Perguntando-se por que fez aquilo, por que sentiu aquele nojo de si mesmo, aquele fel amargo enquanto puxava com força o relógio de pulso da bicha que lhe implorava: Por favor, é lembrança de mamãe! A bicha que berrava feito um porco ao ver o fio da faca, aquele canivete ridículo que ele usava para se mostrar. Que jamais havia cortado ninguém, mas a bicha gritava tanto, fez tanto escândalo, que ele teve que furá-la mais de uma vez no olho, na barriga, nas costas, onde caísse para que se calasse. Mas aquela bicha teimosa não caía nem se calava nunca. Continuava gritando, como se as punhaladas dessem um novo ânimo para sua marionete pular dançando a morte. Enquanto lambe o punhal como uma pica, pedindo mais, de novo, *papito*, a última, que estou morrendo. Como se o golpe fosse um choque elétrico e suas descargas retorcessem a carne tensa, esticando-a, revelando zonas virgens para mais uma facada. Lugares não vistos na sequência de poses e estertores da bicha dramática em sua agonia. Tentando cobrir o rosto, descuidando da axila elástica que se esgarça nos tendões. Perfurada no rim, a biba em pé se faz de forte, Monroe posando sob os flashes dos cortes, Marilyn sucumbindo à navalha Polaroid que abre a camurça do dorso modelado a talhos pela moda do estripa-tease. A estrela em seu melhor desfile de vísceras frescas, recebendo a lâmina de prata como um troféu. Quase humilde, seu pescoço flechado se contorce gracioso para o alumínio que o fatia. Quase *cashual*, ela roça o metal como se fosse uma coincidência, um leve arranhão, um furinho na meia, um rasgo no vestido Christian Dior respingando-a de púrpura. A manequim maricas luzindo o look sempre-viva na passarela da lama, burlesca no *smack* de beijos que ela troca por um flash, irônica na pose cinematográfica oferecendo os lábios machucados ao punho que os encerra. Duro de novo, o jeans do garoto é um dedo que lhe aponta e desponta alfinetando-a nos cravos rubros que brotam em seu peito. Farrapo de bicha que resiste afeminada, levando ao limite o autocontrole do macho. Contendo o vômito de *copihues*, ela coqueteia, lasciva, desafiando-o na arena. A noite erma é então cetim de luta, o lenço de um boiola que em voo flamenco a escarlata. Espumas vermelhas de viado que o andaluzam flamulando na estocada. Um toureiro topázio o garoto suburbano que o retalha, que o empalidece de açucena no fígado ardendo, diva destroçada. Atavio de hemorragia, a bicha galante menstrua a arena, ferida de morte ela muge carunchos e carmins pedindo trégua, implorando uma pausa, um interlúdio para retomar, bêbada, a punhalada daquele baile. Mas o guri novamente ereto continua destrinchando a gardênia pelanca da carne. Um véu sombrio o incita a linchar a bicha até o infinito. Por todos os lados, pelo cu, pelos fracassos, pelas porradas da polícia, para cada cuspida devolver um beijo sangrento, dizendo entredentes: Não queria mais um pouquinho?

De manhã, os excedentes corporais imprimem a notícia. O fato não gera comoção porque um juízo moral valida essas práticas. Defende a sanha na manchete do jornal que divulga o caso como um castigo merecido: "Morreu em sua

As papoulas também têm espinhos

lei", "Quem procura acha", "Morto por trás" e outros tantos clichês com que a homofobia da imprensa marrom reforça as facadas.

O tema suscita muitas leituras e questões que continuam girando fatídicas em torno da errância das travestis em certos lugares. Terrenos baldios que a urbe vai desmanchando para instalar novas construções nos rescaldos do crime. Teatros lúgubres onde a violência contra homossexuais vai além da simples rixa, vingança ou roubo. Açougues do ressentimento social que sacrificam a carne mais frágil, a mais exposta. O coração cigano das bibas que buscam uma gota de prazer nos espinhos de um roseiral proibido.

Os mil nomes de Maria Camaleão

COMO NUVENS NACARADAS de gestos, desprezos e rubores, o zoológico gay parece escapar continuamente da identidade. Não ter um nome único ou uma geografia exata onde enquadrar seu desejo, sua paixão, sua errância clandestina pelo calendário das ruas onde se encontram casualmente, onde se cumprimentam sempre inventando apelidos e alcunhas que narram pequenas crueldades, caricaturas zoomorfas e episódios engraçados. Uma coleção de codinomes que ocultam o rosto batismal, essa marca indelével do pai que o sacramentou com sua ancestralidade macha, com aquele Luis Júnior para o resto da vida. Sem perguntar, sem entender, sem saber se aquele Alberto, Arturo ou Pedro iria combinar com o filho boiola, que terá de carregar essa próstata de nome até o túmulo. Por isso ele odeia tanto essa tatuagem paterna, esse título, esse Luisinho, esse Pedrinho diminuído e inválido que para nós, homossexuais, só traz desprezo e gozação.

Assim, a questão do nome não se resolve apenas com o feminino de Carlos. Há toda uma alegoria barroca que empluma, enfeita, traveste, disfarça, teatraliza ou castiga a identidade através do apelido. Toda uma narrativa popular da bicha-louquice que escolhe pseudônimos no firmamento estelar do cinema. As heroínas amadas, as divas idolatradas, as donzelas púberes, mas também as madrastas malvadas e

Os mil nomes de Maria Camaleão 263

as megeras feiticeiras. Adjetivos e substantivos rebatizados constantemente de acordo com o estado de espírito, a aparência, a simpatia, a birra ou o tédio do clã sodomita sempre disposto a reinventar a festa, a especular incansavelmente a semiótica do nome.

Disso ninguém escapa. Nem mesmo as manas aidéticas, também catalogadas numa lista paralela que requer uma boa dose de criatividade para manter o antídoto da piada, o eterno bom humor, o deboche espirituoso que não deixa o vírus ofuscar sua risada sempre viva. Assim, a rotulagem do nome não consegue tatuar o rosto moribundo, pois existem mil nomes para escamotear a piedade do prontuário clínico. Existem mil maneiras de fazer rir a amiga soropositiva sujeita à queda de imunidade se cair em depressão. Existem mil ideias para fazê-la rir de si mesma, zombar do seu drama. A começar pelo nome.

A poética do apelido gay geralmente transcende a identificação, desfigura o nome, exagera os traços apontados no registro civil. Não abarca uma única forma de ser: antes, simula um parecer que inclui temporariamente muitos outros, centenas de outros que em algum momento atendem pelo mesmo codinome.

Talvez a lista de alcunhas usadas para se renomear inclua um humor pesado, uma abordagem ácida desses "detalhes e anomalias" que o corpo deve suportar resignado. Às vezes manqueiras, paralisias ou "falhas sutis" tão difíceis de dissimular, tão incômodas e constrangedoras quanto as falhas maiores. Nesse caso o apelido alivia o peso, lançando luz sobre um defeito que dói ainda mais ao se tentar escondê-lo. O apelido faz daquela verruga cheia de pelos uma duna de pelúcia. Daquela maldita corcunda de camelo, um Saara de odalisca. Daqueles olhos míopes, um sonho de gueixa. Daquele nanismo cotoco, um liliputiano recatado. Daquele nariz de tucano, uma fungada de vendaval. Daquela calamidade obesa, uma nuvem branca e rosa à la Paul Rubens, daquela careca disfarçada pela divisão quase na orelha, uma caveira brilhante para dar sorte. Daquelas orelhas de elefante, um par de leques flamencos. Daquela boca de caçapa, um beijo encharcado de tempestade. Enfim, para tudo existe uma metáfora que ridiculariza embelezando o defeito, tornando-o próprio, único. Assim, a superexposição daquela sombra que se grita e chama e se nomeia incansavelmente, aquele apelido que no início dói, mas que depois faz até a própria vítima rir, a longo prazo se mimetiza com o nome verdadeiro, num rebatismo de gueto. Uma reconversão que faz da caricatura uma relação de afeto.

Há inúmeras e variadas formas de se nomear. Desde o típico feminino do nome que acrescenta um "a" na rabeira de Mario, formando "Simplesmente María", até aqueles parentes próximos pela sua cumplicidade materna: as *mamitas*, as tias, madrinhas, primas, nonas, manas etc. Há ainda personagens meio campestres, um tanto inocentes, extraídas do folclore, como as Carmelas, as Lourdes, as Rosas, as Madalenas etc. Para as mais sofisticadas, usa-se o *remember* hollywoodiano de musas como Garbo, Dietrich, Monroe, West. Porém, na América Latina há nomes de santas consagradas pela memória do celuloide que são mais familiares: Sara Montiel, María Félix, Lola Flores, Carmen Miranda. Ninguém sabe por que as bichonas amam tanto essas senhoras tão distantes no tempo, por vezes quase extraviadas no sépia de suas fotografias. Ninguém sabe, mas esses nomes foram se homossexualizando através das milhares de travestis que as imitam. Através da mimese de seus gestos e olhares matadores. Toda bicha-louca traz dentro de si uma Félix, uma Montiel, e naturalmente a põe para fora quando as luzes se acendem, quando a lua se despe entre as nuvens.

A lista cresce à medida que a moda dita estrelas com algo do gosto e do affaire boiola, à medida que um estoque de nomes se torna mais útil para camuflar a marca paterna, à medida que mais piadas são necessárias para suportar o fardo da aids. Aqui estão alguns, apenas e exclusivamente a título de amostra, resgatados das águas profundas da cultura viada.

A Desesperada

A Primeiro de Maio

A Quando Não

A Quando Nunca

A Sempre aos Domingos

A Maria Silicone

A Maria Sapatão

A Maria Marofa

A Corta-Vento

A Shibarista

A Maricombo

A Maripepa

A Lola Flores

A Sara Montiel

A Carmen Sevilla

A Carmen Miranda

A María Félix

A Bichona da Bolsa

A Bichona do Pinheiro

A Bichona do Piano

A Bichona do Coque

A Biba do Beco

A Multiuso

A Freio de Mão

A Freada na Cueca

A Moderninha

A Outra

A Mona Lisa

A Bola Gato

A Pé-de-Chinelo

A Pão-com-Ovo

A Metidinha

A Dondoca

A Cu Doce

A Chumilou

A Trólebus

A Claudia Escândalo

A Lola Puñales

A Cu de Ferro

A Bicha de Sete Cabeças

A Compra Almas

A Passa Cheque

A Pede Fiado

A Nem a Pau

A Nem Fudendo

A Perestroika

A Paulatina

A Dois de Paus

A Pau pra Toda Obra

A Bate-Estaca

A Penetra

A Tranca Cu

A Bunda Chata

A Bunda Rouca

A Abelha Maia

A Gilda

A Lá Vai

A Lá Vem

A Esperança Cor-de-Rosa

A Bim Bam Bum

A Carimbadora

A Peguete

A Lola

A Rose

A Denise

A Suzy

A Terê

A Duda

A Lú

A Rô

A Bambi

A De Salto Alto

A Saca-Rola

A Chupeteira Oficial

A Bicha Papona

A Santinha do Pau Oco

A Centrífuga

A Boca de Caçapa

A Furadeira Elétrica

A Plumas e Paetês

A Denorex

A Krugger

A Baconzitos

A Ninja

A Karatê Kid

A Me Chama Que Eu Vou

A Dente de Leite

A Bunda Assassina

A Chave de Buzanfa

A Dona Chica

A Dona Chuca

A Maria Mistério

A Maria Sombra

A Maria Perigo

Os mil nomes de Maria Camaleão   267

A Maria Azetê

A Maria Sarcoma

A Zuleika Posi

A Cidinha

A Dama-da-Noite

A Comigo-Ninguém-Pode

A Vem-Seremos

A Quem te Viu, te HIV

A HIvelha

A HIvirgem

A Aids Aegypti

A Sui-Sida

A Inseti-Sida

A Ven-Sida

A morte de Madonna

ELA FOI A PRIMEIRA A PEGAR o mistério na rua San Camilo. Aqui, quase todas as travestis estão infectadas, mas os clientes vêm assim mesmo, parece até que gostam mais, por isso metem sem camisinha.

Ela própria se apelidou de Madonna. Antes tinha outro nome, mas, quando viu a gringa na tevê, se apaixonou por ela, quase ficou louca tentando imitá-la, copiando seus trejeitos, seu sorriso, sua maneira de rebolar. Madonna tinha cara de mapuche, era de Temuco, por isso pegávamos no pé dela, a chamávamos de Madonna Peñi, Madonna Curilagüe, Madonna Pitrufquén.* Mas ela não ficava brava, talvez por isso tingiu o cabelo de loiro, loiro quase branco. Só que o mistério já tinha enfraquecido suas madeixas. A água oxigenada havia queimado suas raízes e a escova ficava cheia de fios. Caíam tufos inteiros. Dizíamos que ela parecia uma cadela sarnenta, mas ela nunca quis usar peruca. Nem a maravilhosa peruca platinada que lhe demos de presente de Natal, que custou uma nota preta, que todas as travas fomos comprar para ela no centro, depois de juntar os trocados, peso a peso, meses a

---

* Elementos relacionados ao universo mapuche: Peñi significa "camarada" em língua mapuche; Curilagüe é um neologismo de Lemebel derivado deste idioma; e Pitrufquén é uma localidade próxima a Temuco, território indígena no sul do Chile. (N. T.)

A morte de Madonna 269

fio. Tudo para que a linda voltasse a trabalhar e a deprê passasse. Mas ela, orgulhosa, agradeceu com lágrimas nos olhos, segurou a peruca no peito e disse que estrelas não podiam aceitar esse tipo de obséquio.

Antes do mistério, a diaba tinha um cabelo tão lindo, lavava-o todos os dias e se sentava na porta para penteá-lo até secar. A gente falava: entra, menina, que o camburão vai passar. Mas ela, nem aí. Nunca teve medo do alibã. A mona ficava de pé, muito altiva, gritando pros canas que era uma artista e não uma assassina como eles. Então, batiam feio nela, surravam até deixá-la jogada na calçada, e a mona não se calava, continuava gritando para eles até a viatura sumir de vista. Ficava toda arrebentada, cheia de roxos nas costas, nos rins, no rosto. Hematomas enormes que não dava para cobrir com maquiagem. Mas ela ria. Eles me batem porque me amam, dizia, com aqueles dentes de pérola que foram caindo um por um. Depois não quis rir mais, deu de beber: tomava todas até cair e ficar bêbada de dar dó.

Sem cabelo nem dentes, já não era a mesma Madonna que nos divertia tanto quando os clientes não vinham. Passávamos a noite inteira na porta, cagadas de frio, fazendo piada. E ela imitando a Madonna com um retalho de saia que era na verdade um blusão de gola comprido demais para ela. Um suéter canelado, de lã com lamê, daqueles que se vendem nos brechós. Ela o ajustava com um cinto e parecia uma minissaia divina. Tão criativa, aquela bicha. Com qualquer trapo, inventava um vestido.

Quando botou silicone, deu de usar decote. Os clientes ficavam loucos quando ela metia os peitos na janela do carro.

270   *Seu rouco riso louco*

Parecia que estavam vendo a verdadeira Madonna, dizendo: *Mister, lovmi, plis*.

Ela sabia todas as músicas, mas não fazia ideia do que queriam dizer. Repetia as frases em inglês como um papagaio, acrescentando o charme de sua lavra analfabeta. Nem era preciso saber o que significavam os gritos da loira. Sua boca de cereja modulava tão bem os *tu-iu*, os *mi-plis*, os *rimember lovmi*. Fechando os olhos, ela era a Madonna, e não era preciso muita imaginação para ver a cópia mapuche quase perfeita. Milhares de recortes da estrela forravam as paredes de seu quarto. Milhares de pedaços do corpo da diva compondo o firmamento da trava. Um mundo de jornais e papéis de cores berrantes para cobrir as rachaduras, esconder com piscadas e beijos Monroe as manchas de umidade, os dedos com sangue limpados na parede, as marcas daquele batom violento coberto com retalhos do jet set que rodeava a cantora. Assim, mil Madonnas borboleteavam na luz cagada de moscas que amarelava o quarto, reiterações da mesma imagem infinita, de todas as formas, de todos os tamanhos, de todas as idades: a estrela reencarnava no veludo apaixonado do olhar maricas. Até o fim, quando ela não conseguia mais se levantar, quando a aids a derrubou no colchão catinguento da cama, a única coisa que ela pediu em sua despedida foi ouvir uma fita cassete da Madonna, e que pusessem a foto dela em seu peito.

Provavelmente naquela época, lá pelos anos 1980, quando a arte corporal era o boom da cultura chilena. Quando o corpo exposto podia retratar e denunciar os abusos da ditadura. Talvez, naquele cerceado ambiente cultural, ninguém imaginasse que a metáfora *"E a aids levou"* coagularia em vários dos personagens que participaram daquela performance artística

A morte de Madonna 271

na rua San Camilo. Um reduto perdido do travestismo prostibular que estava desaparecendo em Santiago.

A intervenção encenava uma homenagem, um espetáculo noturno representado no cimento sujo. Uma paródia da Broadway no barro da sodomia latino-americana.

As estrelas, pintadas em positivo e negativo, reafirmavam a poética do título da ação, *E a aids levou*. A montagem hollywoodiana das luzes e câmeras de filmagem, as travestis mais lindas do que nunca, empetecadas para a estreia, posando para a imprensa alternativa, exibindo o silicone recém estreado de seus peitos. O bairro inteiro deslumbrado pelo brilho dos flashes. E toda a resistência cultural da ditadura, políticos, artistas, teóricos de arte, fotógrafos e videomakers assistindo à performance de Las Yeguas del Apocalipsis, que regaram de estrelas o passeio comercial do sexo travesti.

Assim, por uma noite, o bairro pobre sonhou-se teatro de sombras e vereda tropical do set cinematográfico. Uma espécie de Malibu de chapas onde o universo das divas se refletia no cotidiano terceiro-mundista. Rua de espelhos quebrados, onde a miragem emoldurada pelas estrelas do chão captava a fantasia errante da putaria anal santiaguina.

Ali, a Madonna foi a mais fotografada, não por sua beleza, mas pela picardia malandra de seus gestos. Por aquela aura sentimental que coroava suas caretas, pelas contorções do corpo mutante que se oferece generoso aos clarões fotográficos.

Ela foi a única que realmente acreditou naquilo, estampando suas mãos grossas na cara do asfalto. A única que escolheu uma cinegrafista mulher para filmá-la. A única que posou nua debaixo do chuveiro. Do jeito que Deus a trouxe ao mundo, mas escondendo a vergonha do membro entre as nádegas. O "aquendar a neca" do mundo travesti, que simula uma vagina botando o badalo para trás. Uma cirurgia artesanal que à primeira vista convence, passando pela timidez feminina das coxas apertadas. Mas, a longo prazo, com tanto holofote e calor, com aquele narciso quente às portas do brioco, o truque se solta como um elástico nervoso, como um pêndulo surpresa que extravasa a pose virginal, ficando registrada em vídeo a fraude cirúrgica daquela deusa.

O tempo passou, as mudanças políticas vieram e a democracia organizou a primeira mostra oficial de arte proibida pela ditadura. O Museu Nacional de Belas Artes e seu diretor suplente, Nemesio Antúnez, deram sinal verde para o Museo Abierto, uma grande exposição de artes visuais que abarcava todos os gêneros, incluindo performance, fotografia e vídeo.

Uma das salas do prédio foi habilitada para exibir as produções dos videomakers, e um público gigantesco lotou o espaço de liberdade criativa proposto por Nemesio Antúnez. A exposição não tinha censura prévia, por isso a Madonna da San Camilo passou despercebida no vídeo *Casa particular*, que Gloria Camiruaga havia realizado com Las Yeguas del Apocalipsis na rua travesti. Foi somente ao meio-dia, quando as escolas visitam os museus com sua algazarra caótica, naquele tempo livre que a educação destina à arte, que uma patrulha escoteira de meninos ecológicos se instalou na sala de vídeos com seu chefe, Daniel Boom, para ilustrar suas práticas de salvamento. E depois de rolarem os vídeos de depoimentos, os filmes sacais de videomakers com pretensão a cineasta, as cenas intelectuais e narrativas do novo vídeo pop e tanto, mas tanto marasmo dos moleques obrigados a fruir a arte, no

A morte de Madonna

meio daquela aula chata, a tela se ilumina com o corpo nu da Madonna e a meninada explode em aplausos, principalmente os maiorezinhos. Até o instrutor Daniel Boom pôs os óculos para acompanhar o travelling da câmera pelo corpo depilado da mona. Sua silhueta indígena, seus ombros helênicos contraídos no gesto tímido da ninfa, seus pequenos mamilos saltados ao juntar os braços. E os braços, e seu abdômen liso por onde a câmera escorrega como num tobogã. E todos ofegantes, os pirralhos segurando suas piroquinhas pueris. Os maiorezinhos sufocados pela excitação da câmera descendo em silêncio por aquela pele da barriga. As calças curtas dos escoteiros armando a barraca da braguilha, quase ao mesmo tempo que o olho da tela aterrissa nos capinzais púbicos. Todos em silêncio, afogados de silêncio, grudados na imagem percorrendo aquela selva escura, aquela fenda falsa, aquela rachadura da Madonna prendendo a respiração, segurando a próstata entre as nádegas, simulando uma Vênus pudica para as Belas Artes, para a câmera intrusa que vasculha suas partes íntimas. Então, o elástico se solta e um falo teimoso explode na tela. Quase acerta o nariz do chefe da brigada. E de repente tudo é riso e aplauso dos moleques, tudo é surpresa quando a explosão genital da Madonna se transforma num grito em código Morse que escandaliza a sala. Tudo é festa quando o salão se enche de outros pupilos que visitavam o museu, se apalpando, brincando de se agarrar, assistindo sem parar à rápida metamorfose, à repetição incansável do vídeo em looping. Tudo é emergência para os funcionários do museu tentando pausar o filme. Para o chefe dos escoteiros gritando para desligarem aquela pouca-vergonha, aquele escândalo sem nome para os menorezinhos que se contorciam de tanto rir. E de novo o membro explodia a imagem. E de novo a Madonna revelando o truque, a pica travesti que badalava como um pêndulo convocando o museu inteiro, fazendo as secretárias e os assistentes correrem até a sala, causando tanto alvoroço, tanta gritaria dos professores e do chefe escoteiro apitando, vociferando que desligassem aquela porcaria, que aquilo não era arte, aquilo era pornografia, pura imundície libertina desmoralizando a democracia. Que, como o respeitado Nemesio Antúnez havia permitido a exibição? Que alguém chamasse o diretor para assumir a responsabilidade por aquele vexame. Porque só ele poderia dar ordem de parar o filme. Então chegou Nemesio, que não tinha visto o vídeo, e, depois de conhecer a Madonna com seu fantoche brincalhão, deu ordem para desligar o filme. E, pedindo desculpas, disse que naquele caso a censura era aplicável.

Talvez a Madonna da San Camilo nunca tenha sabido do problema, que custou a Nemesio Antúnez um puxão de orelhas do presidente. Talvez nunca tenha sabido dos grisalhos prematuros que causou em Nemesio, assediado pelos jornalistas com seu interrogatório: Por que a censura, agora que estamos em democracia? Madonna jamais soube que sua inocente performance gerou uma série de expulsões de outros artistas descobertos que haviam passado inadvertidos. Fora as críticas da direita, sempre disposta a moralizar qualquer desbunde da ainda jovem democracia. Madonna nunca soube de nada, estava longe do sistema cultural, costurando suas rendas piriguetes para seduzir um transeunte anônimo. Passava as tardes colando lantejoulas no babado vaporoso que estufava seus quadris. Experimentando minissaias no vaivém de ir à esquina comprar um cigarro avulso. Ali, na banquinha

A morte de Madonna 275

de jornais, ela viu a notícia e soube da turnê de Madonna pela América Latina. Soube que viria ao Chile com uma comitiva de Boeings trazendo a estrondosa superprodução da cantora. Dali em diante, não falou em outra coisa. Vou ser amiga dela, dizia. Quando bater o olho em mim, ela vai saber que nascemos uma para a outra. Pode até ser que a gente faça um show juntas ou ela me escolha como sua dublê para entrevistas. É tanta coisa, que a coitadinha deve ficar cansada... Tantas turnês, tanto avião, tanto homem no pé dela depois dos shows. Eu seria tipo sua amiga íntima, sua secretária, a confidente que a faria dormir sem remédios. Um banho morno com eucalipto, um chazinho de erva-cidreira, uma massagem nos pés contando minha vida, e no fim acabaríamos roncando juntas na sua imensa cama de cetim negro.

Se Madonna soubesse desses sonhos, se tivesse recebido pelo menos uma de suas cartas, talvez estendesse a turnê até este fim de mundo. Mas os Boeings nunca cruzaram a cordilheira, só chegaram a Buenos Aires, onde o escândalo da diva chocou a moral transandina. Por isso os rumores daquela apresentação motivaram o cancelamento do seu show no Chile. Segundo as autoridades, não houve censura, simplesmente "não havia patrocinadores para Madonna neste país". Assim, todos souberam que por trás daquela mentirinha inocente operara a mão enluvada da moral, desviando a comitiva da deusa sexy de volta ao Primeiro Mundo.

A Madonna da San Camilo nunca se recompôs da tristeza causada por essa frustração, e a sombra da aids se apoderou de suas olheiras, enterrando-a num buraco de fracassos. Dali em diante, seu ralo cabelo albino foi caindo num nevoeiro de penas espalhadas pela calçada quando ela rodava bolsinha sem vontade, quando parava em seu salto alto, toda desenxabida, maquiada pela metade, segurando com a língua os dentes soltos ao perguntar na janela de um carro: *Mister, yo lovmi?*

E assim, para terminar seu espetáculo, fechou os olhos como uma cortina pesada de rímel que cai sob o estrondo dos aplausos. Sua *last dance* foi interrompida. Bruscamente suspensa a respiração, o motor do peito é um carro esportivo estacionado na Riviera francesa. A boca entreaberta, levemente rosada pela plumagem do ocaso, é um beijo voando atrás da lente que nunca filmou a última cópia de Madonna, a última carícia do seu rosto damasco, apoiado no ombro salpicado de brilhos que estrelam sua noite lunar. Definhando por dentro, aquele fiapo de corpo é uma sombra de minissaia como um desserviço à compleição elástica da diva. Ninguém poderia ser o par do seu dancing, girando sozinha para além dos nossos olhos, despedindo-se no aeroporto queimada pelos flashes, endeusada por tanta foto que a desmembra em poses como uma boneca de Lego espalhada múltipla ad infinitum. Ninguém poderia alcançá-la, descendo a escadaria em retirada ao som das baladas da meia-noite, espalhando seus sapatinhos nos degraus de prata. Fugindo prisioneira da farsa, órfã de si mesma e órfã da Monroe, que, irônica no pôster original, devolve as duas Madonnas ao bairro sujo. Talvez o único lugar onde poderiam se encontrar, dividindo um chiclete, cantarolando alguma música ou trocando segredos de tintura de cabelo.

O último beijo de Loba Lámar
(Laços de seda na minha despedida, por favor)

ELA TEVE A ASTÚCIA dos viados e a malandragem das ruas para ostentar esse nome, essa alcunha de vaudeville portuário que coroava a pista ao ser anunciada pelo apresentador. Ao som dos metais retumbando o "Mambo nº 8", o piscar sangrento das luzes e as palmas a aplaudindo. Aquelas mãos batendo na sua bunda murcha de homem requebrando no ritmo dos tambores.

Talvez se chamasse Loba Lámar pela sujeira úmida de sua pele escura, pelo seu couro de alga azeitonada apertado pelos marinheiros. Mas Loba Lámar também era outra coisa: uma lágrima de lamê negro, um borralho pisoteado da África travesti, um brilho opaco entre as luzes do porto, quando, refazendo seus passos de volta ao quartinho decadente, tropeçava nas escadas rolando pelos degraus, entre gargalhadas ébrias e um cheiro penetrante de açucena. Era difícil manter-se de pé a essa hora, depois de ter mambeado a noite inteira com aqueles saltos agulha imprescindíveis. Depois de aguentar a tontura da aids anuviando-a, confundindo o céu com o mar, que por vezes salpicava as ondas com uma vertigem de estrelas. Então, a Loba achava que tudo havia acabado tão rápido, tão sem dor, tão de repente. A morte aidética era um passo em falso no meio da pista, um caminho de faíscas sobre o mar do Caribe como uma passagem para o outro mundo. Uma lua n'água, arrastada pelo vaivém tropical e sem retorno da epidemia. Mas o amanhecer sempre a encontrava no mesmo lugar, pulando de um luzeiro a outro, e o passo em falso não era a morte, mas um pálido regresso à sua indigência de trava sem glória.

Loba nunca entendeu direito o que significava ser portadora, e ainda bem: do contrário, a aids a teria levado mais rápido por um tobogã depressivo. Lobinha não tinha cabeça para associar o drama da doença com o resultado positivo. Achava que estava tudo bem, não havia jeito de convencê-la de que aquela aprovação era um desengano. E embora girasse o exame entre os dedos, não entrava na sua cabeça aquele exercício matemático de inverter o mais pelo menos. Sua cabecinha de vento nunca manjou de aritmética, jamais se pautou por quadradinhos de soma e subtração. Sempre foi uma bicha burra, uma negação para aos estudos e para entender a regra de sinais na escola. Que mais com menos dá negativo, ou que menos com menos dá positivo. Fodam-se os números, dane-se a vida! E se eu fui premiada, não é esse papel que vai me convencer, dizia.

Nunca vimos a Lobinha triste; mesmo assim, uma nuvem sombria entrou na sua cachola. Por isso ela guardou o exame e respirou fundo até consumir o ar viciado do quarto. Engoliu o mau cheiro num suspiro até dissipar a gravidade da notícia. Depois, foi até a janela e abriu-a sobre a ferrugem dos telhados marinhos. Pegou uma de suas mechas descoloridas pela tintura barata e arrancou-a com um som de papel rasgado. Olhou o fio reluzir acobreado pelo raio de sol que batia no vidro e o deixou ir, flutuando na brisa de plumas que amortecia a tarde.

O último beijo de Loba Lámar 279

Lobinha nunca se deixou abater pela praga. Quanto mais amarelada, mais blush; quanto mais olheiras, mais sombras cintilantes. Nunca se entregou, nem sequer nos últimos meses, quando era um fiapo de corpo, as bochechas coladas no osso, o crânio brilhante com uma leve penugem. Então, ela aparecia torneada pelo sol, "embora seja inverno em meu coração", repetia incansável em seu show de imitações, quando o cansaço não lhe permitia festar.

Para nós, as monas que dividíamos o quarto com ela, Loba tinha pacto com o Satanás. Como pode durar tanto? Como ela continua bonita, embora esteja se despetalando? Como, como e como? Sem AZT, na cara e na coragem, aquela bicha linda resistindo tanto. Devia ser o sol, o tempo bom, o calor. Porque ela aguentou o verão inteiro como uma uva, o outono inteiro, que aliás foi bem quente, e, quando chegou o inverno, quando choveu a salmoura gelada da garoa do porto, só então ela deu sinais de despedida. Caiu na cama de uma vez e para sempre. E ali começou o calvário.

Depois do exame, Lobinha nunca mais quis que a levássemos ao médico. São parentes dos coveiros, dizia. Também não suportava aqueles centros de apoio aos doentes. Parecem campos de concentração para leprosos. Como no filme *Ben-Hur*, o único que ela tinha visto na vida. E se lembrava direitinho da parte em que o jovem vai buscar a mãe e a irmã no leprosário. E elas se escondem, não querem que o jovem as veja assim, depenadas, a carne caindo aos pedaços. Porque elas tinham sido deslumbrantes, maravilhosas, tão lindas, embora não chegassem aos pés de Loba Lamár, delirava a mona, noites inteiras contando o mesmo filme. Ardendo em febre, ela jurava estar numa galé romana ao lado de Ben-Hur. E fazia todas nós remarmos, empoleiradas no catre que ameaçava ir a pique quando as ondas quentes da febre faziam a Loba gritar: Atenção, rameiras do remo! Em frente, quengas da conga!

Precisávamos nos revezar para cuidar dela, para limpar sua bunda como um bebê. Éramos suas babás, suas enfermeiras, suas cozinheiras, a tropa de escravas que a linda comandava com seu ar de Cleópatra. Tínhamos tanta paciência com a Loba que contávamos até vinte, vinte vezes para não voar em seu pescoço. Para que se calasse e nos deixasse dormir um pouquinho. Pelo menos uma hora durante todas aquelas noites insones da sua longa agonia. Do seu estado demencial de rainha moribunda que não queria esticar as canelas, que inventava cada coisa, cada capricho estapafúrdio. À meia-noite, em pleno inverno, chovendo, queria comer pêssegos frescos. E lá íamos as bestas, contando as moedas, em pleno aguaceiro, molhadas como pintos pelas ruas desertas, perguntando aqui e ali, acordando todos os quitandeiros do porto, subindo e descendo morros até encontrar uma lata da fruta. E, quando chegávamos, pingando feito cadelas, a Loba jogava a lata na nossa cabeça porque o desejo já tinha passado. Agora ela queria sorvete de laranja. De laranja? Não pode ser de outra coisa, garota? No Chile não fazem sorvete de laranja, Lobinha, entenda isso. Mas ela insistia que tinha que ser de laranja, ameaçando morrer ali mesmo se não sentisse o perfume agridoce da fruta na primavera. E em pleno junho, as monas congeladas de frio mais uma vez saíam à intempérie até conseguir o tal do sorvete de um argentino ranzinza que, depois de ouvi-las chorar o tango da mãezinha agonizante, concordava em vender uma casquinha. E nem assim

O último beijo de Loba Lámar 281

a Lobinha podia dormir, agora pensando na carne rosada do melão-cantalupo. Ai!, suspirava a bicha pela doçura tropical, como se temesse não chegar viva até janeiro. Como se não quisesse partir com aquele desejo frustrado que secava sua boca. Porque no inferno não deve haver pêssegos, nem laranjas ou melões. E tanto calor deve dar uma sede...

Escravas do Egito! Tragam melões, uvas e papaias, delirava a coitadinha, acordando a pensão inteira com seus gritos de grávida real. Como se a doença em seu holocausto tivesse se transformado em prenhez de luto, trocando morte por vida, agonia por gestação. Para a Loba transtornada, a aids se convertera em promessa de vida, imaginando-se portadora de um bebê incubado em seu ânus pelo sêmen fatal daquele amor perdido. Daquele príncipe da Judeia chamado Ben-Hur, que numa noite de galé romana lhe plantara a fruta e se mandara ao amanhecer, deixando-a prenha de naufrágio.

Assim, noite após noite nós a ouvíamos chamá-lo, e procurávamos satisfazer seus desejos de Loba gestante. Porque depois ela cismou de preparar o enxoval do príncipe que daria à luz. Botou cada uma de nós para tricotar xales e gorrinhos e casaquinhos e sapatinhos para o seu neném. Nos fazia cantar canções de ninar embalando-a, abanando-a com penas, como se na verdade fôssemos escravas de Nefertiti na gestação. Em algum momento, exaustas de cansaço, ela conseguia fazer nossa cabeça e nos convencer daquela história, tanto que chegamos a acreditar que o parto aconteceria. Por isso as bibas se levantavam em pleno frio, espirrando, ouvindo suas fantasias psiquiátricas, seus últimos devaneios, sua vozinha estrangulada pela tosse, cada vez mais apagada, embora sempre dando gritos de ordens. Ainda altiva, ela abria a boca como um hipopótamo do Nilo, mas ficava muda em seu mandato faraônico escancarado. E nós ali sentadas, esperando, cobrindo os espelhos para que a Loba não voltasse a procurar sua imagem. Implorando, pedindo, suplicando que chegasse logo o avião para lugar nenhum. Enxugando seu suor, rezando ave-marias e rosários bichas como música de fundo. Todas ali, mais pálidas e trêmulas do que a própria Lobinha, esperando a hora, o minuto em que a mona partisse e acabasse o suplício. Toda santa noite olhando para a cara dela, que na verdade ficou divina. Como um lírio negro, sua pele de seda relampeou naquele abismo. Como um cisne de pérola escura, seu pescoço drapeado arqueou como um laço de fita. Então, pela janela aberta, entrou uma lufada como um frio de tumba. A Loba quis dizer alguma coisa, chamar alguém, modular um uivo no gesto tenso de seus lábios. Arregalou os olhos desorbitados, tentando levar aquele cartão-postal do mundo. Todas a vimos bater as asas em desespero para não ser engolida pela sombra. Todas sentimos aquele gelo que nos deixou petrificadas, sem poder fazer nada, sem poder desviar os olhos da Lobinha que ficou dura, com as fauces abertas e sem poder soltar o grito. E nós ali, feito bestas debruçadas no saguão de sua boca, tão aberta quanto um abismo, como um poço negro onde despontava sua língua tagarela. Sua boca sem fundo, paralisada no "a" gigantesco daquela ópera silenciosa. Sua bela boca escancarada como um túnel, como um bueiro que levara Lobinha pelas águas imundas daquele redemoinho sinistro. E só então reagimos, só então corremos até a beira daquela vala, gritando lá para dentro: Não morra, Lobinha linda. Não nos deixe, querida. Soluçávamos debruçadas em sua garganta, metendo as mãos naquela escuridão para

O último beijo de Loba Lámar   283

agarrá-la pelos cabelos enquanto caía. Todas juntas fazendo força para alcançá-la, para puxá-la de volta à vida. Segurando suas mãos, esfregando seus pés, chacoalhando-a, abraçando-a, cobrindo-a de beijos as bichas choravam, as bichas riam neuróticas, as bichas buscavam água, se empurrando, sem saber o que fazer nem como atender aquela visita tão inoportuna da Dona Morte.

E, naquele rio de prantos, vimos nossa amiga partir no avião da aids que a levou para o céu boquiaberta. A coitadinha não pode ir assim, disseram as monas, já mais calmas. Não pode ficar com essa fuça de rã faminta, logo ela, tão divina, tão preocupada com a aparência e a pose. Loba Lámar deve permanecer diva para sempre na memória. Precisamos fazer algo rápido. Tragam um lenço para fechar a boca dela antes que endureça. Um lenço bem grande que dê para erguer seu queixo e amarrá-lo na cabeça. Vermelho não, besta, é a cor da raiva. Nem de bolinhas: parece uma mosca pop, a Loba nunca usaria isso. Muito menos verde, que ela odiava os milicos. Azul-celeste? Jamais! Isso é cor de bebê prematuro. Deixa eu ver aquele ali, de filó lilás com fios dourados. Esse mesmo que você tá escondendo, bicha má, regulando pra tua amiga morta! Vai ficar lindo nela, e ainda serve para segurar a mandíbula antes que fique dura. Amarrado na testa não, pelo amor de Deus, que essas pontas parecem orelhas de coelho e a coitadinha vai ficar com cara de Pernalonga. Também não deixem a rosa no pescoço dela, como se fosse uma camponesa russa ou a Heidi. Melhor de lado, perto da orelha, como usava Lola Flores, La Faraona que ela amava tanto. Aperte bem o nó, mesmo que estrale a fuça, tem que deixar bem fechadinha pelo menos por uma hora, até que grude e endureça. Mas, uma hora depois, enquanto as monas banhavam o cadáver com leite e amidos de rainha babilônica, enquanto lambuzavam seu corpo com cera depilatória escaldante para deixá-la mais lisa que teta de freira, enquanto uma fazia sua manicure colando caracóis e conchinhas como unhas postiças, a outra lixava seus calos e joanetes, descamando a craca cascuda dos seus pés. Porque você, minha filha, era como Cristo, que andava sobre o mar sem tocar na água. Você, amoreca, não era tão preta, você era uma porquinha preguiçosa que tinha nojo de sabonete e só queria saber de se pintar e perfumar por cima da sujeira, diziam as bibas esfregando com cloro a Lobinha, que foi ficando rígida à medida que depilavam suas sobrancelhas e curvavam seus cílios com uma colher quente. Então, tiraram o lenço amarrado no rosto para maquiá-la e descobriram felizes que a pressão do nó no queixo havia fechado sua boca tão hermeticamente como uma cripta. Porém, quando o músculo facial retesou, os lábios apertados da Loba começaram a esboçar um riso macabro post mortem. Ai, não!, gritou uma das monas, minha amiga não pode ficar assim, com essa careta de vampiro. Precisamos fazer alguma coisa. Tragam toalhas quentes para amolecê-la. Quase fervendo, afinal a coitadinha já não sente nada. Mas, com o calor dos panos, o nervo maxilar se eriçou como uma mola e os lábios da Loba se entreabriram numa gargalhada sinistra. Parece que a engraçadinha está fazendo de propósito, resmungou Tora, uma trava parruda que tinha sido lutador na juventude. Deixem comigo. E todas ficamos mudas, porque quando a Tora ficava brava era coisa séria. Só conseguimos recomendar a ela que fosse carinhosa. Cuidado, querida, que a Lobinha é franzina. Não se preocupem, disse a

O último beijo de Loba Lámar   285

Tora bufando, ela não vai ganhar de mim. Então a vimos sumir e voltar vestida com sua roupa de *lucha libre*, com a capa escarlate e a máscara de diabo que lhe valera o epíteto de Luzbel, a Chama Invencível. Depois Tora deu uns pulinhos, fez meia dúzia de flexões e pediu que a aplaudíssemos. E no meio daquela algazarra digna de praça andaluza, Tora ficou séria como um touro e interrompeu os gritos com um shhh de silêncio para se concentrar. Não voava uma mosca quando ela se ajoelhou aos pés da cama e se benzeu cerimoniosamente como fazia antes de subir no ringue. E, num salto, trepou em cima do cadáver e desceu o sarrafo. Paf, paf, soaram as bofetadas de Tora, e a cara da Loba ficou feito um purê de batatas. Então, ergueu a mãozorra e, com o polegar e o indicador, apertou firme as bochechas da Loba, até deixar sua boquinha como um botão de rosa assoviando. Faz biquinho, meu anjo, faz biquinho como a Marilyn Monroe, lhe dizia, deixando-a com aquele esgar por um bom tempo. Durante quase uma hora ela manteve os pômulos pressionados com aquela pinça, até que a carne retomou sua rigidez fúnebre. Só então Tora a soltou e pudemos ver o maravilhoso resultado daquele artesanato necrófilo. Ficamos todas com o coração na mão, emocionadas, olhando a Loba com sua beiçola chupeteira jogando um beijo para nós. Precisamos cobrir os hematomas, disse alguém, sacando seu pó compacto Angel Face. Mas para quê, se o rosa-pálido combina tão bem com o lilás?

Nádegas lycra, Sodoma disco

ÀS MARGENS DA ALAMEDA, quase esbarrando na igreja colonial de San Francisco, a boate gay exibe seu neon fúcsia que pisca o pecado festivo, o convite para descer os degraus e submergir no forno furta-cor da *disco fever* pingando na pista. Ali a bicharada desce a ampla escadaria meio de lado, como deusas de um Olimpo mapuche. Altivas, no passo requebrado que parece não tocar o tapete puído. Orgulhosas, no gesto displicente de ajeitar as pregas da calça recém-passada. Quase rainhas, não fossem os fiapos vermelhos da bainha costurada às pressas. Quase estrelas, a não ser pela marca falsa do jeans tatuado numa das nádegas.

Algumas quase jovens, de roupa casual clara e tênis Adidas, envoltas na primavera da cor pastel e naquele rubor emprestado do blush. Quase meninas, a não ser pelo rosto vincado e as espantosas olheiras. Alegremente esbaforidas, elas chegam toda noite matraqueando na catedral dancing instalada num porão que já foi cinema de Santiago, onde restaram os frisos etruscos em dourado e preto, as colunas helênicas e aquele bodum de carpete úmido que bate forte ao cruzar a porta onde um brutamontes cobra o ingresso. Ali, os michês rodeiam os gays para que eles paguem sua entrada. Lá dentro a gente acerta, sussurram nas orelhas com brinquinhos. Mas os gays sabem que, uma vez dentro, "nunca te vi mais gordo", porque o *taxi-boy* vai direito para o bar, onde as mariconas mostram o cofrinho tilintando no gelo do uísque importado.

O balcão da boate gay é um ponto de encontro, o lugar mais iluminado para reconhecer a bruxa que acreditávamos debaixo da terra feito raiz de um filodendro aidético. A mesma pela qual choramos com lágrimas de safira, perdoando todas as suas safadezas, as cuspidas no drinque, as camisinhas furadas, os exames de HIV positivo falsificados, que levaram ao suicídio várias *depre-sidas*. Suas artimanhas para infectar metade de Santiago, porque não queria morrer sozinha. É que eu tenho tantas amigas, dizia. A mesma perversa de volta, mais viva do que nunca, rindo luciférica com um drinque na mão.

Aqui correm soltos gins-tônicas, pisco sodas, pisco *sidas* e piscolas bicholas entoando o "Desesperada" de Martita Sánchez, que enlouquece as garotas disco. As minas de shortinho, que chegam ao bar sufocadas pedindo água com gelo, arrastando o assalariado de gravata que olha preocupado para a porta, caso apareça um colega de trabalho.

O bar da boate é para trocar olhares e ostentar a oferta erótica nas marcas da roupa preferida. Os modelitos de segunda mão vendidos nos brechós. Assim, o bordado Levi's garante uma bunda de luxo, um par de nádegas infladas pela moda, fibrosas no gesto firme de apoiar o bumbum no balcão. Quase masculinas, não fosse pela costura do jeans enterrada no rego azulado. Não fosse o engomado e aquele cheiro soft de amaciante. De limpeza demais, como se pedisse desculpas por ser assim, explicando a homossexualidade no aroma pompom que demarca os gestos. Não fosse por essa nuvem densa de perfume viado: o vício pelo Paloma Picasso, o Obsession for

Men de Calvin Klein, o Orfeu Rosa de Paco Enrabanne. Não fosse por todos esses nomes que emanam do torpor aeróbico, passariam por homens hétero muito amigos, por machinhos bêbados babando no colega. Se não fosse por esse "Ai, menina, eu te disse", "Ai, Duda, você bem que mereceu, sua bruxa", "Ai, claro que sim", "Ai, claro que não". Se não fosse pelo "ai" que encabeça e decapita cada frase, poderiam se misturar à massa social de qualquer discoteca, usando jeans e camiseta branca com o jacaré mordendo a tetinha.

Talvez. Embora boates gays existam no Chile desde os anos 1970, e somente nos 1980 tenham sido institucionalizadas como palco da causa gay que reproduz o modelo Travolta só para homens. Assim, os templos homo-dance reúnem o gueto com mais sucesso que a militância política, ditando estilos de vida e uma filosofia de camuflagem viril que vai uniformizando, através da moda, a diversidade das homossexualidades locais. Não fosse o fato de que ainda sobrevive um folclore flozô enfeitando a cultura homo, delírios de ninfas batendo asas nos espelhos da disco. Essa *last dance* que apaga os últimos suspiros de uma bicha-louca sombreada pela aids. Se não fosse por isso, por essa brasa da festa boiola que o mercado gay consome com seu negócio de músculos suados, talvez apenas essa faísca, esse humor, esse dialeto fossem uma distância politizável. Uma leve pétala bastarda esquecida no meio da pista, quando a alvorada corta a música e as risadas se confundem com o trânsito da Alameda, no pálido retorno ao cotidiânus da cidade.

Crônicas de Nova York
(O bar Stonewall)

Aí CONVIDAM VOCÊ para Nova York com tudo pago para participar do evento Stonewall, vinte anos após a repressão policial protagonizada pelas garotas gays que em 1969 tomaram um bar no bairro do Village. Aí te contam essa história e você se sente obrigado a fazer o sinal da cruz no local do ocorrido. Um barzinho escuro, santuário da causa homossexual onde a sodomia turística vem depositar suas oferendas florais. Porque ali, na vitrine, são exibidas fotos desbotadas das veteranas riponas que resistiram não sei quanto dias ao assédio da lei, à agressão da polícia que pretendeu despejá-las sem sucesso. Então, como não derramar uma lágrima nessa Gruta de Lourdes gay, que é como um altar sagrado para os milhares de visitantes que tiram o boné Calvin Klein e rezam respeitosamente alguns segundos quando passam em frente à boate? Como não fingir ao menos um pouco de tristeza se você está visitando Nova York e essas gringas militantes, tão beatas e vendedoras da sua história política, estão matando sua fome e te pagando tudo? Como não simular educadamente a emoção por aqueles rostos das fotografias em preto e branco, que poderiam ser de um filme antigo que nunca vimos? Aquelas fotos dos heróis gays como que arrancados de Woodstock, coroados de rosas e fitinhas coloridas na janela do bar Stonewall, assim como na quadra inteira, assim como no bairro inteiro do Village, decorado como um bolo com os adereços da moda boiola. Porque, ao sair do metrô na Christopher Street, de repente você dá de cara com uma tonelada de músculos e fisiculturistas, de minishort, carecas e com brinquinhos. Casais de homens passam de mãos dadas voando de patins ao seu lado como se não te vissem. E como vão te ver, se você é tão medonha e arrasta por aí sua desnutrição de bicha terceiro-mundista? Como vão te dar bola, se você tem essa cara chilena assombrosa diante desse Olimpo de homossexuais potentes e bem nutridos que te olham com nojo, como quem diz: estamos fazendo o favor de te trazer à catedral do orgulho gay, indiazinha. E você anda tão distraída por esses cenários do Grande Mundo, olhando as lojas cheias de fetiches sadomasoquistas, de tachas, alfinetes de gancho e parafusos e pregos e tudo quanto é porcaria metálica para torturar a cútis. Ai, que dor! Que susto, ver na esquina aquele grupo Leader's com suas motos, couros, bigodes, coturnos e essa brutalidade fascista que lembra as gangues de machos de que você desviava no Chile, atravessando a rua toda dura, fingindo olhar para o outro lado. Mas aqui no Village, na pracinha em frente ao Stonewall, abunda essa potência masculina que te deixa em pânico, que te diminui como uma mosquinha latina nesse bairro do sexo loiro. Nesse setor de Manhattan, a zona rosa de Nova York, onde as coisas custam o olho da cara, o epicentro do tour comercial para os homossexuais com dólares que visitam a cidade. Especialmente nessa festa mundial em que a ilha de Manhattan fica embandeirada com todas as cores do arco-íris gay. Mas que na verdade é uma só: branca. Porque talvez o mundo gay seja

Crônicas de Nova York   291

branco. Basta entrar no bar Stonewall, onde sempre é noite, para notar que o público é majoritariamente claro, loiro e viril, como naquelas tabernas dos filmes de caubói. E se por acaso tiver um negro ou uma bichona latina, é para não dizerem que são antidemocráticos.

Por isso não fiquei muito tempo no histórico barzinho. Uma rápida espiada e você já percebe que não tem nada para fazer ali, que não pertence ao postal dourado da clássica estética musculosa, que a cidade de Nova York tem outros refúgios onde não se sentir tão estranho, outros bares mais contaminados onde a alma latina baila sua canção territorial.

Olheiras de olhar tresnoitado

Sempre me disseram, eu sempre soube ou intuí que a praça era a fogueira dos putos, que por 5, 10 ou 15 mil pesos viravam seu cu do avesso, sussurrando no ouvido a bíblia pagã do seu namoro tarifado. Digo que soube quando, anos atrás, o centro de Santiago era o favo de mel de mamangavas proletárias que, ainda púberes, de catorze, quinze ou dezesseis primaveras, emigravam dos subúrbios atraídas pelo brilho das vitrines que exibiam jeans de marca, tênis de marca, as mil maravilhas de marca e toda a sedução fútil do desejo juvenil. Nesse sentido, o fascínio dos moleques pobres pelo mercado da moda sempre funcionou como a desculpa que justificava seus passeios prostibulares à caça de algum viado que, por uma trepada rápida, realizasse seu sonho Lee, Adidas ou Soviet. Durante anos testemunhei suas poses de Apolos morenos segurando a pica quando alguém, ao passar casualmente, avaliava seu produto como quem olha uma vitrine urbana. Durante anos os vi à espreita, esperando sonâmbulos que aparecesse um cliente, uma maricona aposentada que guardava as moedas de sua mísera pensão para pagar ao michê um boquete desdentado. Se tinham quinze, catorze ou vinte anos, tanto fazia. A rua cafetina e suas olheiras de olhar tresnoitado os tornaram homens à força, os sexualizaram antes de chegar à praça, talvez em suas farras viciadas

Olheiras de olhar tresnoitado 293

cheirando cola, nos becos da vadiagem marginal, onde os maiores trepavam nos menores desesperados pelo delírio químico do tolueno. E então estes repetiam o ritual empalador com outros chegados mais frágeis. Assim, o mesmo anel fecal ameniza o estigma proletário do estupro indigente. Os moleques da praça conhecem de tudo, sabem de tudo, viveram de tudo, subindo e descendo de apartamentos onde o deixar-se penetrar vale uma jaqueta jeans da Levi's. Afinal, já se foi o tempo em que o metedor ativo valia ouro, cobrava em ouro, exigia que lhe pagassem muito bem por seus atributos eretos. Agora, o cambalacho neoliberal dos corpos prostitutos relativizou o valor do falo diamante pela mais-valia do toba masculino. É mais fácil, mais cômodo para o michê acender um cigarro e se deixar enrabar por um velho ricaço do que tentar enrijecer olhando para suas nádegas grisalhas. Já não dói tanto a fissura da papoula anal, nem o orgulho do tabernáculo macho deflorado. São outros tempos, são outros os costumes do mapa carnal à venda na vitrine da putaria cidadã. Os moleques da praça não são mais crianças oferecendo seu desnutrido desenvolvimento aos pederastas da vez. Eles sabem que ser estuprado não é tão terrível quando se nasce violentado pela brutalidade social. Eles sabem fazer carinha de anjo na hora de embolsar uma grana generosa. E são estes mesmos olhos inocentes que eles usam para a entrevista na tevê, onde declaram: Aquela maricona me enganou. Mas, apesar de haver casos repugnantes de aliciamento pedófilo com meninos de rua, para nós que conhecemos há anos a iniciação proxeneta da praça, os moleques do meretrício santiaguino não passam por menininhos quando te pedem um cigarro com seu vozeirão quente. No Chile, são chamados de *canches, taxi-boys* na Argentina, michês no Brasil, *hustles* em Nova York, *chaperos* na Espanha, e toda uma gama de alcunhas que classificam a prostituição adolescente masculina em seu ofício errático do comércio puto sem recibo. Aí é a praça, a esquina, o meio do quarteirão, o vaivém nervoso, as mãos nos bolsos endurecendo o arpão para pescar clientes. Sexos púberes, expostos e dispostos às acrobacias do catálogo remunerado, onde o populacho arremata seus vestígios. São Apolos favelados, ninfos de La Palmilla, Adônis marginais, sexos de barro caramelizados pelo manuseio do pau que os moleques da perifa oferecem como última oferta do fracasso laboral. São corpos à deriva, derivantes em sua errância de desemprego, pequenos nômades excluídos da educação, ciganos de rua que estacionam momentaneamente sua homoerótica na penumbra de uma cidade triunfal, iluminada pelo mercado canibal da oferta e da procura.

Seu rouco riso louco

Como um milagre da meia-noite, o travestismo de rua é uma concha reluzindo sua pérola no saguão do prostíbulo urbano. Apenas uma piscada, um pestaneio frescurento, uma nudez de silicones no ar, no vermelho vivo dos semáforos que sangram a esquina onde sapateia a labuta penosa da alma biscate.

Em plena chuva, tiritando de frio, esquentando a espera com um cigarro barato. A noite milonga da travesti é uma espiada de relance, um piscar fortuito que confunde, que à primeira vista convence o transeunte, boquiaberto, preso ao decote furta-cor que desfila a sobrevivência da fraude sexual. Mas a atração desse disfarce ambulante nunca é tão inocente, porque a maioria dos homens, seduzidos por esse jogo, sempre sabe, sempre suspeita que essa bomba prateada nunca é tão mulher. Algo nessa montagem exagerada excede o molde. Algo transborda em seu rouco riso louco. Ultrapassa o feminino com seu metro e oitenta, sem contar o salto. Extravasa em sua boquinha de coração pedindo das sombras um cigarro.

O futuro cliente conhece o teatro butô dessa maquiagem rebocada, mas ainda assim se deixa sugar pelo seu próprio engano, ainda assim engata seu desejo nas asas de nylon dessas borboletas pé-rapadas que circundam as rotatórias.

Essas garças de pernas compridíssimas, que superam Coco Chanel e sua minissaia recatada. O futuro amante extasiado prefere não pensar que debaixo daquele pano há uma surpresa, uma cirurgia artesanal da amarração, onde a transexualidade é mais uma lei de trânsito desviando o destino habitual do marido a caminho do lar. O assalariado estressado no seu carrinho à prestação, que não quer chegar em casa para assistir um programa de auditório, que odeia voltar cedo e ter de ouvir a ladainha de reclamações, gastos e remorsos que a mulher lhe estende numa bandeja doméstica. É por isso que ele para o carro pra pegar esse fantasma de glamour à deriva, esse inseto grudado no espelho retrovisor que, num pulo, se acomoda na pelúcia do assento. E depois de pechinchar acrobacias e piruetas extravagantes, chegam a um acordo e selam o trato, barateando o preço ao transferir o motel para o assento reclinável do Toyota.

Depois a travesti volta à sua "vereda tropical" contando o dinheiro ganho com sua terapia fugaz. As escassas notas subtraídas do orçamento familiar chileno, que ainda não dão para ela pagar o aluguel, muito menos para comprar aqueles sapatinhos de Cinderela que ela viu no centro. Nem mesmo para bancar a mãe e os irmãos menores, que saem mais caros do que hobby da realeza. Sua pobre mãezinha, a única que a entende, que arruma sua peruca e joga camisinhas na sua bolsa dizendo para se cuidar, que os homens são maus, que nunca entre num carro com mais de um, que anote a placa por via das dúvidas, vai que a deixam pelada e toda queimada de cigarro, como aconteceu com a Wendy na semana passada? Que não consegue dormir pensando, rezando para que a Virgem Maria a acompanhe nos perigos da noite. Mas ela diz que

Seu rouco riso louco

seu trabalho é assim, nunca se sabe se amanhã, em algum beco de Santiago, suas asinhas transumantes não vão acabar numa poça. Nunca se sabe se uma bala perdida ou um tiroteio policial não vão cessar seu fôlego de cegonha moribunda. Talvez nessa mesma madrugada de sexta, quando a clientela é tanta, quando os garotos do bairro nobre se divertem jogando garrafas dos carros em movimento. Quando seu salto quebrou ao correr atrás do Lada amarelo e a Suzy chegou antes, mais jovem, mais esperta. Essa pode ser a última vez que ela vai ver a cidade emergir entre os algodões rosados da alvorada. Assim tão só, tão encolhida de frio, tão passarinha prenhe de sonhos, exposta à moral do dia que desponta rasgando sua doce farsa laboral.

Homoeróticas urbanas
(ou Notas prófugas de uma pétala flozô)

DE ESCRITAS URBANAS e grafias corpóreas que em seu trânsito agitado discorrem seu manuscrito. A cidade testemunha esses percursos na nota pedestre que altera as rotas com a pulsão dionisíaca do desvio. A cidade reitera seu imaginário civil no zanzar alucinado que vasculha pelos cantos o desejo proibido. A cidade estática se duplica inquieta na pirueta boiola do rito errante que convoca o homossexual aventureiro. A rua latina e seus fulgores arrivistas de neon nova-iorquino irmanam-se na febre homoerótica, que em seu zigue-zague voluptuoso traça o destino de seu eterno vadiar. A bicharada desfila cigana pela calçada e se transforma em gesto, em beijo, em pássaro, no adejar de cílios, no olhar nervoso pelo banquete de corpos masculinos, expostos, marmorizados pela rigidez do sexo no brim que contém suas presas. A cidade, se não existe, é inventada pela ginga maricas, que no flerte do amor ereto assanha seu vício. O mapa da *city* pode ser sua página, seu diário ardente que no vaivém ofegante das ruas se faz texto, testemunho documental, anotação iletrada que a labuta consome. Antes, que a plagia, e a descarta, no disparate viado de ir rompendo mundos como ovos no asfalto prateado de um gélido anoitecer.

Talvez, tal manifestação de energia não se satisfaça apenas na amasiada trepada do pretérito encontro. A chama irre-

Homoeróticas urbanas 299

quieta da bicha cintila sempre no presente e confunde seu reflexo no espelho cambiante de sua sombra. A cidade tudo perdoa, a cidade tudo permite, a cidade a derruba no sapatear que embaralha a identidade com a errância de sua crônica rosa. Uma escrita vivencial do corpo desejante, que em suas ondas mornas apalpa, roça e esquiva os gestos sedentários nos rios da urbe que não correm para nenhum mar. Um taxiar violáceo da vadiagem, e os olhares, as espiadas nas vitrines ou a troca de lugar a cada volta na esquina. E esse despiste, esses trejeitos espalhafatosos são o brilho iridescente que dificulta sua rotulagem, sua cosmética prófuga sempre disposta a trair a normatividade oficial que pisca no ritmo dos semáforos controlando o trânsito urbânus.

A vida na *city* moderna trai o acaso surpreendente do instante com as vias planejadas pelo seu calendarizado tédio. Para a bicha-louca, o amanhã é uma fantasia demasiado literária que a afunda num enfadonho bocejo. O minuto futuro que faz o burocrata correr para assistir ao noticiário é um insosso depois que ela já sabe, já conhece seu cheiro reiterado que a leva a pensar na vida, a se dar conta do que é, a criar juízo, como dizia seu pai. Uma deprê que estanca sua intensidade fluida e fixa-a no território da ideologia, sujeitando-a à civilidade cínica, como um inseto colado num papel pega-mosca. Talvez a ideologia tenha a ver com a busca da pedra filosofal, da joia autêntica ou daquele lampejo de lucidez pelo qual os homens vendem até a mãe. Mas a essa altura do século os diamantes já não são eternos e o príncipe não era tão valente, era pura fantasia sua luta utópica com o dragão da injustiça, pura fumaça sua lorota de defender os mais fracos, e, no fim, ele acabou embolado nos lençóis do "gigante egoísta". No fim, a princesa teve que enfrentar sozinha as causas perdidas. E, de perda em perda, seguiu ruminando a ruindade burguesa que encarde as ruas. Órfã de norte e de sonhos austrais, a bicha-louca despreza a bússola. Seu destino adorna o desejo e ferve-o acalorado nos arames farpados do terreno baldio. A bicha acredita encontrá-lo ali e o chupa, o devora e o deixa partir, arquivando-o fugaz em seu leque surrado de abraços.

A distração arrebata seu rastro do mapa vigilante, apaga-o na brisa efêmera do "quase nem me lembro" que ela repete afobada. O mesmo "quase" daquela cena esquecida na chupeta da glande enchendo sua boca. Essa boca bicha do prazer linguado que sorve mas não engole. Essa boca nômade que esboça as vogais de um sexo urbano com a baba da baby sodomita. Assim, de falo em falo, a acrobacia da bicha-louca salta de trapézio em trapézio. Saciado o bofe, ela o solta e repete para si, incansável: "Não ao amor, sim ao quase nem me lembro". A memória boiola é tão frágil no cristal de sua taça vazia. Sua vaga história salpica a cidade e evapora na luxúria cancioneira de seu pentagrama transeunte.

Sozinhos na madrugada
(O pequeno delinquente que sonhava feliz)

Esbarrando na escuridão de teias de aranha com um garoto por aí. Sabendo que éramos dois estranhos numa cidade onde todos somos estranhos a essa hora, quando cai o pano preto da meia-noite santiaguina. E toda rua, todo beco, toda esquina, toda sombra parece um animal acocorado à espreita. Porque essa urbe se tornou tão dura, tão perigosa, que até a respiração das ruas tem ecos de assalto e fios de navalha. Sobretudo nos finais de semana de inverno, caminhando no cimento molhado onde os passos ressoam fugas aceleradas porque alguém está vindo, alguém te segue, alguém se aproxima com um desejo malandro e intenções sombrias. E, ao pedir um cigarro, você sabe que a chama do fósforo vai iluminar uma faca. Você sabe que nunca deveria ter parado. Mas ele estava tão perto, a apenas alguns passos, e ao lhe dizer que fumo Populares, para deixar bem clara minha situação econômica, mesmo assim ele diz "tudo bem", tragando meu tabaco ordinário, mesmo assim ele puxa conversa e de repente se interrompe. De repente fica em silêncio me ouvindo e olhando fixamente. E eu, gaguejando, desando a falar sem pausa para distraí-lo, pensando que logo vem o bote, o ataque, a punhalada na virilha, o sangue. E, como numa hemorragia de palavras, não paro de falar, olhando disfarçadamente por onde fugir. Mas o garoto, que é apenas um jovenzinho de olhos mosquitos, me interrompe, me lança um Eu te conheço, eu sei que te conheço. Tu fala na rádio, né? Bem, sim, digo a ele, respirando fundo já mais calmo. Tu tava com medo?, me pergunta. Um pouco, me atrevo a responder. É tarde e nunca se sabe. Tu não tava errado, disse ele, soltando a risada púbere que iluminou de pérolas o pânico daquele momento. Eu ia te passar a faca, maluco, disse rindo, mostrando uma lâmina de aço que congelou minha alma boiola. Ia cortar o teu pescoço, mas quando te ouvi falar me lembrei da rádio, saquei que era a mesma voz que a gente ouvia lá do Canadá. Mas a Radio Tierra é onda curta e não dá para ouvir tão longe. Estava viajando? Que nada. Tô falando do "Canadá": cana, xadrez, xilindró. Três anos. Saí tem pouco tempo. Me lembro que às oito horas, quando o teu programa ia ao ar, a gente jogava carteado, porque não tem porra nenhuma pra fazer lá dentro. Saca? A única diversão àquela hora era calar a boca pra ouvir tuas histórias. Tinhas umas bem boas e outras nem tanto, porque tu forçava a amizade, como aquela do futebol ou a do Don Francisco. Aí a gente ficava puto e desligava o rádio e ia dormir. Mas no dia seguinte sempre tinha um maluco que se lembrava e de repente a gente tava ali de novo, ouvindo aquela música. Como era mesmo, "Invítame a pecar"? A única vez que não deu pra ouvir foi quando um cara começou a chutar o rádio porque o ministro da Justiça tava falando e passamos um mês com o rádio escangalhado, até mandar pro conserto na oficina de eletrônicos. Às vezes alguém tava cozinhando e as panelas faziam barulho e a gente mandava ficar quieto pra ouvir direito, porque tua rádio é ruim pra caralho. Tinha

Sozinhos na madrugada

vezes que dava pra ouvir superclaro, mas os outros presos viviam revoltados soltando os cachorros porque não tinha saído o indulto, porque não recebiam visita, porque o advogado pedia mais grana, ou porque os carcereiros enchiam o saco. Aí, antes que o pau comesse, eu pegava o rádio de pilha e ficava ouvindo baixinho debaixo das cobertas.

Íamos caminhando pela rua úmida, salpicada de estrelas, livres na noite pelega da Santiago enluarada. Não havia passado mais de uma hora daquele susto e eu já era cúmplice de tantos segredos seus, de tanta vida castigada por seus curtos anos chamuscados de delinquência e fatalidade. E o que mais eu posso fazer?, me disse, triste. Como vou arrumar emprego com minha ficha suja? Em todos os lugares pedem antecedentes, e se os canas me pegam eu tenho que mostrar os braços. Olha. Ele ergueu a manga da camisa e pude ver a escadinha cicatrizada de cortes subindo desde os punhos. A gente faz isso pra não ir preso e ser levado para o pronto-socorro. Mas quando os canas veem tuas marcas, te metem pipoco. Não tem jeito, não consigo sair dessa. É meu castigo. Mas dá para disfarçar com óleo humano ou de rosa-mosqueta, disse eu, meio em segredo. Não adianta, as cicatrizes voltam a aparecer, por isso não uso manga curta no verão.

Ele era tão jovem, mas uma ferida de amargura cortava sua boca de trombadinha, seu sorriso moreno de lábios torcidos pelo fel do fracasso, sua risadinha minguada no alumínio escarlate da lua à espreita que seguia nossos passos no gume da alvorada. Você se deu mal esta noite, sussurrei docemente para fazer uma graça. Não importa, eu conheci você, e vou te acompanhar até em casa pra que não te aconteça nada. Já estamos chegando, suspirei, pode me deixar aqui mesmo, consegui dizer antes de apertar sua mão e vê-lo caminhar até a esquina, onde ele virou a cabeça para me ver pela última vez, antes de dobrar, antes que a madrugada fria o engolisse no fichamento iluminado dessa cidade, também prisão, igualmente injusta e sem saída para esse pássaro prófugo que adoçou minha noite com as garras afiadas do amor.

Raphael
(ou A pose afetada do canto)

QUASE UMA FUMAROLA da música popular, que resistiu por décadas à enxurrada de fofocas e caricaturas realçando os trejeitos espalhafatosos do ídolo. A estrela espanhola mais imitada pelos humoristas, a chacota em forma de canção, o recorde de vendas da paródia que supera as cópias de discos e CDs. Afinal, até as crianças sabem a piada e dizem "Nooofa, Fafael", quando querem rir de um amiguinho mais delicado.

Raphael Martos, que despontou tão humilde e provinciano lá pelos idos de 1960, quando a balada pop era preferência na pátria-mãe de Franco e os cantores de músicas de protesto entravam de contrabando na nova onda de minissaias de bolinhas e canções românticas. Naquela Espanha franquista, seu romanceiro maricas caía bem, era um analgésico apolítico se comparado com Joan Manuel Serrat, Paco Ibáñez e todos aqueles cabeludos de esquerda que queriam mudar o mundo. Ali Raphael fez sua estreia, arrancando suspiros das garotinhas com sua imagem de jovem sentimental cantando *"cierro mis ojos, para que tú puedas hacer lo que quieras conmigo"*. Mas essas letras inflamadas de desejo eram de Manuel Alejandro, compositor que formou com Rafa uma dupla de sucesso, o par que ecoava na maledicência do burburinho discográfico. Como se compositor e cantor se entrelaçassem nos sulcos do long-play. Como se música e voz, verso e interpretação dançassem juntos, girando abraçados naquele *"cierro mis ojos, para que tus dedos corran por mi piel"*.

Na época, *"er niño"* fazia filmes de galã, enchendo estádios com aquelas fãs irritantes que não o deixavam em paz, que passavam o dia inteiro na sua cola, e até no banheiro havia alguma espiando pela janela, que ele fechava de supetão na cara da moça. Mas elas continuavam excitadas com *"aquel que cada noche te persigue"*. Passando por conquistador com sua macheza esganiçada, ele mexia com os sentimentos maternais das mulheres encantadas com seu galanteio ambíguo, com seu especial desafio ao cantar "Digan lo que digan". Porém, disseram o que disseram, e diante do futuro de sua carreira ele teve que se casar com uma beldade da nobreza espanhola, calando a boca de todos aqueles maledicentes, que engoliram em seco ao ver a foto dele com uma mulher e rodeado de filhos, com tanta tradição católica como segunda família real.

Com o aval de seu casamento, as más línguas se calaram por um tempo, e o astro pôde soltar tranquilo as tranças emancipadas de sua atuação. Incluiu a dança e outros elementos da música popular, como o folclore latino-americano, fragilizando a tradição política do gênero com sua vocalização afetada. No Chile, diante do olhar estupefato da esquerda, fez uma interpretação de Violeta Parra aviadando o "Gracias a la vida" da finada com o xaveco pintoso do seu ceceio.

Sem dúvida que, apesar da homofobia de seus detratores, a atuação exagerada e o delicado timbre vocal de Raphael ditaram um estilo que acabou incrustado no coração do cancioneiro popular. Sem mudar uma única nota nem ceder à caricatura viril que a moral do mercado fonográfico lhe impunha,

Rafa usou essa pressão para diferenciar seu personagem dos Iglesias e Rodríguez. Criou seu próprio chiste, devolvendo a galhofa, revertendo a gozação de seus imitadores ao acentuar as piscadelas do seu canto, ao enfatizar as mãozinhas aladas da sua dança, ao refinar o floreio irônico do seu gestual.

Porque, no fim das contas, ele mesmo se mimetiza na pirueta pomposa de sua performance, ele mesmo é sua melhor e mais paródica cópia, botando no chinelo os humoristas que o plagiam.

"*Er niño*", já grisalho e envelhecido, ri das risadas. E essa tática é um elogio às três décadas em que se manteve no topo das paradas resistindo bravamente. Numa homenagem que lhe fizeram na rede de televisão da Venezuela, quando lhe pediram para autografar o livro das estrelas, Rafa assinou e depois se sentou nele, estampando sua bunda caída para toda a América Hispânica, à la Hollywood. Anos atrás, na eleição presidencial espanhola, Raphael apoiou a direita e disse que finalmente se fazia justiça ao general Franco. Mas essas suas opiniões políticas e reacionárias não são levadas a sério por ninguém, muito menos pelas mulheres, que o continuam adorando como um menino senil e travesso. De resto... "quem é que sabe do que Rafa gosta ou não gosta em matéria de amor".*

---

* Referência ao refrão de "Qué sabe nadie", que diz: "*qué sabe nadie lo que me gusta o no me gusta de este mundo/ qué sabe nadie lo que prefiero o no prefiero en el amor*" [quem é que sabe de que eu gosto ou não neste mundo/ quem é que sabe o que eu prefiro ou não no amor]. (N. T.)

"Bíblia rosa e sem estrelas"
(A balada do rock homossexual)

A RELAÇÃO ENTRE ROCK e homossexualidade parece evidente quando vemos os videoclipes em que Freddie Mercury aparece em plena forma, a plenos pulmões, cantando "We Are the Champions". Pena que seja apenas uma música, uma balada bonita tentando projetar um espaço gay no pesado e bruto mundo roqueiro. Na época, Freddie já tinha uma certa aura de fracasso, já não seria mais campeão, porque o cassete da sua voz foi interrompido no meio do show, no meio do *concert* a notícia da estrela contaminada sacudiu os estádios onde a banda gorgolejava seu espetáculo. Era preciso reconhecer então que rock, homossexualidade e aids davam-se as mãos. Dali em diante, o Queen entraria para a enciclopédia roqueira manchando suas páginas com a saliva amarga da epidemia. Não era o primeiro, também não seria o último, mas sua famosa morte abriria a cortina sodomita do *rock concert*.

Quando Ney Matogrosso, a bicha mais fulgurante do mundo gay carioca, inaugurou o primeiro Rock in Rio, parecia estar abrindo um precedente. A homossexualidade ganhava espaço na estridência musical justamente aqui, na América Latina, no primeiro festival internacional depois de Woodstock. Mas, no decorrer do espetáculo, as asas de morcego nas orelhas de Ney pareciam não ouvir as vaias e gritos de

"Bíblia rosa e sem estrelas" 309

reprovação dos heavy-metal, nauseados pela flauta operística do viado. Mais cabaré travesti do que *rock concert*. Mais Dama das Camélias do que Jimi Hendrix.

Provavelmente o Brasil se equivocou em sua carta de apresentação ao botar sua cara gay, a pluma dourada dos turistas, para competir com o couro preto e as labaredas sulfurosas dos machos roqueiros. Ainda assim, a garganta prateada de Ney rompeu com o *line-up* previsível de estrelas, que mais tarde duplicou, quando Nina Hagen entrou no palco de Jacarepaguá ostentando a marcha triunfal de *Aida*. Para a nórdica histriônica não houve vaias, os metaleiros sul-americanos engoliram a performance sublimados pela valquíria. Os mesmos que antes cuspiram na saudade nostálgica de Ney.

Duas décadas atrás, Andy Warhol, impulsionando a delírio-music, acreditou esboçar certa poética homossexual no experimento Velvet Underground, um selo roqueiro no arrepio púrpura dos anos 1960. Sua figura central: o enigmático Lou Reed e sua corte fantasmagórica.

Lou nasceu em 1944 nos pântanos de Long Island e, dali, contornando a espessa névoa nova-iorquina, imaginou sua psicodélica travessia pelo *metrô de veludo*. O nome foi tirado de um romance pornô de grande sucesso no circuito underground. Uma história de dias felizes e orgias de LSD no interior do esfíncter subterrâneo de Nova York. Eram os primórdios do *gay power*, dos protestos ativistas de Stonewall, das marchas políticas e revoluções sexuais. Todo esse pólen hippie flutuando no ar, todas essas bandeiras emancipatórias que mais tarde seriam abortadas pelo pistilo violáceo da flor de maio. Pétalas e estames que o mesmo sistema repudiado jogaria em seu túmulo.

Desde então, os seguidores do *gay rock* e do *glam rock*, como Lou Reed, seu amigo David Bowie, Marc Bolan e outros, passaram à iconografia nostálgica do espetáculo. Sem conseguir demarcar uma poética homossexual subversiva dentro do código macho roqueiro. Deixando apenas na lembrança a sombra andrógena daquela cena.

Um imaginário intersexual que, ao ser detonado pelo mercado, se transformou em receita de sucesso, em sedução marqueteira para os milhões de fãs que descarregam seus volts através do contorcionismo sexy do ídolo. Uma forma de anular aqueles primeiros traços de homossexualidade no rock foi a massificação de sua montagem. O plágio retocado de uma diferença minoritária, a articulação de um travestismo macho por meio da maquiagem. Pura pintura, puro make-up de revenda explorado pelo Kiss, com seus beijos de ruge deflorados pela penetração da cravelha. Pura bichice teatral para saciar o desejo estrondoso dos fãs. Pura pose sodomita de Mick Jagger, chupando o microfone como um pênis. Apenas eletricidade a pilhas para um Robert Plant cansado de subir sua "escadaria para o céu" com a cobra enrugada sob o jeans. Puras línguas fálicas no desbunde do jargão roqueiro que o mercado pôs à venda. Como se a música fosse a desculpa para encenar uma erótica bissexual para qualquer consumidor. Uma erótica do videoclipe que suplantou os acordes, a técnica acústica que sepultou o som com o esgotamento infinito de possibilidades.

Então só resta a imagem, a propulsão de corpo mecânico musicalizado pelo tremor da retina. Um corpo homossexualizado pela transação do consumo. Um Michael Jackson brincando de Peter Pan. Todo mundo sabe que ele solta a franga

"*Bíblia rosa e sem estrelas*"

em seu dance acrobático, mas não assume e se casa com a filha de Presley para manter a farsa transexual do showbiz. Assim como o doce Boy George, bancando a gueixa inglesa em sua melhor apropriação do código pós-moderno, para depois retomar o terno e gravata.

Muita pose, muita caricatura, muito desgaste do arquétipo andrógeno no sucesso de vendas do seu staff. E, no fim, pouco e nada de homossexual como discurso transgressor na música popular. Apenas fofocas, bisbilhotice de famosos: estão dizendo que, estão falando de, fulano foi visto naquela boate gay, sicrano apareceu com um cara estranho naquela foto da revista. Muito de propaganda, usando a máscara da bissexualidade. Essa velha, caquética armadilha do mundo artístico também é um clichê, uma aposta de marketing, ainda que essa dupla militância seja verdadeira.

Assim, a marca deixada difusamente nos anos 1960 se perde na perda, se dilui na paródia homossexual utilizada pelo mercado do rock, que sufoca o desejo com sua catarse de êxtase coletivo. Talvez nunca tenha havido uma marca, mas sim alguns tiques que sucumbiram às correntes e metais da instituição roqueira ligada ao masculino. Ou à ereção da guitarra elétrica como um pênis musical penetrando nos ouvidos. Um distanciamento da guitarra espanhola, curvilínea e feminina, mais sensual, menos agressiva do que a guitarra elétrica. Uma estilização em ângulos agudos do instrumento original, mais ativa, mais pungente como discurso de rebeldia. Quase uma arma, uma metralhadora sonora como desacato ao sistema disciplinar com que o poder anulava a febre juvenil. Uma tática falida de enfrentar o poder com os mesmos símbolos, com as mesmas tropas de choque que no rock se chamam *bandas*,* onde mulheres e homossexuais são excluídos desde uma história de *snookers* e clãs motorizados surgidos nos anos 1950. Gangues de esquina e patotas que rivalizavam a posse do território na base do canivete. *Bandas* e grupos, costeletas e jaquetas de couro que traçaram uma poética do descontentamento, mas que em sua metamorfose juvenil privilegiaram o masculino como hegemonia de força e violência.

No mundo homossexual não existem *bandas*, nem seus agrupamentos casuais têm essa cumplicidade de machos, esse compadrio que os une ao calor das bolas. Homossexuais não formam *bandas*, seus movimentos são mais furtivos, mais nômades, pela própria errância sexual que os desune. No máximo, nos anos 1960, formaram-se alguns grupos de fachada-disco, como o Village People. Um caminhão de músculos, correntes, bigodes e coturnos que levaram ao extremo a masculinização do gay fabricado na Gringolândia. Uniformes de marinheiros e policiais ejaculavam ao ritmo de "In the Navy". Dificilmente sua encenação musical, inspirada nos desenhos de Tom of Finland, poderia se diferenciar do look agressivo dos machos roqueiros. Aliás, quando estiveram no Festival de Viña del Mar, lá pelos anos 1980, ninguém soube que aqueles super-homens eram estrelas do *gay power*. Nem sequer os homossexuais chilenos, que escutavam seu "Macho Man" sem aderir especialmente à música. Muitas bibas nacionais preferiam o look Travolta do terninho e dos babados, e dançavam o disco dance dos Bee Gees pela viadagem de suas vozes. Adoravam Gloria Gaynor e seu "How High the Moon" ou "I Will Survive". Mas seu delírio, sua verdadeira

---

* Em espanhol, bandos armados, gangues. (N. T.)

"*Bíblia rosa e sem estrelas*" 313

diva pop era Donna Summer, principalmente quando cantava "Last Dance". Talvez uma cumplicidade latino-americana não tenha dado tanta bola para o Village People. "Muito brutais com seus uniformes de milicos, parece que estão homenageando o regime vigente", disse uma drag, desgrudando os cílios.

Para a América Latina, a bela adormecida das utopias, uma espiada de longe tinge de rosa seu xerox de hit parade. Mais até para os homossexuais, que ainda não têm um movimento continental. Mesmo assim, no Brasil, várias vozes irromperam no ranking popular com uma balada indefinida, mais jazzista, mais bossa nova do que roqueira. Talvez mais condizentes com os ritmos folclóricos e as tradições afro que nutrem o sangue melódico daquele país. Um leque de vozes lésbicas e viadas que incidiram na vanguarda musical, verdadeiros ídolos da massa que conhece muito bem sua preferência sexual. É como se esse tempero, essa saudade, aumentasse o gosto por figuras como Gal Costa, Gilberto Gil, a inesquecível Simone, cantada pelo Brasil inteiro; Caetano Veloso e sua irmã Bethânia, música de bacana para alguns, mas popular com seu lesbianismo estampado; Ney Matogrosso, a bicha furta-cor de Ipanema; Cazuza, caído nas garras da aids, assim como outros que já se especulam — dizem por aí que o Ney anda abatido e magro demais. Será que...?

De toda a América Latina, o país com mais tradição roqueira é a Argentina. Deve ser pelo seu cosmopolitismo e sua pouca contaminação com a indiarada local. O fenômeno do rock pegou pra valer naquele país, que se orgulha de ter um pezinho na Europa. Assim, em meio aos rebolados de Charly García, que se diz e desdiz, que pode ser, porque "viva a modernidade e abaixo às tradições". Em meio aos surrealismos de Fito Páez, que questiona "El amor después del amor" com um quem sabe, poderia ser, talvez eu era e não sabia, *che*. No meio de toda essa Babilônia do rock portenho, onde o tango macho é o baluarte de qualquer manifestação musical, surgem na década de 1970-80 dois grupos de rock notoriamente gays pelo desfile viado de seus vocalistas: Los Abuelos de la Nada, com Miguel Abuelo em trajes de seda, e Virus, com Federico Moura, mais gótico e *new wave*. Com certeza Buenos Aires inteira curtiu a fusão pop desses grupos sem dar muita importância para a bichice evidente de Miguel e Federico. Suas letras também não eram suficientemente homossexuais, era mais a interpretação, um certo clima latino combinado com o timbre elétrico das músicas, um certo embalo reggae, uma certa cadência dúbia ao soltar a voz, ao cantar *"en taxi voy, hotel Savoy, y bailamos"*. Quase ambíguos, nunca tão pintosas. Embora Miguel Abuelo fosse um espetáculo à parte, balançando a raba aos gritos dos fãs. Parecia que ia cair o teto do estádio Obras ao soarem os metais de suas "Mil horas". Parecia um garoto, a bicha-louca trintona cantando *"La otra noche te esperé bajo la lluvia dos horas, mil horas, como un perro"*. Depois virava uma garota triste com *"Luego, tú llegaste, me miraste y me dijiste loca, estás mojada, ya no te quiero"*. Já para Federico Moura, o estilo cult combinava melhor com sua bicha-louca mais controlada, mais estetizada pelo rigor *dark* do pop inglês. Ambos eram parte da família roqueira argentina, e seus irmãos também entravam na onda cor-de-rosa que emanava das bandas. Falava-se dos irmãos Abuelo e dos irmãos Moura, quando a popularidade do Virus e dos Abuelos se devia à pose boiola de seus vocalistas. Deve ser pelo

"Bíblia rosa e sem estrelas" 315

costume meio siciliano dos *hermanos*, que até na vanguarda formam uma família.

Essas semideusas do pop argentino duraram poucos anos. As "Mil horas" de Miguel se espatifaram depressa com as badaladas da aids. Os algodões negros sufocaram sua voz, e o estádio Obras nunca mais tremeu *"bajo la lluvia dos horas"*.* Ele foi o primeiro a desaparecer sob o estigma de Kaposi. Depois foi a vez de Federico, que permaneceu no palco até quase o último minuto. Esteve no Chile pouco antes de morrer, e sua montagem homo-sida-rock transmitida no telão foi quase teatral. Magro e etéreo como um espírito que parte, oscilando em zigue-zague como uma chama antes de se apagar. Parecia a encenação de uma piada cruel, uma balada de réquiem para o rock homossexual. E o nome da banda, Virus, passou para Federico como uma marca registrada.

Mas ainda restam outros e outras que a doença talvez não tenha carimbado: como Fernando Noy, mais do teatro underground do que cantora, a princesa dos esgotos portenhos. Amiga de Batato Barea, a bichona mais patroa e mais puta de Buenos Aires. Aquela que inventou a representação doméstica da travesti, que depois Jorge Porcel copiou em seu programa de tevê. Batato ou sra. Batata, que trocou o glamour dos saltos e das plumas pelos chinelos e bobes no cabelo. A paródia travesti da típica dona de casa, a mulher popular que varre a calçada para fofocar com a vizinha. Um personagem querido da periferia portenha, um atributo a essa figura anônima, talvez homenageando a própria mãe com sua travesti sem brilhos. Com sua travesti meio cantora, meio atriz, meio de

---

* Duas horas debaixo de chuva. (N. T.)

tudo. Tão versátil que não pôde resistir ao último espetáculo homossexual do século, ao último rolê pelas avenidas Santa Fe e Callao, à última despedida da última Buenos Aires antes de Batato cair na cama, arrasada pela sombra.

Mas continuam sobrando outras, no caso, o casal lésbico de Celeste Carvallo e Sandra Mihanovich, que fizeram fama com seu amor proibido. A Argentina inteira meio que sabia, corriam boatos de que haviam sido vistas na parada gay de mãos dadas. É que elas são muito amigas. Tão amigas que se beijam na boca quando cantam juntas "Soy lo que soy". Então veio o escândalo, e as declarações de amor de Celeste por Sandra, e toda Buenos Aires ficou sabendo que a roqueira e a cantora de baladas dormiam juntas. Até a mãe de Sandra apareceu na tevê, dizendo: É que as duas gostam da mesma música. As meninas se amam tanto, *che*. Assim, esse rock sapatão que sacudiu o meio cultural portenho deixou sua marca na bíblia roqueira que tanto privilegia o sexo "forte". Talvez Sandra Mihanovich, antes de conhecer Celeste, passasse por uma *femme* da balada popular. Já Carvallo era amiga de todos os hippies underground, a Janis Joplin argentina, a blueseira famosa pela guitarra psicodélica, a rainha do rock rio-platense que enlouquecia a galera, que gritava: Celeste Joplin, não morra nunca, continue cantando com esse punch, continue sujando a voz com essa trava de laringe embolorada que o rock macho deu à finada de Woodstock. Essa permissão para a mulher entrar no rock, essa garganta dilacerada que a Janis tinha, essa violência dela dizendo: "Para cantar rock, você tem que cantar com os punhos cheios de lama". Não é para tanto, querida.

"Bíblia rosa e sem estrelas"

Talvez na América Latina o rock homossexual ganhe outro nome que não soe a pedra, a rocha, áspero demais para nossa garganta desnutrida. Outro nome que corrompa a estrutura patriarcal de rebeldia deixada pelos heróis dos tímpanos sangrentos. Afinal de contas, estamos nascendo nesse lunático fim de século com apenas um murmúrio, uma carícia de paixões ocultas, o gemido da seda como acompanhamento da nossa indigente balada homossexual.

Você é meu, menina

QUASE AO ALVORECER TROPECEI NELE, Alameda abaixo, margeando a sarjeta num bocejo. Agachado no chão, ele procurava bitucas de cigarro, aqueles filtros consumidos pela metade que os fumantes jogam quando entram nos ônibus. De longe, era um garoto hip-hop com o cós do jeans folgado dançando no quadril estreito. Um pimpolho de canelas finas arrematadas pelos indefectíveis tênis sem cadarço, sem amarrar, como os novatos usam no presídio. Aqueles trambolhos de tênis que os moleques amam como se fossem namoradas, seus queridos tênis, dos quais eles cuidam como um par de pés suplementares e que são para eles o andaime ambulante a transportá-los pelas calçadas, batucando a *city*. Nos trombamos assim, sem querer, no metal gelado da desconfiança. Quer um cigarro?, surpreendi-o, estendendo o maço que ele agarrou com urgência. O que está fazendo a essa hora?, perguntei ao acaso, olhando a silhueta dorsal da cordilheira ao amanhecer. Andando por aí, me cagando de frio, procurando *money* e uma caminha quente, ele murmurou, evaporando as letras do seu gélido fumar. Quanto você cobra? Pra quê?, ele perguntou, baixando a cabeça raspada com a bandana NY que coroava suas ilusões. Pra transar comigo, levantei a voz, ressaltando a frieza de quem paga. Dez tá bom? É muito. Te ofereço cinco, mais a casa. Como assim, casa? Como na

Você é meu, menina   319

Pensão Soto: *cama, comida y poto.** Então ele riu sem parar.
É um ditado que minha avó falava, soltei, já mais à vontade.
Então vamos...

E fomos, lado a lado, à procura de álcool para entorpecer a
trepada iminente. O que você bebe? Com esse frio, até álcool
de cozinha. Mas nós do hip-hop quase não bebemos: um baseadinho e curtimos a música, o grafite, a onda, saca, bróder?
Na tua casa tem música? Claro, sempre tem música lá em
casa, mas não rap, no máximo um CD de Los Temerarios que
eu ponho quando o silêncio me sufoca. Não importa, disse
ele, abrindo a mochila. Tenho aqui uma porrada de fitas de
rap pra gente curtir. Então entendi que aquele encontro não
seria momentâneo, o garoto estava pensando em se instalar
para morar, e eu só queria uma trepada rápida. Mas enfim...
lá íamos nós a caminho do matadouro, olhando os muros pi-
chados pelo traço anarquista da gramática grafiteira. Aqueles
são *tags*, ali diz: Sou foda e não vacilo, assinado: Moleque do
Bronx. Olha, ali se lê: A música é a minha parada, escreveu
Fredy. Mas eu não entendo nada, só vejo riscos. Como é que
você lê isso? Tem que sacar as letras. Olha, aqui é um *s* ao
contrário que pode ser um *z*. Tem papel e caneta? Tenho, na
minha casa. Então lá eu te mostro. Mas, quando chegamos,
a única coisa que me interessava era seu corpinho de pintas-
silgo enrolado nas roupas imensas da sua estética rapper. Na
beira da cama, titubeou ao tirar o moletom. Sou muito magro,
disse, apalpando as costelas. E o que houve com o teu ombro?,
perguntei, me aproximando para tocar de leve a saliência de
uma violenta cicatriz. Foi uma caída *heavy*... Ficou feio, né?

---

* Bunda, em espanhol do Chile. (N. T.)

Nem tanto. Como foi que aconteceu? Num acidente de skate. Eu nunca tinha andado nessas merdas, mas os cara tavam me enchendo o saco... tu é um cagão, tu tá com medinho de andar, tu é só garganta. Aí eu fui, aí eu quis fazer a pirueta mais *crazy*, aí eu me quebrei todo quando pulei em cima do corrimão, me achando o surfista. E lá em cima eu saquei que não era tão fácil quando o tênis derrapou e eu caí de três metros numa escada de cimento. Bateu seco, cara. Ferrei com o ombro, dava pra ver o osso. E a dor... nem te conto, perdi a consciência e só fui acordar três dias depois, operado numa clínica de bacana. E quem pagou tudo? Saiu dois conto, bróder, dois conto que a minha mãe não tinha de onde tirar, saca? E aí? Bom, aí a gente não sabia o que fazer, minha mãe o dia inteiro pentelhando que era culpa minha, que se eu não fosse tão despirocado aquilo não tinha acontecido, e agora, como vamos pagar, essas merdas. E então? Então eu falei pra ela não encher o saco e a gente se mandar dali. E numa noite sem lua, como diz a música, ela entrou quietinha, trouxe minha roupa e ajudou a me vestir no escuro. Não tinha ninguém nos corredores, ninguém perguntou aonde a gente tava indo, e se alguém aparecesse a gente ia dizer que era da limpeza, porque levamos um balde e uma vassoura. Já tava tudo pensado. Não pagamos porra nenhuma. Pagar como, se minha mãe mal ganha pra comer vendendo tralhas na feira? Corajosa a sua mãe, murmurei emocionado. Pode crer. Quando acorda de bom humor ela é o máximo, mas está muito cansada, e é por isso que eu quero ajudar ela. Como? Com os dez pesos que vou ganhar contigo. O trato eram cinco e nada mais, disse eu, secamente. Nada mais, é? Nem por essa rola?, acrescentou com o olhar safado enquanto deslizava a mão

Você é meu, menina 321

pela barriga dura e a enfiava debaixo do cinto até empunhar o animalzinho orgulhoso. Vai, pode pegar nele, insistiu, remando por baixo da calça. Mas ele era tão magricela em sua esfiapada corporeidade de vinte anos, quase uma salsinha esparramada na minha cama pedindo que eu avaliasse seu broto sexual. Então eu peguei nele, mas tive que conter a respiração, porque meu cu se contraiu de terror quando toquei naquele monstro. É a única coisa grande que eu tenho, balbuciou com tristeza. Parece um torpedo submarino, falei entusiasmado, agarrando com as duas mãos o brinquedo de cabeça roxa. Dá um beijinho pra ele sorrir. E com essa mesma boca que canta a ave-maria, rocei a calva malva daquele pêssego rosa, apalpei de leve com os lábios a pele áspera daquela carne viva, palpitante nas pequenas veias que urgiam arrebentar o couro daquele pepinão suculento. O garoto se retorcia, bramava: ai, que delícia, bróder. Que maneiro, cara. Vai, continua assim, com microfone, devagarinho, em ritmo ska, que nem DJ, me improvisa como se fosse um rap, me sampleia inteiro, porra. Mais pra baixo, hip-hopeadinho, nas bolas, chup-chup-chup... chup-chup-chup... chup-chup-chap.

Eu sabia muito pouco sobre a cultura hip-hop, talvez o mesmo que qualquer transeunte olhando a esquina onde os moleques se exibem com seu estilo *new yorker* de brechó e se cumprimentam batendo as mãos, girando no chão ao compasso de sílabas ritmadas. A onda hip-hop pegou pra valer no país há algum tempo, à medida que os musicais do chicanismo jovem foram chegando ao agora retrô videoclipe. E se reproduziu aqui, quando os púberes *chilensis* se sentiram identificados com o desleixo no vestir e aquela arrogância de ser, aquela insolência vital da juventude negra e anarquista do ianqueparadise. Mais do que isso, com aquela fala cantada declamando uma dignidade juvenil, pareciam ressuscitar esplendores rebeldes e alertas socioeconômicos da insatisfação. Os altos e descascados prédios do Bronx e seu formigueiro lírico lúmpen foram o cenário reproduzido no pálido território dos conjuntos habitacionais. Quase tudo estava ali: suas míseras vidas expostas no ócio do desemprego, seus anseios de futuro vadiando sem futuro no círculo inóspito da praça, o desejo natural de se vestir na moda, de ser a moda, ditada ou não pelo feitiço publicitário, o jeans de marca, aquele sonho azul que não deixa o moleque dormir e evapora cinzento quando o salário não chega, a batida policial que pegou o vagabundo e, antes de levá-lo em cana, tiram os cadarços do seu tênis e ele tem que andar arrastando o pé feito um palhaço, arrancam também seu cinto e então o jeans cai, escorrega na cintura magra, fica na metade da bunda, mostrando o cós da cueca miserável. Assim, no Harlem ou no Bronx, em solidariedade aos jovens presos em operações da polícia, nasceu o costume de andar com as calças caídas e os tênis desamarrados... Enfim, tanta coisa pra dizer, tanta coisa pra denunciar, pra cantar sem saber cantar, me confidenciou o garoto aquela manhã na minha casa depois da felação. Porque a nossa música é de denúncia, manja bróder, disse ele, tragando a fumaça de um baseadinho. E vocês não fazem canções de amor?, sugeri, romântico, cuspindo um pentelho embolado na língua. É ruim, hein? Não seja tão viadinho, bróder. Me deu fome, tem alguma coisa pra comer?

Enquanto ele abocanhava o único pão velho que os ratos haviam deixado antes de dar o fora, eu o ouvi cantarolar uma frase musical acompanhada de um estalar de dedos. Então,

Você é meu, menina

ele tirou da mochila um arsenal de cassetes que botou no aparelho, e ali começou o pesadelo do *rap concert*. Olha, isso aqui é rap francês, me disse, dançando e cantando, enquanto eu, boquiaberto, olhava extasiado sua harmoniosa contorção. Tá curtindo meu som bi-boy? Muito, suspirei, partícipe daquela energia rebelde. Ele parecia um boneco quebrado no vaivém elástico de seu *breakdance*. Não vou te cobrar pelo show, vai de brinde. É moleza, quer aprender? Acho que não rola, já estou um pouco velha, não danço mais... os outros é que "dançam" em mim, acrescentei com certo pudor. Eeeeepa, hahaha! Não creio que esse troço "dance" dentro de você, sorriu, apalpando o meio das pernas, duro de novo. Vamos ver se consigo, disse, aceitando o desafio com ousadia. E ele se jogou na cama, arrancando a roupa com emergência. Era um pernilongo de três patas movendo a pélvis ao som das batidas do burburinho urbano. Vem cá, guloso, não tenha medo, eu faço com cuidado, disse, me chamando para o ritual com seu obelisco teso. E não me fiz de rogado. Não estou com medo, já passei por coisa pior, repetia para mim mesmo, me dando coragem enquanto ele botava o preservativo. Mas a estocada me tirou o fôlego. Afe! Quase fez meus olhos saltarem. Tira, tira, está me rasgando, implorei. Calma, calminha, disse ele, me segurando firme. Relaxa que já vai passar, só dói na entrada. E dito e feito, foi só um empurrão carnal e aquele boneco palito entrou surfando na passarela anal. Viu?, repetia ele, babando no meu ouvido, era só na entradinha. Assim, isso, calminho, bróder, dizia ele no meu ouvido enquanto subia e descia os quadris repetindo: aguenta dentro mais um pouquinho, guloso. Devagar, devagar, mexe devagarinho, rebolandinho, meu menino, minha menina. Você é meu, menina, pensei ter ouvido no encaixe apaixonado do seu ofegar. Isso parece uma letra de rap, falei, interrompendo seu balanço concentrado. Mas ele não me ouvia mais, estava em transe, metralhando meu rabo com a catarata seminal da sua furadeira elétrica.

Vamos pôr uma música, pediu arfando enquanto alcançava um cigarro. Agorinha há pouco te ouvi dizer "Você é meu, menina", murmurei, ligando o aparelho de som. Eu disse isso? Sim, e parece uma letra de rap. Peraí, não vamos pôr música nenhuma. Me passe um papel e caneta, pediu, com um sorriso musical. Vamos fazer uma música bi-boy, eu te dou de presente. E assim, esparramados na cama, ele mandava uma frase e eu respondia com outro verso. Eis o resultado:

Você é meu, menina
faço do jeito que vou
não dê uma de meloso, bróder
que Walt Disney eu não sou
Você é meu, menina
tu me paga e eu te dou
é só isso que eu tenho, bróder
essa pica dói amor
Você é meu, menina
noite vadia aqui estou
tu não chegou às cinco horas, bróder
às seis a camisinha murchou
Você é meu, menina
da tua cama já vazei
quem sabe logo vem alguém, bróder
outro forasteiro gozador.

Nunca ninguém tinha me feito uma música. Ingênua, assanhada, simplória, mas o garoto havia colocado sua emoção naquelas letras. Além disso, falou que ia musicá-la. E pra quê?, perguntei, se enquanto você canta eu posso acompanhar com o boquete *beatbox* do chup-chup-chup-chup-chup-chap.

Começaram ali os dias batuqueiros, trambiqueiros, rapeiros, bebendo e fumando bagulho até a última ponta. O tempo todo se ouvia aquele som, e fui me acostumando com seu cardíaco e reiterado tum-tum, que quase se tornou imprescindível para mim nas noites em que seu corpinho de menino caralhudo era um fiapo exausto pela luta entre os lençóis. Nunca antes eu havia passado a semana inteira de segunda a sábado no tchaca tchaca na butchaca da meteção suculenta. Nunca antes, juro. E de tanto dançar aquele *merecumbé* anal, fui ficando aberta, cavernosa e estérea. Um peido era nota de órgão na catedral, o miado côncavo e estridente de uma ópera sinfônica onde o som do trombone bufava os foles retumbantes da Abertura 1812 no último talo do rebosteio. Fiquei tão ampla e tão ao relento, como se alguém tivesse deixado a porta do quintal escancarada. Me entrava um frio pela retaguarda, uma rajada de vento em redemoinho pelo caracol da garagem de chapa. Em pleno rap, *papi*, em pleno peido, resisti bravamente na luta com o molecote. E parece que não me saí tão mal no teste da orquestra, porque ao perguntar para o menino Que nota eu mereço?, o pirralho, chupando o cigarro com avidez, disse: Seis e meio. Só isso?, perguntei, contrariado. Sete é pras mulheres, bróder. Ele tinha quase tudo: cama, comida, rabo quente, álcool e baseado. No entanto, o uivo de uma Eva na noite tirava seu sossego, ele queria sair, arranjar mulher, encontrar hálito fresco de buceta. Já volto, dizia. E as horas se passavam, novamente o silêncio de maricona entediada olhando pela janela... então ele aparecia de novo, radiante, com novas cicatrizes e condecorações que a rua lhe concedia. Quis amá-lo, mas me contive a tempo, fui até a alegria... minto, até a emoção. Um dia ele chegou com os tênis descolados, gritando: não posso andar assim. Um par desses não custa menos de cem dólares, bróder. Eu tenho cola, não se preocupe, vou arrumar pra você, falei afoita. E, em dois palitos, deixei o moleque descalço e consertei seus tênis, rápida como um duende natalino. Ele ficou de queixo caído, pasmo, e teve que engolir sua ânsia consumista. Mas havia dias em que eu acordava generosa e, saciada carnívora rosa, enchia-o de presentes, cobria-o de trapos. Com dez dólares no brechó eu o vestia elegante como um dândi do Bronx. E assim passeávamos pela *gay town*, cantarolando seus temas improvisados. Quase me acostumei com aquele frescor de zoar, rir e viver a vida sem dramas da pirralhada malaca. Tudo ia tão bem, tão perfeitinho, até que um dia não aguentamos mais aquele teatro nupcial. Eu vou e já volto, disse ele como sempre, e eu deixei que fosse, adivinhando em seu olhar esquivo a solidão de cacto que me esperava. Deixei que fosse, sabendo que a liberdade do moleque era sua bagagem, seu tesouro mais precioso. Passou uma noite, várias noites, uma semana, e nas esquinas do bairro La Chimba, onde moro, ele nunca mais deu as caras. Pelo menos um tiquinho me amou, aquele esfarrapper vagabundo que se alojou no meu coração. Uma espécie de convivência gay e burguesa se anunciava, e ficamos os dois apavorados com esse futuro.

Você é meu, menina

Por isso, depois de uma temporada de Penélope expectante, guardei sua letra de rap, seus desenhos grafiteiros e, notívaga como sempre, voltei ao beco insone das bichalobas. E aqui estou agora nessa penumbra, feito cadela velha, rastreando os cantos mijados, procurando no ar de rosas o rastro ferido do seu rebolante caminhar.

PARTE V

Chile mar e *cueca*

Veraneio na capital
(ou Suando a camisa no calor santiaguino)

E SE VOCÊ NÃO TIVER as vinte pilas que os hotéis xexelentos das praias populares cobram por dia? Se não tiver nem um parente em Peñaflor ou Polpaico, onde a montoeira de gente chapinhando na água mal deixa ver o rio? E se for preciso ficar nessa cidade fervendo de calor pegajoso às quatro da tarde? Essa capital em brasa, que pelo menos esvazia um pouco nestes meses, quando uma parte dos seus habitantes sai de férias. E os outros, a outra metade, têm que se conformar com o passeio domingueiro no parque O'Higgins. O antigo parque Cousiño, que nestes meses vira um balneário urbano lotado de famílias chafurdando no barro da lagoa. E que se danem os girinos que entram no maiô da senhora. Que se dane o fedor de água podre, se você não tem outro lugar onde refrescar os pés pretos de lama e craca. Afinal, os parques da cidade são de todos, e o melhor uso que podem ter é quando a criançada transforma os chafarizes em tanques populares no verão. E não são só as crianças que os invadem, porque os maiores, vencendo a timidez, se fazendo de bobos, também deixam a bunda de molho nas elegantes piscinas. Aqueles espelhos d'água com esculturas clássicas e querubins pelados agora ganham vida quando a família proletária veraneia na grama da praça. Aquelas esculturas rígidas alegram sua inutilidade decorativa quando as crianças pobres trepam em seus braços sem vida. Os pirralhos da Santiago estival se empoleiram na fineza barroca das Vênus aladas, e essas damas de mármore parecem voar com a penca de guris nas costas. Como se suas bocas frias sorrissem com as cócegas incontroláveis dos meninos-lombriga, essa infância fuleira que espalha sua farra no frescor dos poucos parques verdejantes da árida Santiago, da calcinante Santiago, que nestes meses autoriza a periferia marginal a ocupar o tapete verde das praças. E embora muitos torçam o nariz para essa praia urbana que toma conta da cidade de barriga ao sol, embora alguma velha dondoca diga "como permitem que essa tribo sebenta transforme o glorioso Parque Florestal numa quermesse popular?", apesar desses melindres, o povaréu se folga sem vergonha no passeio público. E é o calor o responsável por esse desinibido carnaval corporal que exibe suas partes íntimas na vitrine cidadã. Mas é estranha essa nudez numa sociedade pudica que oculta o corpo com sua roupagem moral. Ainda assim, é animador ser testemunha da febre alegre esparramada na relva, das celulites e pelancas expostas descadaramente ao olho passeador. É tão bonito contemplar essa ocupação em que o calor desnuda as cicatrizes, os enxertos, as cesáreas e todo o castigado mapa corporal de uma urbe acostumada ao recato. É revigorante ser cúmplice do mergulho proleta na Fonte Alemã, onde cuecas e roupas de banho desbotados alegram a rigidez do conjunto escultórico. Enquanto isso, o calor continua, e o sol é a brasa espumante que amodorra o veraneio sem mar das ondas suburbanas da capital.

A inundação

QUEM ESTÁ NA CHUVA é pra se molhar, diz o ditado, mas principalmente os pobres, que veem o metro quadrado de suas moradas alagar com os jorros fétidos da inundação. É que o inverno, a estação mais despida do ano, expõe as carências e pesares de um país que acreditou ter superado o barracão de zinco terceiro-mundista, um país narciso que olha o próprio nariz nos edifícios espelhados, um país que pensa ser modelo de sucesso mas, ao menor desastre, ao menor descuido, a natureza indomável põe abaixo o beliche do êxito. O pilar econômico vendido como promoção das glórias decrépitas da justiça social.

Assim, basta um aguaceiro para desvelar a frágil casca das moradias populares, erguidas como maquetes cênicas para propagandear a erradicação da miséria. Basta a chegada do inverno para minguar a alegria do povo que, depois de tanta burocracia e auxílios habitacionais, finalmente conseguiu sua casa própria. Digo casa, mas na verdade são caixas de papelão que um simples temporal faz murchar com a água e as poças, e então começa tudo de novo. Outra vez voltar à favelagem marginal, outra vez arrastar as camas e salvar o pouco de valor comprado à prestação depois de tantos anos de esforço. Outra vez pôr as panelas e o penico para receberem o insuportável tique-taque das goteiras. Outra vez, com a água nos joelhos, tirar a merda em baldes do esgoto que todo inverno entope, que a cada chuva transborda de podridão, fazendo a comunidade inteira se transformar numa Veneza chilena onde sapatos, bules e galinhas nadam no chocolate espesso do lamaçal.

Todo inverno, são quase os mesmos lugares que recebem a violenta agressão do desamparo municipal. Os mesmos canais: La Punta, Las Perdices, El Carmen ou Las Mercedes, que irrompem em cataratas de paus, telhas de amianto e sacos de estopa arrastados pela correnteza suja, a correnteza turva que não respeita nem os moleques, as inocentes crianças congeladas que, com o ranho do resfriado caiando os narizes, se amontoam nos abrigos temporários fornecidos pela prefeitura por pena e culpa social.

Mas todo esse filme trágico do rigoroso inverno chileno serve para que a televisão se atreva a mostrar a face oculta da orfandade periférica como ela é. Como é vivida pelos mais necessitados, que aparecem nas telas uma única vez no ano como uma radiografia cruel do povo, mostrada com todas as cores no preto e branco da política. Uma única vez no ano eles monopolizam a atenção jornalística; uma única vez, eles estrelam a série testemunhal programada pelo noticiários. E dessa vez é desmascarada a mentira sorridente dos discursos parlamentares, a euforia falastrona da equidade nos gastos orçamentários. Uma única vez, o jaguar* vitorioso molha o

---

* "Jaguar da América Latina", apelido do Chile na imprensa dos anos 1990, numa comparação entre seu crescimento econômico e o dos chamados "tigres" asiáticos. (N. T.)

A inundação 335

rabo e todos podemos ver seu avesso de vira-lata encharcado, de pássaro ranhento e gripado como os bebês da inundação que, tão pequenos, tão frágeis, aprendem cedo sua primeira lição de classe, sua primeira escola de faltas, tiritando úmidos nas fraldas.

Barbarella clipe
(Essa orgia congelada da modernidade)

TALVEZ, na multiplicação tecnológica que explodiu nas últimas décadas, a política da libido impulsionada pela revolução sexual dos anos 1960 tenha perdido o rumo, desfigurando-se na passagem do corpo pela tela das comunicações. Talvez tenha sido ali que uma modernidade do consumo fez da erótica mais um produto de mercado, ou na realidade foi escolhida como adjetivo visual pela publicidade para estabelecer suas metas de venda.

Nas palavras de Roland Barthes, "o sexo está em toda parte, menos na sexualidade". Assim, um bombardeio de imagens vai assediando a vida com estímulos erógenos, mas pela sobrecodificação de signos à espreita; a sexualidade parece se refugiar no lugar mais castrado, onde o onanismo eletrônico é apenas um pálido êxtase para a demanda do corpo social.

Então, hoje nos encontramos com um excedente de sexualidade à deriva, flutuante, insatisfeito e apático, que se masturba olhando as capas das revistas, os anúncios no metrô, o fecho ecler na metade do caminho, a calça desabotoada por uma mão ansiosa, os pelos pubianos pintados na cera de um manequim, os pornôs piratas passados debaixo do balcão da videolocadora. Enfim, há uma penca de gente excitada buscando o motivo mais próximo para copular fora da vitrine

Barbarella clipe

pública. Talvez no veludo escuro que encobre os gemidos debaixo de uma escada, no baldio pedregoso que arranha as costas, de quatro, de pé, atrás de um muro, longe da cama de casal e sua propaganda de coito feliz, que contempla todas as versões do *Kama Sutra* e seu estoque de posições legalizadas pelo ofício conjugal. Talvez ainda mais longe, em algum subúrbio de cortinas vermelhas que se salvou do terremoto e que a demolição modernista deixou como estátua de sal, transformado em um monumento destruído, olhando atrás as cinzas do prazer. Quiçá nas praças perigosas da periferia, onde os gemidos dos jovens ofegam nos ecos do walkman. É ali que ainda sobrevivem fiapos de sexo nas espinhas do pivete que, saindo da escuridão, pede fogo para acender um baseado e responde algumas perguntas:

— Você vê televisão?

— Às vezes, quando não tem porra nenhuma pra fazer.

— E o que você vê?

— Videoclipes, shows, esses lances. Quer dar um trago?

— Valeu. A tevê te deixa excitado?

— (*Tragada profunda*). Qual é!?

— Vídeos pornôs, por exemplo.

— Putz, mas pra isso tu precisa de um videocassete e de uma gata, e de uma casa, porque nos hotéis não te deixam entrar se for menor de idade.

— E como você faz?

— O quê?

— Isso.

— Quando tô na fissura, me tranco no banheiro, mas sempre tem alguém pra interromper, saca? Me dá o walkman, sai logo daí, essas merdas.

338   *Chile mar e cueca*

— Você se masturba em frente ao espelho?

— Qual é!?

— Você se olha?

— Claro.

— E o espelho é como a tevê e você está com o microfone na mão.

— Não tô sacando.

— Você gosta de se olhar?

— Bom, eu vivo duro. Me chamam de pirata da perna de pau.

— Gosta da Madonna?

— (*Aspirada*) Uma gostosa, aquela lá. Se ela estivesse aqui...

— Mas ela está na tevê.

— Sim, mas eu não vou meter na tevê.

— E então?

— (*Prendendo a fumaça*) Sabe que de tanto falar...

— O quê?

— Meu pau subiu, fiquei duro... Olha, pega.

— ...

— Desliga o gravador, porra.

(*Corte*)

EVIDENTEMENTE, as eróticas suburbanas giram em torno da publicidade do centro. É assim que, nos finais de semana, manadas de adolescentes disparam das favelas, procurando na noite onde e com quem descarregar seu pólen festeiro. Porém, na verdade, despejam essa descarga pela retina sexy que a cidade lhes oferece. Olham ávidos as fotos dos topless

Barbarella clipe

nos letreiros luminosos, se lambem com os anúncios que o prefeito instalou. Essas vitrines ambulantes, onde Ellus e Calvin Klein oferecem a eles o jeans índigo como invólucro de um corpo ardente e plastificado.

A publicidade exibe o corpo como um lençol onde se pode escrever qualquer slogan, ou tatuar códigos de barras segundo a fome consumista. Só que esse dublê de corpo, azeitado pelo make-up, acaba sendo a longo prazo um antídoto contra a sexualidade na cápsula frígida da telinha. Parece então que o *supermarket* corporal promete trepadas infinitas na pele dourada da modelo que distrai o motorista no outdoor da rodovia. Mas essa pele úmida é tão real, ampliada pelo close-up em sua porosidade alaranjada, que deixa de ser pele. É apenas um desejo acrílico oferecendo suco de manga no pôster que se distancia, inalcançável.

Dessa forma, a imagem erótica extrapola as capas e anúncios luminosos, fazendo acreditar que estaríamos vivendo numa época sem preconceitos, onde o sexo reina e satisfaz até a última gota do suco que rola pelo decote da garota sorrindo como puta no comercial. Mas todos sabemos que essa moça loira bem-nascida não é uma puta. E, se fosse, seria um produto inalcançável para o operário transeunte, que para debaixo do cartaz para apreciá-la como um gato em frente à vitrine suada do açougue. Esse mesmo homem que caminha de volta para casa tem de se contentar com o suco em pó que compra no mercadinho da esquina para imaginar o sabor dos lábios Tang no paladar postiço de sua mulher. Depois, sonhar com palmeiras na laje do barraco e evocar as ondas do Caribe no latido dos cães. E se ainda assim não conseguir, tem que engolir a raiva quando a patroa, amassando seu membro morto, lhe diz: O que é que foi, neguinho? E ele tem que mentir para ela, dizendo: muito trabalho, gorda. Durma, descanse, que amanhã vai ser outro dia. Só que ele não dorme e continua pensando na loira burra, que talvez não seja, mas o diretor do comercial manda ela fazer essa cara de idiota safada para a câmera. Por isso ele liga a tevê a essa hora, quando a programação só exibe videoclipes como um substituto para a contagem de carneirinhos.

Assim, em frente à tela, as imagens dos clipes o afundam num pântano de corpos idealizados pelo fluorescente que pisca ao pulso do *rock concert*. Os hits se reproduzem numa vertigem de peles como onanismo visual, onde a música cumpre apenas uma função acessória que reforça a imagem e sua permanência no espectador.

O clipe é a cola daquilo a que se assiste, o ritmo ocular que segue hipnotizando no walkman. Como se, do lado de fora da tela, uma cegueira colorida continuasse funcionando no tempo acelerado que o olho captura. Como retalhos, flashes de memória, sua narrativa recicla cinematografias MGM para jovens dos anos 2000. Um infinito console de efeitos especiais mascara a insônia computadorizada e ressuscita mitos de celuloide no cândido horror do thriller que, vestido de vampiro, persegue uma noviça. Ou histórias românticas que reiteram a mocinha esperando na sacada do refrão. Mas no clipe não há perversão, porque a luva-censura do editor vai esquartejando em quadros de consumo o açougue estético onde a tesoura entra justo quando o *zoom-in* ameaça uma florida vagina (*corte*). Quando a câmera passeia pela barriga e se depara com o matagal sob o umbigo (*corte*). Quando os estupradores pegam a menina (*fade-out*). Quando a Cinderela em lua de mel

Barbarella clipe

desce o zíper do Prince (*corte*). Quando a Madonna beija sua original na boca e as duas Marilyns se fragmentam lésbicas na cópia da cópia (*censura*). Quando a mesma Madonna engole um crucifixo (*corte*). Quando o mesmo crucifixo começa a subir ereto (*insert*).

É como se o clipe fosse um conjunto de estereótipos de ação e sexo armazenados na caixa preta apenas para ser contemplado. Da mesma forma, os shows de rock envasados em fita cassete são uma maneira de evitar os arroubos juvenis e regular a euforia dos estádios lotados. Ao exibir o filme do espetáculo, os moleques, solitários na sala de suas casas, parecem inofensivos diante do televisor. Sua transgressão de corpos desejantes é neutralizada pela sequência de vídeo interrompida quando um falo cintilante cruza a tela, fugaz. Mas, ao ajustar o *tracking*, não é bem isso, e sim um cacto de cachecol conspurcando o tesão com sua mensagem ecológica.

Há muito o que dizer sobre o mercado publicitário e a pornografia legal que esfria os pés e a sopa rala dos pobres. Muito já foi dito que os pobres transam de meias, só que agora, com a paranoia da aids, as meias servem de camisinha. E eles sempre dão um jeito de se atracar na moita. Mesmo com o pânico de que a praga penetre nos vasos comunicantes de uma transa cobiçada. Mas o que resta é um gosto de culpa, e os amantes mal se despedem quando saem especulando o prontuário sexual do outro. Pensando: E se antes de mim?, e se meses atrás?, mas ele teria me dito, ou não me disse porque já pegou, por isso não se preocupou em trepar sem camisinha. Na tevê, repetem o tempo todo que não se deve cair em tentação. Sexo seguro ou abstinência. Que é preciso praticar esportes ou cooper e esquecer essas noites em que a luxúria chama com cara de lua aidética.

Assim, o empreendimento visual permeia sua erótica plastificada no leque das comunicações, semeando a desconfiança e o medo do toque sem luvas. Uma política voyeur de substituição do sexo, que se olha mas não se toca, invade a atmosfera cosmopolita. Uma mensagem subliminar dirigida através da moda exibe um estoque de corpos jovens que introduzem a mercadoria. À nossa retina, chega o spray do desodorante que banha o marmanjo, anunciando um jeans com todo seu aparato tropical ao alcance das mãos. Observamos assim uma mudança no objeto sexual, geralmente feminino, substituído por um púbere agressivo com brinquinho de diamante no lóbulo. Esse mancebo aparece exibindo cortes nas nádegas e lesões nas coxas, como se estivesse saindo de um bacanal violento. Como se os arranhões sexuais deixassem pela metade a nudez ou os rasgos no jeans que se salvou do estupro (simulado) no estúdio Levi's.

A fábrica da Lee também está empolgada com essa mudança de modelo. Os botões reforçados da braguilha substituem o frágil zíper, como que resguardando a genitália. Ou melhor, aprisionando-a na logomarca estampada do fecho.

Essa mesma publicidade deixa os Twin Peaks eretos, vestindo de jeans suas vigas nuas de concreto armado. Assim, o jeans passou a ser um profilático urbano que protege a cidade com seu striptease anil.

Chile mar e *cueca**

(ou "Arrume-se, Juana Rosa")

COMEÇANDO A ESQUENTAR o clima do freezer invernal, recém-abandonado o mortífero agosto que passou causando estrago para horror dos velhos, a primavera despenca em cima de nós com mais um setembro carregado de chilenidade orgulhosa, serpenteando o ar com resplendores de acácias e nuvens rosadas de ameixeiras floridas.

Uma chilenidade encharcada em mel de abelha, que se intitula como "doce pátria" ou geleia nacional. Como aquele algodão-doce que a criançada come no parque O'Higgins, que gruda nos dedos e no rosto com a poeira levantada pelas botas do desfile militar. Ou o suor da gorda que tempera o recheio das empanadas com as pelancas balangando no antebraço enquanto limpa o ranho do bebê que desata a chorar ao compasso da *cueca*. Ou melhor, do merengue e da salsa que substituíram a tediosa dança nacional, que já não é mais uma dança, mas uma coreografia calculada para a televisão. Um bailinho aeróbico que multiplica em rodeios e assédios o gesto macho da dominação sobre a mulher.

A *cueca* é uma dança que encena a conquista espanhola do caipira efeminado em seu trajezinho flamenco. Um traje de

---

* O original, *mar y cueca*, cria um jogo sonoro com "marica". (N. T.)

duas peças, cheio de botões, que combina com as botas de franjas e salto bambi. O caipira de latifúndio que se emboneca todo faceiro com o paletó acima da cintura para mostrar o rabisteco. Um matuto que arrasta a chinoca para o galinheiro. E a china é a empregada que soltou as tranças na noite de Temuco. A china é a *nana*, como os chilenos ricos chamam a faxineira, para não dizer: "Arrume-se, Juana Rosa, que chegou um convite pra você".* Também a chamam de servente, porque no dia 18 de setembro ela terá de servir muitas visitas e não a deixarão passar batom nem sair com seu amor para passear pelas barraquinhas do parque. No máximo uma empanada rançosa, que ela vai mastigar sozinha no seu quarto minúsculo, alisando as flores berrantes da saia de lycra e o casaquinho branco e os sapatos de salto que alongariam suas pernas rechonchudas. Sua candura morena de dezoito anos, que neste e em todos os dias 18 do calendário nacional irá apodrecer na mesma servidão.

Assim, as festas pátrias arremetem com sua algazarra de *piñata* colorida. Assim, os donos das barracas arriscam as economias num negócio que às vezes vai por água abaixo junto com a chuva que arrasta as serpentinas douradas, as pipas e raias, os chapéus mexicanos de papelão e as bandeirinhas plásticas, que murcham como os lucros esperados para setembro.

Mesmo assim, entre o barro e a barulheira dos alto-falantes que chiam com gargarejos d'água, quanto mais chove, mais se bebe. Na verdade, não se tem desculpa para um brinde, e é melhor do que ficar deprimido pensando que se é um pro-

---

* Alusão aos versos de "Juana Rosa", canção de Violeta Parra. (N. T.)

Chile mar e cueca

letário com um salário miserável, que não pode nem curtir o dia 18 com a mulher, com a Juana Rosa que ficou trabalhando, limpando o vômito dos patrões. A Juana Rosa que deve estar tão só na gaiola do seu quarto, com seu coraçãozinho congelado de pássaro do sul, enquanto o Chile festeja como se não houvesse amanhã. E entre arrotos de cebola e o bafo avinagrado dos tonéis de chicha com laranja, continuamos bebendo até cair. Ou melhor, até esquecer a chilenidade e sua manipulação oportunista. Esquecer a dose de chicha compartilhada no chifre de boi que une numa baba tricolor a risada do presidente com a careta irônica do capitão-general.

Bebe-se para esquecer outros setembros de horror, outras *cuecas* descalças sobre os cacos de vidro espalhados da janela quebrada por um iatagã militar. Enfim, continuamos anestesiando a memória com a bebida, até que os corpos que rebolam na pista com o *"muévelo, muévelo"* se confundam no copo embaçado do álcool. E de tanto ver peitos e bunda no meio da pista, o corpo pede um remelexo. Não importa como se dance, basta entrar na maré mareada do dancing popular. Participar daquela quermesse fuleira que vai enchendo cada vez mais, como sua bexiga prestes a estourar se não for esvaziada. E entre um com licença e um licencinha, ele sai à intempérie fria da madrugada e, atrás das tábuas das barracas, solta o jato espumante que faz coro com a fila de picas inchadas de tanto festar. E ao seu lado alguém, aparentemente um jovenzinho, pergunta: Quer que eu sacuda pra você? E ele está tão só e amargurado nesse dia 18 que nem pensa, e acena afirmativamente com a cabeça. E o jovenzinho se pendura na sua rola como um bezerro faminto, provocando uma onda de ternura que o faz acariciar as mechas duras do seu cabelo arrepiado, despenteando-o, num arrebatamento ejaculatório que murmura: toma, Chilezinho, engole que é todo seu.

E enquanto a cúmbia ecoa e o acordeão sacode o *"mira como va, negrito"* e os baseados passam apressados num deslizar de brasa que ilumina fugaz a cara dos moleques, ele cai rolando pela elipse do parque num rebuliço de espetinhos, cornetas, bastões de fanfarra, pôsteres do papa, da Verónica Castro, do Colo Colo, de Santa Teresa e de tudo quanto é santo canonizado pela pirataria da sarjeta. E ali ele fica, jogado na grama, com a braguilha aberta, deixando ver a piroca pendurada como uma serpentina ébria. Sem um puto, porque o duende libador afanou todo seu salário como pagamento pelos seus serviços.

Essas festas são assim, um marasmo efervescente que coletiviza o desejo de pertencimento ao território. Ser pelo menos um pelo do rabo do *huemul* embalsamado. Ou a pontinha da estrela, qualquer coisa que lembre o Chile para se sentir bem e comer os restos do churrasco que raras vezes por ano exala sua fumaça nos quintais das favelas. Nessas datas, o semblante tísico das fachadas ganha cores, e o povo enfeita com guirlandas a folia poeirenta dos becos.

Um alvará de alegria para a plebe, flamulando nos panos mal cortados de suas bandeiras. Como se, nessa assimetria geométrica, a proporção do vermelho proletário arroxeasse o fino azul inatingível. Como se a mesma ebulição púrpura migrasse para o branco, raspando-o num cor-de-rosa violento. Um ludismo que transforma as cores puras do pendão em furta-cor manchado pelo mijo nos muros.

Parece que a mesma orfandade social zomba dessa identidade imposta, contagiada por tricomonas oficiais. Como se o

Chile mar e cueca 347

Estado tentasse inutilmente resgatar, nesses carnavais pátrios, a voz de uma identidade perdida entre os toca-fitas Aiwa que cantam na esquina com lirismo roqueiro, ronqueira suburbana ou estridência mexicana.

Uma suposta identidade ébria que tenta se agarrar ao suporte frágil dos símbolos, que a essa altura do século são importados do Japão, como enfeites de um aniversário pátrio que só brilham fugazmente nos dias permitidos. E, passada a euforia, o mesmo sol de setembro empalidece seu fulgor, devolvendo o cidadão ao trânsito de solas descoladas que, um pouco mais tristes, fazem o caminho de volta à sua rotina laboral.

Os primórdios de La Florida
(Sentir-se rico, mesmo que seja em miniatura)

E NÃO FAZ MUITO TEMPO que esse bairro era uma pastagem de chácaras e vinhedos nos arredores de Santiago. Não faz muito tempo que esses terrenos margeavam a avenida Vicuña Mackenna com campinas silvestres e arbustos mirrados que preservavam o clima campestre de uma cidade recostada na cordilheira. Longe de ser nostálgico, os ares de La Florida eram oxigênio verde para o povão que viajava até Puente Alto contemplando a faixa rural que corria na janela do ônibus. E esse filme da soterrada paisagem *chilensis* era o único cartão-postal de natureza acessível aos trabalhadores, que cochilavam na letargia de choupos e quero-queros rumo à sua casinha de meia-água.

E, de um dia para o outro, como quem pisca ao acordar depois de anos, a paisagem bucólica foi para as cucuias. Em seu lugar, a modernização expansiva da urbe transformou La Florida em um bairro *fake*, povoado de vilas e condomínios *express* com nomes elegantes como San Jorge, La Alborada, Las Praderas, Las Torcazas, para executivos, profissionais liberais, yuppies e catedráticos, que refundaram esses pampas com os vícios pequeno-burgueses de uma nova classe social. Ou melhor, que o ocuparam com o status chinfrim da cópia ricaça, só que tudo pequenininho. Isto é, o chalé do bairro

Os primórdios de La Florida 349

chique, porém reduzido a um espaço onde a sala, a biblioteca, a varanda, a despensa e as dependências de empregada equivalem a uma casa de bonecas. Sentir-se rico, mesmo que seja na miniatura desses sobradinhos iguais, com tijolinhos e um jardinzinho onde o dobermann parece um elefante. Porque não há casa em La Florida que não tenha um dobermann, os únicos cachorros que cumprem ferozes com seu trabalho de guardiães pelegos das porcarias eletrodomésticas que decoram esses lares de pobres ricos. Assalariados que fazem milagre no fim do mês para pagar os boletos, as dívidas e o emplacamento do carro japonês que eles lavam e enceram nas calçadas todo sábado. Todo final de semana à tarde a família Florida veste seu agasalho esportivo, todo mundo igual, todo mundo de tênis e viseira para correr feito uma bola naquelas ruazinhas com grama aparada e portões baixos, como nos filmes americanos.

O planejamento urbano tende cada vez mais à expansão centrífuga do centro tradicional, a criar novas comunas, novos bairros que descongestionem o coração metropolitano já saturado pela explosão demográfica. Mas, nessa redistribuição do espaço social, o mercado imobiliário vai copiando receitas urbanísticas em que a arquitetura modular do desenvolvimento otimista inclui estilos de vida, formas estereotipadas do desenvolvimento doméstico que moldam a liberdade do cidadão. Assim, junto com a casinha na pradaria de La Florida, vem incluída a educação das crianças no jardim de infância da vila. Junto com a planta residencial, vem o entretenimento para os adolescentes na disco-matinê, que por acaso fica a meia quadra do condomínio. E, como se não bastasse, quase não é necessário se deslocar a nenhum outro bairro, porque na rotatória de La Florida se ergue fanfarrão o Super Mall, onde você encontra tudo o que imagina, desde uma agulha até um *motorhome* para um feliz *weekend*. Lá você mata todas as neuras com a droga do consumo. Lá você relaxa olhando vitrines, comprando ou fingindo que compra quando encontra a vizinha. E, o melhor de tudo, sem as crianças, entretidas sacudindo feito fantoches naqueles hipopótamos de plástico que chacoalham seus neurônios. Em La Florida você é feliz, diz a propaganda, tomando sol em seu metro quadrado de grama e molhando a bunda em sua piscininha não maior do que a pia da cozinha. Em La Florida você é feliz, declama o corretor de imóveis, unindo-se à ópera mercantil desses bairros instantâneos sem história, sem passado que possa arrastar um trauma futuro. Em La Florida você pode se sentir em Chinatown, pois os restaurantes chineses abundam e também a junk food, como em Miami. Percebe? Em La Florida não existe depressão, porque a maré de ofertas é a terapia comunitária que compete com qualquer liquidação de temporada. Em La Florida você pode ficar contente enquanto acumula suas ilusões de rico nesse bairro liliputiano, onde os sonhos de prosperidade acomodam sua vida familiar de acordo com o prospecto imobiliário que promete felicidade em cores. Em troca, você só precisa reduzir seu arrivismo de minimagnata e se achar muito sortudo por viver num éden iridescente de neons e letreiros que transformam a paisagem num tabuleiro do Banco Imobiliário.

Presságio dourado para uma Santiago outonal

HÁ UM CERTO FRACASSO nessa luz dourada que se põe cedo quando chega o outono, quando os looks coloridos dos santiaguinos vão assumindo o opaco cinza-chumbo ou marrom-café da roupa invernal. E, nessa troca de uniformes, as donas de casa vão correndo lavar os casacos, parcas e sobretudos na lavanderia para enfrentar a friaca que se aproxima. Porque este ano fez muito calor, até abril a meninada andava de manga curta. Com trinta graus na Semana Santa, como se fosse o fim do mundo, as velhas veem com desconfiança o calor tardio que mantém verdes as folhas das árvores, quando em outros anos os poucos parques da capital já estavam atapetados de ouro antigo.

Assim, sob a ameaça do apocalipse, de catástrofes e desastres, as mulheres observam com desconfiança as bondades desse outono tropical. Sentem falta da chuva fina que nessa estação arrasta tristemente as lembranças do verão abrasador. Sentem saudade da nevasca polar que traz o resfriado, as tosses e gripes que abrigamos com cachecóis, xales e gorros de lã. Têm nostalgia do cheiro de terra molhada, do barro e da geada que congela a paisagem social de uma cidade que não sente como seu esse clima ocioso e temperado. Reivindicam o cheiro de querosene do aquecedor que nos lembra que somos pobres, embora o ministro da Economia diga que esses calores são fruto das vantagens do neoliberalismo.

Talvez a capital precise dessas estações intermediárias como o outono para se preparar e resistir à dureza do inverno. Para justificar de alguma forma o ponto tricô, ponto aranha, ponto favo de mel, ponto arroz, ponto grão-de-bico, ponto argola, ponto pipoca, ponto laçada, Jersey e ponto corrente nas mangas do blusão para a Jacqueline, que este ano vai à faculdade. De lã rosa-choque, azul-turquesa, verde-água, verde-limão, amarelo-canário ou azul-anil, as cores berrantes com que o povo agasalha sua pobreza. Porque as diferenças sociais do outono também são divididas por cores. Assim, os tons mesclados tipo caxemira ou angorá demarcam o status de se vestir com classe, de receber o frio com bom gosto, com tricôs costurados à máquina mas que pareçam artesanais, "como se está usando", diz a socialite para a Maria Joaquina, que este ano também vai ao *college*.

Talvez a delicada ternura que aquelas mulheres simples põem em seus tricôs feitos à mão aqueça, como uma carícia, os calafrios úmidos que rondam as crianças com a chegada do frio. E talvez não seja só isso, mas também uma desculpa para trocar informações sobre suas vidas, se reunir para compartilhar pontos e carreiras de um, dois, três do lado direito e um, dois, três do avesso. Com fio duplo para o meu marido, que chega tarde todas as noites, vizinha. Com punhos reforçados para o Ricardo, que passa dia e noite com a turma da quadra, vizinha. Com ponto furadinho no peito para minha filha de dezoito, que volta com dinheiro quando vai pro centro e ninguém sabe por quê, dona Juana. Com gola rulê para o meu caçula, que expulsaram de todos os colégios e já não sei mais o que fazer, dona Kika.

Presságio dourado para uma Santiago outonal

Enfim, parece que o crochê coletivo de mulheres tecendo ao sol, na porta de suas casas, cumpre com outros propósitos além do fim prático do casaquinho, do cachecol ou das luvas. Essa é uma organização que tece experiências e tristezas ao som das agulhas, na dança sem censura da língua que dissemina a informação maledicente do quarteirão. Uma maneira oblíqua de fazer política na ausência do macho. Como a famosa varrição de calçada, em que as pessoas podem levar horas passando a vassoura na mesma lajota, limpando o mesmo canto, como se fosse uma terapia pensante que as mantém unidas no ritual de construir e desconstruir a sociologia do bairro e do país. Com uma vassourada, elas descascam aquela dondoca da tevê que detestam. Com uma esfregada no piso, tagarelam sobre o preço do pão. Com uma encerada no assoalho, comentam a mentira engravatada dos políticos: e esse metrô voador que custou uma fortuna e não serve pra nada, porque a gente continua tendo que pegar um cata-corno pra chegar na comunidade.

É por isso que, a essa altura do ano, elas têm saudade do outono tradicional que não chega. E não é apenas por romantismo. É por isso que elas andam pressagiando um terremoto e sentem falta da imundície outonal que a essa época cobria as calçadas em outros anos. Da chuva de folhas tristes que as obrigava a varrer várias vezes o meio-fio para armar sua política tagarela, seu breve espaço camuflado de ordem e asseio, onde elas, todas juntas, todas cúmplices do outono, fingem amontoar folhas secas tramando a política linguaruda de sua doméstica conspiração.

As açucenas despedaçadas do incesto

SENDO ASSIM, vamos expor a fetidez proscrita do incesto materno. Mas talvez ir além da condenação moral, que criminaliza esses arroubos em que o amor edipiano e o desejo carnal se cruzam e se confundem. Talvez, radiografar a aberração desse ato em que mãe e filho transpõem a fronteira do afeto familiar e invertem o parto ao introduzir a orfandade drogada do filho no sagrado ventre progenitor.

Na história do cinema há excelentes filmes que tratam do assunto com estética e ternura: *La luna*, de Bertolucci, e *O sopro no coração*, de Louis Malle. Também há muitos casos na história, cada um com suas razões socioculturais. Mas e quando esse segredo tácito adquire a monstruosa dimensão do pecado? Quando todos os seus motivos viram cinzas na fogueira da sentença?

Eu me lembro de uma tarde nos anos 1990 em que assistia na tevê um daqueles programas de utilidade pública, aqueles dramalhões em que a apresentadora impassível se transforma em juiz e padre confessor da biografia pagã dos pobres. Ali, a entrevistada era uma mulher de meia-idade que, inocentemente, narrava os embates de sua vida miserável. Mãe de quatro filhos, todos de pais ausentes. Os três menores, de quatro, sete e onze anos, além do Mauri, um garoto de dezoito anos que abandonara a escola, tão jovem e já com um prontuário

As açucenas despedaçadas do incesto 355

de roubos e delitos múltiplos. Tão pirralho e já controlava o tráfico de drogas do quarteirão: pacotes de cocaína, tabletes de pasta base, rupinol, cola de sapateiro e toda a porcaria de comprimidos que mantinham o negócio da sobrevivência. Uma dor de cabeça pra mim, dona. Todos os policiais da delegacia já me conhecem, de tanto ir buscá-lo. Mas, apesar de tudo, ele é meu filho, chorava a mulher na tela, acrescentando entre soluços: por isso eu perdoo tudo. Tudo o quê?, insistia a condutora do programa, com morbidez. Coisas que acontecem, dizia a mulher, negando-se a ser mais explícita. Mas que tipo de coisas?, a apresentadora alfinetava. Bem, coisas, como o que aconteceu esses dias com o Mauri. E o que foi que aconteceu?

Eu estava exausta de tanto trabalho doméstico, porque lá em casa ninguém ajuda. Então, deitei na cama para descansar um pouco. E não sei como, mas cochilei, ouvindo de longe aquela música que o Mauri escuta quando está drogado. Eu estava dormindo, por isso não sei quando ele entrou no quarto, quando começou a fazer carinho em mim, quando se enfiou na minha cama. Eu estava tão cansada que não senti nada, e quando acordei ele já tinha consumado o ato (esta última frase me pareceu tirada de um boletim de ocorrência). Àquela hora da tarde, com a modorra de verão, muitos assistíamos tevê meio entorpecidos pelo calor, e a entrevista foi um balde de água fria. Mas isso que a senhora está me contando é muito grave, reagiu a apresentadora. A senhora precisa denunciá-lo, para que seja preso. Não, dona, reagiu a mulher com firmeza. A culpa é das drogas, ele está doente. E, apesar de tudo, é meu filho, concluiu a mãe, certamente pensando que se Mauri fosse para a cadeia o negócio da droga acabaria. E quem iria sustentá-la com os três filhos pequenos? Pobre mulher, pensei, como ela foi dar essa entrevista? Daquele momento em diante, revelada a cumplicidade incestuosa de seu sustento, para o quarteirão, para a comunidade, para o Chile inteiro, ela e o filho seriam apontados com o dedo por cruzarem os limites aberrantes do amor. Então, cabe perguntar: quando é que esses fatos, comuns em certos lugares, por vezes verdades secretas da promiscuidade habitacional, se transformam em pecado? É possível que, ao serem exibidos para a comoção pública, adquiram essa aura de sexualidade animal. Que, ao serem mostrados como objetos de vício proletário para a ética dos telespectadores, só então a confissão inocente desta mulher provoque um olhar de nojo.

Em outra ocasião, saindo com uma amiga escritora do seu estúdio na Radio Tierra, uma de suas alunas nos confidenciou textualmente: dormi com meu filho para salvá-lo das drogas. E nós ficamos perplexas ouvindo o testemunho daquela mulher, ainda jovem e bela, que num sussurro de pudor nos contou que o filho estava em uma grave crise de crack. Já tinha vendido quase tudo dela, já estava roubando o que arranjava para comprar droga. Eu não sabia o que fazer, porque ele só tem dezessete anos e já está metido nesse inferno. Some semanas inteiras e eu fico com o coração na mão pensando que o pior pode acontecer. Por isso, outro dia, resolvi trancá-lo no quarto. No começo foi horrível, ele queria se matar, quebrar tudo, mas eu arrastei o menino até a cama, porque ele começou a tremer de febre e pulava meio metro de altura. Com a falta da droga, sentia calafrios e dava pulos na cama, todo suado. E eu fui conversando com ele, acalmando ele, ninando ele, fazendo cafuné no seu cabelo, e, chorando, abracei meu filho para conter seus sobressaltos. Ele não sabia que era eu. Por isso aconteceu o que aconteceu.

Embora esses fatos ocorram em todas as camadas sociais, é possível que na fratura social dos menos favorecidos esse tipo de situação ofusque a civilidade moral que impõe limites aos afetos. Mas, às vezes, a dura realidade do habitar periférico arranha o cristal materno com a terna doçura de um segredo proibido.

Ópio do povo

E DAÍ, se andam dizendo aos quatro ventos que o esporte é a chave de um futuro saudável, se insistem nesse presente atarantado pela encheção de linguiça do futebol, martelando no pra-lá-e-pra-cá da bola, noticiando até o peido que o juiz solta quando apita? Como se alguém se importasse que os machos recorram à filosofia, discursando sobre aquele drible de calcanhar ou da vaca, sobre aquele gol de letra ou de bicicleta. Não acha que é demais? Não será outra forma de domesticar a euforia cidadã com o narcotráfico do showbiz e da pelota? Se agora até as mulheres entraram nessa elucubração e vemos jornalistas, apresentadoras, primeiras-damas, atrizes e fanáticas extasiadas, molhadas, gozando com aquele passe mágico do bofe de pernas de ouro, a exploração milionária do moleque de cabelo espetado que não teve grana para entrar na universidade e foi escolhido entre milhares na favela como o rei do chute. Porque a chamada paixão das multidões é a universidade *express* dos pobres, a única forma de saltar à fama sem pensar muito, de evitar toda aquela xaropada dos estudos e entrar para outra escola, mais de soco e pontapé, uma escola só para machos *latin lover* de peito depilado, sobrancelhas reggaetonas e brinquinho de diamante no lóbulo malandro-Armani. É a academia do chute milionário, onde uma penca de baba-ovos comentaristas, técnicos ou teóricos

Ópio do povo

da palhaçada futebolística dominam a tela discursando sobre aquele balé elástico do jogador, elogiando bichamente aquelas panturrilhas musculosas. Ai, essa ginga! Ai, essas coxas duras rebatendo a bola. E como não vai ser uma arte esse passe tão complexo pelo meio das pernas? Como não vai ser um êxtase da inteligência essa reboladinha e todas as poses e comemorações espalhafatosas dos boleiros quando fazem um gol? Quando acariciam a crista com gel, quando correm como deuses, quando molham a camiseta da seleção. O que seria do Chile sem a seleção? Um desastre, pior do que o terremoto.

Talvez o futebol monopolize as notícias e capas de jornal para aturdir a vida cada vez mais vazia da realidade nacional. E vale suspeitar: o que está escondendo com esse espetáculo doentio de patrioteiro que glorifica as piruetas do corpo viril? O que está disfarçando quando se usa uma simples paixão popular para transformá-la em megaevento? E, o que é pior: quando se convencem multidões de que o sentido da vida e do país dependem dos rebotes da bola em campo? Como se o futuro branco e amnésico do país baseasse sua utopia sonhadora nas vitórias ou derrotas da seleção. Que geralmente são derrotas, acusações contra os técnicos importados, denúncias de farras e noitadas cheirando carreiras no cartão de crédito dourado, má administração dos recursos, roubos e confusões de golpes e rapinagem de dólares pela compra e venda de jogadores. Como se um homem ou uma mulher pudessem ser vendidos e traficados de acordo com a potência de seus músculos. Assim como checavam os dentes dos escravos, agora eles são escolhidos com um cronômetro que marca resistência e agilidade coreográfica para o show da pelada. Enfim, também não se trata de reivindicar a inteligência ou o conhecimento letrado como a única religião existencial. Não se trata de problematizar e condenar um jogo-terapia, um jogo-festa, um jogo-carnaval que alegra a torcida das massas. Não à toa as organizadas foram uma forma juvenil de desacato, até que o próprio sistema as coibiu com sua revista ordeira. Não se trata de criticar a inocência de um entretenimento popular, apenas que já não se pode falar de inocência nem de jogo quando se manipula a consciência de um país com o totó televisivo. Assim, as marchas são reprimidas, as reivindicações sociais e os movimentos de protesto são abafados dependendo da vitória do time, dependendo do resultado da partida internacional que, se for uma derrota, será um amanhecer nublado para tantos chilenos que veem suas vidas passarem rolando em campo como única preocupação, como única forma de dissipar o tédio do domingo e da tevê, da tarde e da tevê, da noite e da tevê e do jogo e da bola, um mundo murcho que o mercado futeboleiro trafica para inflar seu obeso lucro.

A apaixonada errância do descontrole

OLHAR HOJE EM RETROSPECTIVA para as diferentes revoltas juvenis que traçaram políticas e poéticas do descontentamento nas últimas décadas talvez seja necessário para compreender as novas formas de controle social aperfeiçoadas pelo sistema de turno para identificar, fichar e encapsular a febre jovem, que desde antes dos anos 1950 foi o motor tresloucado que desencadeou utopias de justiça e sonhos de futuro, em que os jovens aspiravam a ter alguma participação efetiva nas tramas políticas que definiriam seu porvir. Talvez seja necessário fazer uma introdução a esta crônica, para refletir sobre as marcas finisseculares deste desacato e poder decifrar a ingênua rebeldia que mobilizou tantas gerações da juventude pueril que, com o passar dos anos, dos arranjos partidários e das rearticulações ideológicas, viram ruir lentamente as doces ilusões, as fúrias exaltadas que não conseguiram romper com a blindagem conservadora do neo-ordenamento e, assim, abrir caminho para o raiar de um mundo onde o desejo adolescente inflamaria a transformação.

Talvez tenha sido depositada muita responsabilidade na revolução jovem, e agora seja cômodo analisar do lugar de "adulto mais velho" ou da lógica tranquila do "jovem adulto" os excessos das mobilizações estudantis, universitárias, periféricas, arruaceiras ou esportivas que em algum momento puseram em xeque a institucionalidade e a hipocrisia de seu status. Digo que é cômodo registrar esses fatos porque uma territorialidade das ruas irmana os distintos fluxos jovens, que atualmente se articulam e desarticulam na estratégia nômade de sua errância anarquista. Nesse sentido, a urbe contém e extravasa o vandalismo púbere como um espaço mutável onde as políticas de controle e sua desobediência se confrontam. É na via pública que a prática da resistência civil desata sua paixão, a rua é o palco onde o corpo moleque enfrenta seu oponente policial, via de regra, sempre em desvantagem diante da máquina móvel da lei que esmaga sem cerimônias a aventura da transgressão. Assim, nos deparamos hoje com outro mapa juvenil, que não corresponde ao ideário nostálgico do revolucionário dos anos 1960: idealista pelo discurso filosófico e doutrinário pelo iluminismo anticapitalista. Essas filiações já não bastam para fazer parte do bando, camuflado na selva urbana (não mais nas montanhas), realizando suas micropolíticas agressivas para romper com a frustração e o desencanto.

A partir dessa perspectiva, talvez tão errática quanto as pulsões que às vezes intervêm na rua, tentarei articular um olhar sobre o fenômeno social das *barras bravas*. Obviamente, procurando delinear sua pálida diferença terceiro-mundista, que representa um abismo em relação ao mesmo fenômeno esportivo das torcidas organizadas que se deu em outras partes do planeta. Assim, embora tais agitações juvenis por trás do futebol pareçam similares, na América Latina, e especialmente no Chile, sua trajetória é influenciada por

A apaixonada errância do descontrole 363

questões políticas e desavenças tribais que diferenciam as práticas do fanatismo esportivo. Na verdade, caracterizam o processo das *barras bravas* chilenas, que se deu sob o pretexto do futebol, para exigir melhorias político-culturais entre a massa jovem herdada da ditadura. Assim, é preciso contaminar este texto com biografias populares, linguagens de tribos e sobrevivências periféricas para nos embrenharmos na sociologia do desamparo, onde surgiram as temidas torcidas organizadas.

O ócio deserto da várzea

Talvez, ao olhar Santiago do Chile de cima de um avião, seja possível divisar na paisagem árida que a rodeia terrenos baldios, quadrados de terra destinados a praças, áreas verdes ou espaços de lazer para a comunidade, mas que nunca chegaram a ser feitos e que, no fim das contas, acabaram virando o lote coletivo da várzea onde a turma joga futebol, o jogo mais popular do país, o entretenimento gratuito que faz parte da memória cotidiana dos habitantes da Santiago pobre. Porque o futebol sempre foi um esporte barato de se praticar: basta uma bola, o traçado do campo e o time de moleques correndo e chutando para esquecer um pouco o desemprego e a miséria daquele meio. Ali, no campinho, eles experimentam a única liberdade corporal que conhecem, a única liberdade que lhes permite liberar seu ressentimento de favelados que se juntam todo final de semana sob o emblema do clube esportivo. Porque toda periferia tem um clube que reúne jovens fanáticos da bola, e essas pequenas organizações comunitárias refletem um retrato do passatempo popular que anima seus feriados com o ritual do jogo em campo. Assim, o mesmo campo, que nesses confins latino-americanos não é aquele atapetado de verde-musgo, transforma-se numa zona franca ou território sem lei que eles elegem e ocupam também para suas assembleias comunitárias, suas festas e celebrações por vitórias ou derrotas do time, tanto faz, qualquer resultado é desculpa para comemorar com muito álcool, que se bebe sem limites e a qualquer hora. Mas principalmente de noitinha, quando as sombras caem e é mais fácil se esconder da polícia na escuridão da cancha mal iluminada pelos postes queimados. Ali não falta droga, a querida maconha, bagulho ou baseado, como é chamada a *Cannabis sativa*, que eles mesmos cultivam em seus quintais deprimentes. Essa erva, na década passada, era a droga mais popular entre os moleques da favela. Seu consumo chegou inclusive a ser aceito pelas mães e famílias, que não viam sérios perigos na inocente plantinha. "Ela te deixa mais calmo. Eu mesma tomo um chazinho de folhas quando estou muito nervosa", diziam as senhoras regando a marijuana, a única coisa fértil que brotava naqueles áridos quintais. Mas, quando chegaram os anos 1990, a folclórica marijuana foi substituída pelas múltiplas ofertas do livre mercado. Principalmente pela cocaína, que a princípio era distribuída como um maná entre aqueles adolescentes para semear viciados. A propaganda do seu consumo, controlada por policiais e traficantes, parecia dizer: "o primeiro eu te dou, o segundo eu te vendo". E é importante ressaltar essa mudança de vício entre os drogados que depois integrariam

A apaixonada errância do descontrole 365

as *barras bravas*, especialmente porque sua situação financeira não lhes permitiu assumir um consumo tão caro como o da cocaína. Em troca, e para compensar a frustração de não ter acesso a essa droga de ricos, o próprio mercado pôs à sua disposição um subproduto da mesma "branquinha": a droga chamada de pasta base, fabricada com restos de cocaína, mais gesso, cal e outras porcarias em pó. Tal produto é fumado e vendido em cigarros ao custo de dois dólares nos subúrbios de Santiago. Só para começar e cair na angústia do seu vício cruel, porque depois do primeiro cigarro e seu êxtase, que dura poucos minutos, vem um vazio depressivo que obriga a continuar fumando desesperadamente outro cigarro, e outro, e mais outro, até que as moedas acabam e a "angústia", como chamam a pasta base, obriga os meninos a roubar, assaltar, matar para conseguir mais uma dose e, assim, manter por alguns minutos a breve felicidade do seu desespero.

E tudo isso acontece na solitária paisagem do campinho de futebol, o mesmo espaço gravado na memória da ditadura, porque era ali que os milicos amontoavam jovens nas batidas noturnas em meados dos anos 1980. Essas operações repressivas, que acometiam apenas os bairros pobres — segundo a ditadura, para detectar focos de subversão —, são cenas indeléveis na lembrança dos moradores das comunidades. Porque à meia-noite, de madrugada, quando a vizinhança dormia, o sobressalto dos alto-falantes os acordava com a ordem: "Esta é uma operação policial. Na contagem até três, todos os homens da comunidade devem formar fila na cancha". E ali ninguém podia contrariar essa ordem com metralhadora na mão, porque as tropas com o rosto pintado entravam nas casas chutando portas, quebrando janelas, expulsando a coronhadas maridos, avôs, meninos e jovens, seminus, de cueca, correndo pela rua em direção ao campinho, onde, formados em filas, eram interrogados e espancados quando titubeavam ao não lembrar o número do documento de identidade.

Por esses e outros motivos, o deserto ermo da várzea parece ser o ponto de partida das mobilizações massivas das *barras bravas*. Os subúrbios de Santiago foram o berço da fobia antifascista que travou uma dura batalha na ditadura, demarcando um perímetro de resistência aos coturnos com a guerrilha urbana que se manifestava no cerco de barricadas e coquetéis molotov ardendo na noite de protesto. Aquelas noites de escuridão pelos apagões gerais que os jovens de 1986 causavam, jogando arames na fiação elétrica, enfrentando a pedradas a máquina militar. Sendo detidos, torturados e humilhados constantemente nas prisões, para onde eram levados em bandos, aos golpes, sem nenhum direito civil que atestasse essas operações. Foram muitos os que caíram nessa luta pela tão esperada liberdade. Mais ainda os que passaram seus curtos anos em militâncias clandestinas, paralisações estudantis, ocupações de escolas, vigílias pelos desaparecidos, greves de fome e todo o esforço humano que o retorno à democracia significou. Essas pessoas participaram ativamente das concentrações e passeatas pelo Não, que no final dos anos 1980 fizeram a ditadura estremecer e, no início dos 1990, levaram à vitória a aliança dos partidos contrários ao regime.

Com a democracia, chegaram as organizadas

A mudança política que o Chile viveu com a chegada do governo democrata-cristão de Patricio Aylwin, apoiado por correntes socialistas, foi apenas uma alegria passageira para os garotos da periferia, pois, com o passar do tempo, revelaram-se as amarras constitucionais e os aparatos repressivos que a ditadura deixara intactos para custodiar prováveis tumultos sociais. Assim, a polícia, depois justificada pela democracia, incentivou a repressão nas ruas dirigida especialmente à juventude. Como uma forma de vingança contra os protagonistas dos protestos, os PMS acionaram a lei de detenção por suspeita, realizando prisões massivas em toda Santiago, mas sobretudo daquela juventude excedente deixada pela transição política. Bandos errantes de anarquistas de cabelo comprido e roupa chamativa, grupos de esquina que bebiam e fumavam maconha ouvindo uma partida de futebol ou um show de rock, eram detidos e enfileirados aos gritos de "Todo mundo com a mão na parede".

Nesse clima de decepção, as torcidas organizadas fizeram sua estreia vândala. Principalmente as duas mais importantes: La Garra Blanca e Los de Abajo. A primeira, que se diz a mais antiga e fundadora desse fanatismo neorromântico, é do Clube Esportivo Colo Colo, um time que tem como brasão o perfil do cacique araucano Colo Colo, personagem heroico que defendeu o território mapuche durante a Conquista. Essa torcida traz consigo essa épica e a encena no contexto sociopolítico daqueles que a compõem: majoritariamente jovens de periferia que trazem em seus traços faciais a obstinada herança mapuche. Autointitulam-se "ín-

368 *Chile mar e cueca*

dios proletas e revolucionários", contradizendo o típico arrivismo alienado da atual sociedade chilena. Assim, a Garra Blanca se orgulha de reconhecer e assumir suas origens humildes, cantadas em seus hinos, escritas em suas pichações, gritadas em seus bordões como um modo de fazer presente o substrato mais desassistido pelo modelo econômico imposto pela ditadura e sustentado pelo neoaburguesamento da atual democracia.

"Alvo eu te amo, você mora no meu coração"

A Garra Blanca nasce como tal no fim dos anos 1980, mas é em 1985 que uma série de desavenças internas na torcida oficial do Colo Colo — que na época se chamava Quién es Chile — provoca a divisão dos torcedores, aparentemente por divergências geracionais. "Era algo que vinha acontecendo aos poucos. No grupo juvenil, éramos uns cinquenta. Digo entre aspas, porque nós, os mais novos, não éramos levados em conta. E, como não podíamos participar das festas que eles faziam, éramos marginalizados. E entre esses marginalizados elegíamos líderes, como o Guatón Jano, um camarada que adorava falar palavrão e quebrar regras. Sempre tinha problemas com a diretoria, até que um dia o expulsaram por insultar um dirigente, e, no jogo seguinte, ele entrou no meio da cabeceira norte do Estádio Nacional, cantando sozinho, e nós o imitamos. Ali começou tudo."*

---

* Entrevista publicada no jornal *Las Últimas Noticias* em 23 de março de 1997.

A apaixonada errância do descontrole 369

Esse primeiro grupo de rebeldes, entre os quais estavam Snoopy, Ángel e Samuel, naturalmente também tinha outras formas de comemoração esportiva, que se diferenciavam das tediosas tardes do estádio na torcida tradicional. Um garrafão de vinho corria por aqui, um cigarrinho de maconha fumegava por ali, alguém gritava "Morte a Pinochet", introduzindo a conjuntura política no bordão esportivo, e esse atrevimento louco foi crescendo até ofuscar a antiga torcida, que sumiu no protagonismo noticioso da Garra Blanca, nome adotado em referência à corintiana Garra Negra da Fiel, no Brasil. O resto se deu sozinho. Foram se desenhando como mobilização coletiva de jovens, chegando a reunir 20 mil pessoas partidárias do lema "Alvo eu te amo, você mora no meu coração". Alvo vem da cor branca da camisa usada pelo Colo Colo, contrariando ironicamente a fama de barra-suja que carregam pelos frequentes estragos depois de cada jogo. Arquibancadas pegando fogo, milhares de paus, pedras e garrafas chovendo no campo, dezenas de carros com o para-brisa quebrado, entrevistas pela tevê dos dirigentes do time culpando o extremismo de esquerda que se infiltrou no saudável coração esportivo dos torcedores, o prefeito de Santiago dizendo que o Clube Colo Colo deveria se responsabilizar pelos danos e prejuízos milionários, mas os dirigentes do clube respondem que não se responsabilizam porque a chamada Garra Blanca atua além do seu controle. Não são reconhecidos como torcida oficial, na verdade, foram expulsos da torcida que acompanha o time. Então, o fervor apaixonado dos *garreros* é um sentimento órfão que anda por aí com seus excessos, uma fidelidade nômade que resiste teimosamente à revista proposta pela lei antiviolência nos estádios. Por sua vez, reúnem-se clandestinamente em bares de bairro para planejar suas ações. Ali, na paisagem poeirenta da várzea que os viu nascer, organizam sua tática de andar em bandos separados que se formam em cada bairro de Santiago. Los Killers, Los Incansables, La Río, Holocausto, Los Revolucionalbos, Los Gangsters de Cerro Navia são alguns dos "coletivos de trabalho" que a Garra tem. Dizem coletivos de trabalho, ironizando o desemprego de seus membros, que cantam incansavelmente: "Eu não quero trabalhar, não quero estudar, não vou mostrar meus documentos, quero cantar pro Alvo o dia inteiro, que se foda o *chuncho** e a polícia".

A questão da revista das torcidas foi uma longa polêmica nos meios de comunicação. Para que aceitassem informar seus nomes, data de nascimento, cédula de identidade e endereço, era oferecido aos torcedores todo tipo de regalias e garantias: materiais para renovar as antigas faixas surradas na guerrilha urbana; novos bumbos para renovar o tum-tum que bate como o coração no meio das *barras bravas*; um lugar identificado que servisse de secretaria dos torcedores; apoio financeiro para projetos futuros etc. "Como se a gente fosse criança, ofereciam brinquedos em troca da nossa liberdade", diz Erick, da Garra Blanca, acrescentando que nunca aceitaram fazer parte dessa chantagem. Afinal, em todos esses anos de clandestinidade, a Garra aprendeu a se virar com seus escassos recursos, juntando moedas para consertar o bumbo que quebrou ao fugir da polícia, organizando shows de bandas heavy metal solidárias à torcida, fazendo festas

---

* Como é chamada a torcida do time adversário, o Universidad de Chile. (N. T.)

A apaixonada errância do descontrole 371

para poder lançar a revista *Garra Blanca*, a voz autêntica da alma garrera. Uma publicação de três edições, com tiragem de 3 mil exemplares em papel couchê, fotos coloridas, impressão de qualidade, com publicidade custando no mínimo 6 milhões de pesos que saem vá saber de onde. Com certeza de alguma falcatrua dos moleques da favela, qualquer coisa, incluindo roubos e outras transgressões criminosas, menos vender a alma ao mercado. Embora em certa ocasião tenham aceitado que a Trofeos Milled bancasse uma faixa gigantesca de cinquenta metros. Em contrapartida, deveriam incluir a marca da empresa num cantinho, mas eles deixaram apenas o slogan da torcida e excluíram a propaganda com a desculpa de que a polícia tinha rasgado aquele pedaço.

"Mais que a pátria, mais que a mãe, mais que uma religião"

A vadiagem furiosa e ingovernável da Garra Blanca parece ser a única filosofia que move as políticas infratoras de sua errância, tendo como ideologia o desejo de vitória do seu time. Mas, indo além do próprio time, a paixão torcedora ultrapassa o fã-clube personalizado, transformando-se em outro devir múltiplo de anseios sociais. "Os jogadores passam e a torcida fica", diz com certa tristeza Erick, editor da já citada revista da Garra, enfatizando os motivos de instabilidade social que o fazem continuar ali. Como se por um momento fizesse um parêntese em seu fanatismo para olhar mais longe e ver num futuro próximo sua qualidade de sujeito desprotegido pelo sistema atual, talvez comparando sua situação miserável com o salário milionário que recebem os jogadores do seu time do coração. O futebol é um negócio transnacional que compra e vende sujeitos como escravos com talento para mexer as pernas, comento com Erick. Ele me responde que é verdade. "Mas é a única possibilidade que alguns têm de sair do bairro e ser alguém na vida. Gostamos do Zamorano porque, apesar de ser milionário e famoso, nunca se esquece da sua classe." Mas dá para contar nos dedos os garotos que chegam à seleção, o resto continua batendo bumbo nas tribunas onde a Garra Blanca marca presença com o estardalhaço da sua transitória encenação. Ali, na torcida, no perímetro organizado de sua formação, eles são livres. "É a única liberdade que conheço", diz Erick, descrevendo a estratégia coletiva de se entrincheirar num único lugar do estádio para se proteger da agressão policial ou da torcida adversária. "Ali eu sou outro", repete, narrando as mil maneiras de contrabandear o álcool e as drogas que empolgam a festa. Porque na entrada do estádio eles têm que passar por uma inspeção minuciosa de mãos policiais que os examinam e cães que os farejam mostrando os dentes. Mesmo assim eles passam a parada em sacos plásticos, que escondem nos genitais. "É a única coisa que eles não apalpam", ri Erick ao lembrar que uma vez, de tanto pular e se espremer no meio do grupo, o saco estourou derramando o álcool (pisco) no meio das pernas dele, e ardia tanto que ele passou a partida inteira se enxaguando no banheiro.

Essas formas de contrabandear a paixão dionisíaca dentro do campo também incluem a identidade dos membros da facção, que usam múltiplos apelidos, alcunhas ou codinomes para se autonomear e, assim, escamotear o fichamento punitivo da revista policial. São reconhecidos como Víper, Sandra, Pombo, Joelho, Barti, Jota, Lucho ou simplesmente Erick,

A apaixonada errância do descontrole 373

sem sobrenome, sem passado, sem família, porque sua única família é a paixão torcedora, que encontra nas arquibancadas seu descontrole passional.

Os motivos de suas fúrias e estragos pelas ruas são muitos, assim como as biografias ressentidas que vestem a camisa-símbolo da torcida. E embora todos coincidam com as vitórias ou derrotas do time, também incluem a entrada de Pinochet para o Senado em Valparaíso. Foi lá que eu os vi mais uma vez, no protesto massivo que irrompeu em frente ao parlamento. Lá estavam eles, com suas balaclavas de combate, parecendo o Subcomandante Marcos, só que em cima de um skate. Entre a fumaça das bombas de gás lacrimogêneo, eles passavam velozes lançando sua artilharia de pedras e acendendo barricadas que incendiaram aquela manhã vergonhosa no porto. Era difícil distinguir a qual torcida pertenciam (La Garra ou Los de Abajo). Nesses casos de batalha urbana, eles escondem o rosto da tevê e dos fotógrafos. Também não usam emblemas do time. Na verdade, eles fazem um pacto de não agressão nessas datas circunstanciais, em que a memória política os une num único motim rebelde. Assim como em todos os aniversários do 11 de setembro, quando é lembrado o golpe militar de 1973 e as associações de detidos desaparecidos ou executados políticos marcham pelas ruas até o cemitério, as *barras bravas* não podem faltar no longo cortejo que cruza a cidade, portando bandeiras vermelhas, cartazes políticos e as fotografias dos detidos desaparecidos presas no peito das mães órfãs que perderam seus filhos. Nesse ritual da memória, os membros das torcidas instauram sua rebelião de rua quando os esquadrões policiais atacam a marcha com seus gases lacrimogêneos. Diante dessa afronta, as duas torcidas se juntam para contra-atacar a repressão. E, no caos provocado por essa violência uniformizada, às vezes os baderneiros ajudam as senhoras que perderam um sapato no meio da confusão. Eles formam um escudo de contenção no Memorial (monumento aos Detidos Desaparecidos) para proteger mulheres e crianças do ataque policial, que ano após ano é justificado por um porta-voz do governo, que declara: "Os carabineiros agiram em legítima defesa". Naturalmente, essas desculpas fazem rir os membros das torcidas, que durante a batalha acirram as pedradas contra a hipocrisia oficial. Uma vez, perto do cemitério, eles se depararam com uma loja de sapatos Hush Puppies, uma marca para ricaços por seu preço alto, inacessível aos jovens pobres. Não pensaram duas vezes: saquearam o local, deixando na vitrine seus velhos sapatos surrados. Em outra ocasião, quando voltavam de uma partida fora de Santiago, entediados pelo torpor do trem que os levava de volta à vidinha de sempre, decidiram descarrilar o último vagão, onde se encontravam. E o trem seguiu pelo trilho sem notar que seus passageiros rebeldes haviam tomado outro rumo. Talvez para escaparem da ordem imposta pelo trânsito veicular. Talvez para serem donos, pelo menos uma vez na vida, de um trem de verdade. "Eles, que na infância sonharam com o trenzinho elétrico, brinquedo da infância rica, dessa vez tiveram um trem real, para ir a Disneylândia ou Woodstock, bem longe daquela terra seca da favela, da lei no seu encalço, sempre fugindo, a vida inteira em perrengues de escola, prisão e hospital."

Talvez na violência lúdica de certas ações praticadas pelas torcidas aflorem ressentimentos de classe que marcaram duramente o curso de suas vidas marginais. Como crianças

A apaixonada errância do descontrole 375

crescidas brincando de bandidos justiceiros, eles se apropriam daquilo que o Terceiro Mundo lhes negou.

Outros motivos que detonaram a fúria das organizadas estão relacionados às injustiças raciais ou segregações étnicas. Como quando filmaram o brutal espancamento de pessoas negras em Los Angeles, nos Estados Unidos: os moleques sentiram na própria carne o cassetete policial e se manifestaram em ações de protesto. Da mesma forma que, diante da expulsão do povo mapuche de suas terras no Alto Bío-Bío para construir uma represa, a Garra Blanca, solidária, organizou um ato massivo de repúdio. E como eles costumam cuspir sua raiva com muita gritaria de palavras de ordem, sons de *trutruka** e heavy metal violento, o concerto batizado de Festival de Resistencia Mapuche reuniu bandas roqueiras do Chile e da Argentina que fizeram seu estrondo musical em prol dos povos pré-colombianos. Estiveram ali A.N.I.M.A.L., Fiskales, Panteras Negras, Los Miserables, guitarreando sua linguagem tribal junto com o discurso de Aucán Huilcamán, liderança do Consejo de Todas las Tierras. A renda dos ingressos foi revertida para a associação. Assim, os membros das organizadas irradiam sua agressão política, solidarizando-se com outras causas minoritárias. E colocam seu coração ressentido ao lado das vítimas do achaque neoliberal. De resto, soltar as amarras da paixão e seguir o time aonde ele for, do jeito que der, juntando os trocados, e contratar um ônibus que sai cambaleando de Santiago, com um monte de bêbados cantando com lágrimas nos olhos: "Nasci num bairro de taipa

---

* Corneta rústica de origem mapuche feita com vara de cana e chifre de boi. (N. T.)

e papelão./ Fumei maconha e tive um amor./ Tantas vezes fui preso e tantas vezes soltei a voz./ Agora com a democracia continua tudo igual./ Nos perguntamos até quando vamos aguentar./ Agora que sou 'de baixo', entendi a situação,/ só existem dois caminhos: ser vândalo e a revolução".*

Uma incansável vadiagem transumante

Fugindo das blitzes policiais, os ônibus das torcidas trasladam seu desacato púbere por todo o território sul-americano. Pela imensa estrada do sul, eles levam o canto rouco do seu desencanto por vilarejos e cidades que os veem passar com certo terror. Porque, quando o ônibus para, por falta de pinga ou comida, eles descem para pedir, e, se não lhes dão, destroem os mercadinhos Esso da estrada, deixando de presente uma bandeira do time e o alfabeto prófugo de seus grafites. Uma escrita própria da tribo marginal que mescla traços de signos góticos com letras pontiagudas da gramática roqueira. Cruzes invertidas e vogais de flechas convocando satanismo e códigos de linguagem pré-colombiana. E todo esse conjunto de hieróglifos é o rastro intraduzível do seu fodido peregrinar. Indícios certamente difíceis de ler para seus perseguidores uni-

---

* *"Yo nací en un barrio de fonolitas y cartón./ Yo fumé marihuana y tuve un amor./ Muchas veces fui preso y muchas veces rompí la voz./ Ahora en democracia todas las cosas siguen igual./ Nos preguntamos hasta cuándo vamos a aguantar./ Ahora que soy de abajo he comprendido la situación,/ hay sólo dos caminos: ser bullanguero y revolución."* Hino da torcida organizada Los de Abajo (com melodia de "We Shall Overcome", ou "Venceremos", na letra em espanhol).

A apaixonada errância do descontrole 377

formizados. Apenas traços, garranchos frescos do seu bê-a-bá latino que mancha, incansável, os muros recém-pintados da "democracia feliz".

É como se, nesse gesto de rabiscar muros com a caligrafia profana de seus grafites, eles confrontassem criticamente a nova ordem educacional do livre mercado, as políticas elitistas das universidades e colégios privados inauguradas pelo modelo econômico, aos quais a juventude pobre não tem acesso por não poder pagar suas altas mensalidades. Como se as pichações das torcidas fossem signos decorando a cidade, contendo todo o desgosto que a transição democrática lhes deixou. Esse modo de se fazer visível na limpa lousa urbana delata seu estigma de moleques durões justiçados por um sistema que, antes de eles nascerem, já havia escrito seu prontuário.

Mesmo assim, são os únicos a acreditar em si mesmos, destruindo os sinais de trânsito que encontram pelo caminho, as placas de PARE, SIGA, PROIBIDO VIRAR, DÊ A PREFERÊNCIA. Descartam-nas por aí e vão traçando um rastro pirata na experimentação anárquica que incendeia as ruas. Os bairros abastados da capital estremecem quando algum jogo de futebol é realizado no estádio San Carlos de Apoquindo, do Universidad Católica. Sobretudo porque, dias antes, as autoridades de segurança declaram que reforçaram a proteção policial para as casas dos ricos. Um dispendioso aparato repressivo é acionado, como se, ao divulgar a prevenção, desafiasse a batalha campal anunciada. E assim acontece, assim aparecem na televisão as manadas de moleques algemados, caminhando de cabeça baixa para a delegacia. Mas nem todos são presos. O resto, em torrentes de poética destruição, se vinga nos jardinetes, nos carros luxuosos e em todos aqueles brinquedinhos que a classe alta ostenta, o 1,8 por cento das famílias chilenas que vive com renda mensal de 7 milhões de pesos ou mais. Tanto contraste socioeconômico acentua a ira dos jovens proletários que, após o vandalismo esportivo, desaparecem na sombra cúmplice que a urbe lhes oferece, voltam ao seu território no ritmo de suas cantorias, com a melodia de seus hinos que resgatam velhas canções do gosto popular e as reescrevem com as demandas de novas letras. Assim, as históricas marchas da Unidade Popular, que empolgaram a candidatura de Salvador Allende, voltam a tocar como *new cover* da velha utopia. O famoso "Venceremos" ressoa hoje como um eco fresco no Estádio Nacional, que nos primórdios da ditadura foi um campo de concentração. Mas eles cantam sem nostalgia, sem repetir o triste otimismo da arenga esquerdista. Apenas resgatam o fundo musical que nunca entoaram naquela festa distante, que só chegou até eles em fitas cassete proibidas ou depoimentos de pais e familiares exilados ou detidos depois do golpe. Por isso, embora a grande imprensa os acuse de delinquentes, drogados, bêbados e vagabundos, os moleques da periferia sabem eleger na hora de dar o seu apoio (não o seu voto: são pouquíssimos os que possuem título de eleitor). Na penumbra ingênua de sua jovem emoção, eles vislumbram a memória destroçada do país que os viu nascer, e voltam a vivenciá-la nas vicissitudes da sua batalha de sarjeta.

Aos olhos punitivos do sistema, eles representam as ovelhas negras que dão mau exemplo à atual juventude bem-sucedida, conservadora e idiotizada pelo Natal consumista das lojas e shopping centers da Miami chilena. Mas, na verdade,

A apaixonada errância do descontrole 379

as facções de torcedores representam um excedente humano que abala o riso cínico do Chile triunfante. O "jaguar" descalço do Cone Sul, o experimento econômico que traça suas macropolíticas como uma fênix sobrevoando os telhados enferrujados da periferia e a paisagem opaca do campo de futebol onde os anjos de solas rachadas amortecem sua vida molambenta.

"Chocolate amargo"

PASSEANDO POR BELLAVISTA à tarde na companhia do fotógrafo Álvaro Hoppe, depois de percorrer o passo irregular de suas calçadas mornas pelo brilho antigo do ocaso, após evocar sem nostalgia a época vertiginosa dos anos 1980 e da ditadura, quando Hoppe suava a camisa no ar lacrimogênio tirando fotos em meio ao pega-pra-capar das ruas. Justo quando lhe pergunto com descontração democrática: e você, sente saudade da agitação daqueles dias?, e o Álvaro mal consegue responder, com o voejar vibrante de um helicóptero que zumbe sobre nossas cabeças e segue direto para a ponte Pío Nono, onde uma multidão de curiosos se aglomera nas grades do Mapocho, correndo, cruzando a rua no sinal vermelho, empurrando nós dois até o rio cheio de policiais e viaturas uivando com o relâmpago de suas luzes também vermelhas. Centenas de olhos fitando as águas, gritando: Ali! E ali vem boiando um sapato, um pé, uma perna, uma mão e uma cabeça que emerge na correnteza imunda, e então afunda na golada daquele chocolate amargo. É um homem. É um menino. Não, é uma mulher, diz o público quando os bombeiros e os policiais, numa ação de resgate, retiram o corpo murcho e o erguem até a ponte, onde uma improvisada equipe de salva-vidas tenta arrancá-lo da morte, fazendo respiração boca a boca, espremendo seu peito para expelir

"*Chocolate amargo*"

a água, levantando e baixando seus braços, que desabam exaustos na calçada. Ali vem outro. Ali reaparece por um instante, como uma marionete dançando na água, e passa submerso debaixo da ponte, e todos trocamos de parapeito para ver o rodopio de um sapato infantil sugado pelo caracol da correnteza. Na outra calçada, a mulher morreu, e as mulheres policiais, de uniforme de terninho, isolam a cena com aquelas fitas de emergência que emolduram o cadáver coberto com o plástico funerário. Na multidão aglomerada na ponte, um clima festivo e cruel sussurra: Isso aqui parece 1973. Quem descobrir um morto ganha um prêmio. São saldos das Torres Gêmeas. Ao longe, os bombeiros tentam deter os corpos desengonçados que, velozes, se perdem na mortalha ondulada do Mapocho. E só então eu lembro que tenho coisas para fazer e me despeço de Álvaro Hoppe, que fica mais um pouco, extasiado com o acontecimento.

De noite, ao voltar para casa e ligar a tevê, a notícia apressada não consegue comover, engolida pelas últimas informações do Afeganistão e da captura do psicopata que assassinou sete meninas no norte do Chile. A voz profissionalmente afetada da âncora do *TV Noticias* diz que uma mulher chamada Nadia Retamal Fernández se atirou nas águas do Mapocho com seus dois filhos pequenos, Daniela e Brian. Os três teriam morrido afogados. Pausa para os comerciais e continuamos com as notícias. Então, uma vertigem de situações embaça a tela, e penso ter notado na voz televisiva um juízo moral sobre a decisão suicida dessa mulher, daquele corpo murcho que vi à tarde e do qual agora sei o nome: Nadia Retamal Fernández, talvez jovem, talvez arrastando um fardo de mágoas que não lhe permitiu hesitar na hora de dar o salto.

E é possível que naquele último segundo ela quisesse ver uma lufada de futuro para frear o impulso. Um fantasioso e cálido porvir que fechasse a boca faminta de Daniela e Brian, seus filhos. Talvez, naquela beira do abismo, não quisesse ouvir os ecos do discurso presidencial falando da decolagem econômica e das migalhas econômicas que a pátria distribui à pobreza. Quem sabe naquele fim de linha ela tenha abraçado suas crianças, levando delas apenas o alvoroço nervoso de seus coraçõezinhos. E é possível que qualquer juízo que se emita sobre o infanticídio cometido por essa mulher não possa imaginar seus motivos, muito menos tocar sua desesperança, que, como uma bandeira náufraga, afundou na tarde ribeirinha um minuto antes de o clarão da pátria ocultar o sol.

Sanhattan
(ou A vertigem arrivista de sonhar-se em Nova York)

E AÍ DERAM A ESSA CIDADE o nome de Santiago de Nueva Extremadura, e nesse vale fértil do Mapocho se instalou a casta mestiça que deu origem a seus habitantes pálidos de pobreza, meio pretos de fuligem, nanicos e de cabelo espetado pela selvagem herança mapuche, além de alguns castanhos koleston e outros loirinhos metidos que jamais descem dos bairros de Santa María de Manquehue e La Dehesa. Que nunca pegaram um ônibus, muito menos o metrô, para não contrair a lepra assalariada. Até porque na parte nobre da cidade eles têm tudo: seus cinemas, saunas, academias, shoppings, universidades, lojas. E embora tudo seja três vezes mais caro, a playboyzada de gel no cabelo da avenida Apoquindo adora essa paisagem postiça onde os cones de vidro e concreto parecem dizer: *I love you, Sanhattan.*

Certamente algum bacana desocupado e besta, como quase todos os bacanas, teve a ideia de comparar essa nova capital *fake* com a ilha de Manhattan. Até que são parecidas, disse uma maricona de roupão, contemplando da sacada a montoeira de torres espelhadas que surgem como cogumelos góticos, transformando a achatada Santiago na metrópole do Batman. Até que lembra Nova York. E essa talvez seja a única forma de habitá-la com prazer, encontrando alguma semelhança com certo lugar onde a burguesia gostaria de ter nascido: Roma, Londres ou Paris. Neste caso é Nova York, mas na verdade a concentração de bares, pubs, boates e outras bibocas sofisticadas abertas na rua Suecia ou em El Bosque para comer ou tomar um trago não permitem comparar a região com o Village, nem com a Avenue of the Americas ou qualquer outro ponto boêmio da Grande Maçã. Principalmente pelo tipo de público diversificado, de raças, sexos, roupas e status múltiplos convivendo no mesmo cenário. Esses quarteirões onde abundam os magnatas e o showbiz alpinista da tevê se revela um território excludente para quem não é dali, e é humilhante não ter os dez paus para um drinque e passar entre as mesas da calçada onde se reúne essa juventude aeróbica que ostenta seu bronzeado grã-fino cor de *cochayuyo*.*

Parece que esses redutos nasceram para abrigar a nova chilenidade cosmopolita que pula Miami-Santiago-Miami como quem joga amarelinha. O sacal pedantismo *chilensis* que desce do carro batendo a porta, ajeitando as mechas descoloridas e desbotadas como uma ratazana que caiu no cloro. A classe vip santiaguina, eternamente entediada em seu Liliput nova-iorquino, discutindo se essa noite vão jantar comida árabe, mexicana, cubana ou tailandesa. Comentando de esguelha a presença na mesa ao lado de um figurão da tevê. E mais adiante, num cantinho (à paisana), três políticos de direita chupam a dentadura, elogiando o ceviche de polvo enquanto planejam denúncias engenhosas para que o governo democrático faça um novo haraquiri pedindo desculpas. Lá fora, na rua, um turbilhão de corpos se amassam irmanados pelo

---

* Tipo de alga marinha chilena. (N. T.)

Sanhattan

bodum Givenchy, Armani ou Chanel dos perfumes chiques, das marcas *top* que distinguem os trapos com classe. Um burburinho de fundo gralha na noite do bairro nobre, ouvem-se risadas exageradas, engasgadas com a tequila fashion gorgolejando nas taças. Quase na esquina, um flanelinha boceja profundamente, olhando com desdém para a altura iluminada dos prédios, dos salões, das suítes e apartamentos de luxo que, silenciosamente vazios, questionam a decolada urbana dessa Santiago apadrinhada pela lavagem de dinheiro e pelo narcotráfico. Uma Sanhattan que mais parece um reduto provinciano desse fim de mundo, um cafundó sulista onde o arrivismo caipira passeia descaradamente, olhando nas vitrines sua soberba ridícula.

À guisa de epílogo

"Para minha tristeza, violeta azul"*

E RECÉM PASSOU O DIA 1º de novembro, o único dia do ano em que as famílias emigram para os campos santos e cemitérios variados que o mercado da morte oferece. E se você não for, se ficar na cama assistindo à programação ordinária da tevê, se a preguiça bater e você não for prestar homenagem aos ausentes, a sensação é de uma garra apertando seu peito. Foi o que aconteceu comigo esta semana, porque minha mãe dizia que nessa data os túmulos esquecidos parecem tão tristes, cheios de ervas daninhas brotando das fendas. Túmulos rachados onde as aranhas fiam e desfiam suas teias de gaze. Túmulos mortos onde o mofo sangra em seus metais enferrujados. Túmulos onde nenhuma flor vem alegrar o carnaval mortuário deste feriado. Por isso saí bem cedo rumo ao Cemitério Metropolitano, que fica às margens da Panamericana Sul. Na verdade, embora seja longe e eu tenha que fazer mil malabarismos subindo e descendo do Transantiago, este é o melhor lugar onde poderiam descansar os restos de mamãe, cercada de tanta folia floral. A melhor terra humilde, onde a variedade decorativa enche de cores os jazigos simplórios enfileirados na rua do

---

* *"Para mi tristeza, violeta azul"*, verso de *"La jardinera"*, canção de Violeta Parra. (N. T.)

390   *À guisa de epílogo*

último adeus. Minha mãe sempre pediu para ficar ali. Quero estar com os pobres, junto com a minha classe, dizia. Ela achava tão alegre e generosa a paisagem deste cemitério. O povão gasta fortunas em buquês de antúrios, crisântemos, mosquitinhos, goivos e tudo quanto é pétala fresca que as floristas vendem na autopista.

— Olha o buquê! Mil pesos o buquê!

— Mas estas flores estão mais caídas do que eu.

— É o calor, patrão!

— Parece que montam os ramalhetes com as flores que sobram.

— Bom, é pegar ou largar.

E continuam anunciando na rodovia a ladainha de sua cinerária promoção: sempre-vivas, bocas-de-leão, açucenas, lírios finos, cravinas. As senhoras correm o dia todo, flor na mão, flor no cabelo, flor de papel nos cartõezinhos que choram: "Mamãe, nunca te esqueço". Flor de plástico na bandeirinha que reza: "Vovô, por que você se foi?". As floristas correm e giram como os cata-ventos furta-cor que rodopiam nos nichos embolorados da infância morta. E também o cachorrinho de gesso, e agora os bichos de pelúcia desbotados, pendurados na cruz de um finado anjinho. Minha mãe queria ficar no Cemitério Metropolitano, onde estavam a mãe dela e tantos vizinhos e o Mario Palestro e a dona Maria e os vendedores ambulantes na saída anunciando o cachorro-quente completo por quinhentos pesos e dois *motes con huesillos** por mil. Foi a melhor escolha deixá-la na algazarra

---

* Bebida popular local, geralmente vendida em barraquinhas nas ruas. (N. T.)

"Para minha tristeza, violeta azul" 391

pop do luto urbano. Em seu túmulo, mandei gravar a frase: "Aqui ficarei para sempre preso aos seus despojos, mamãe". Mas o gravador não queria incluir meu nome na lápide, dizendo que é proibido citar gente viva. Mesmo assim o escreveu, e eu pensei: quem me conhece e ler esta frase ao passar deixará uma flor nessa morada materna. E ali você ficou, Violeta Lemebel, depois de tanto amar e tanguear sorrindo sua vida miserável.

O Dia dos Mortos no Metropolitano é um carnaval onde os pobres enfeitam o luto até o cúmulo do fetiche barroco. Parecem se consolar acumulando bugigangas natalinas num altar para a pessoa amada. Borboletas de Hong Kong e pombinhas de Taiwan brilham nos pátios. E até as lágrimas cintilam como luzinhas de Natal nas faces chorosas. Minha mãezinha Violeta queria estar aqui e ficar perto de uma colônia de ciganos. Ela amava os ciganos: sofrem tanto, mas dançam e cantam em seu castigado exílio. E foi quase um milagre que as lápides dos Nicolich* cercassem o seu sepulcro. Eles chegam em seus carros com suas barracas e sombrinhas, desenrolando tapetes onde as senhoras ciganas se sentam com seus véus dourados e turquesa. E ali ficam o dia inteiro, tomando chimarrão, gritando em romani com as crianças zíngaras que brincam entre os túmulos. Às vezes os ciganos cantam. Às vezes uma lágrima espessa percorre o rosto enrugado de uma matriarca. Às vezes os ciganos vizinhos de mamãe cantam, e uma jovem balança os quadris no canavial da tarde. Às ve-

---

* Nasslo Nicolich, cantor chileno cigano que fez sucesso nos anos 1970. (N. T.)

zes os ciganos cantam e alegram meu ocaso quando eu saio do cemitério, deixando no regaço da minha mãe morta um raminho de violetas.

À guisa de sinopse

EU PODERIA ESCREVER com clareza, poderia escrever sem tantas firulas, sem tanto redemoinho inútil. Poderia escrever quase telegraficamente para a globa e para a homologação simétrica das línguas ajoelhadas ao inglês. Nunca escreverei em inglês, com sorte sei dizer *go home*. Eu poderia escrever romances e dramalhões de histórias precisas de silêncios simbólicos. Poderia escrever no silêncio do tao, com essa magnificência da letra exata, e esconder os adjetivos debaixo da língua proscrita. Poderia escrever sem língua, como um apresentador da CNN, sem sotaque e sem sal. Mas eu tenho a língua salgada e minhas vogais cantam em vez de educar. Eu poderia escrever para educar, para transmitir conhecimento, para que a babel da minha língua aprenda a sentar sem dizer uma palavra. Eu poderia escrever com as pernas juntas, com as nádegas apertadas, com um anseio sufi e uma economia oriental do idioma. Poderia melhorar o idioma enfiando no rabo minhas metáforas corroídas, meus desejos asquerosos e minha cabeça pervertida de mariluz ou marisombra, sem sombrinha ou com o guarda-chuva ao contrário, em pleno sol, para que o mundo me torne global, exportável, traduzível até para o aramaico, que para mim soa como um peido florido. Eu poderia esconder a fúria e a raiva emplumada de minhas imagens, a violência paga com violência, e dormir em paz com minha invencionice cafona. Mas eu não me chamo assim, inventei um nome para mim com levada de tango *maricueca*, bolero roquenroll ou vedete travestona. Poderia ser o cronista da *high life* e me arrepender dos meus temas cabeludos e escabrosos. Deixar a vulgaridade para os vulgares e fazer arqueologia no idioma hispano-falante. Mas eu não vim para isso. Não faltam cronistas por aí com uma flor estilográfica no orifício mesquinho da lapela. Eu não vim para cantar *ladies and gentlemen*; eu canto como me dá na telha, minha senhora. Não sei o que vim fazer neste show, mas cheguei. E minha letra saiu como um estilete. Ou melhor, sem letra: o grunhido chora-a como uma extensão da minha mão. Parecem gemidos de fêmea covarde, disseram por aí os escritores do folhetim direitista. Cheguei à escrita sem querer, eu estava seguindo outro caminho, queria ser cantora, trapezista ou uma índia pássara trinando para o ocaso. Mas minha língua se enrolou de impotência, e em vez de clareza ou emoção letrada criei uma selva de ruídos. Não fui musicista nem cantei no ouvido da transcendência para ser lembrada à direita do paraíso neoliberal. Meu pai se perguntava por que me pagavam para escrever, enquanto ele nunca foi remunerado por esse esforço. Aprendi à força, aprendi já grande, como diz Paquita la del Barrio. A letra não foi fácil para mim. Eu queria cantar e me davam pauladas ortográficas. Aprendi aos arranhões a onomatopeia, a diérese, a melopeia e a ortografia tetuda. Mas logo esqueci tudo, me fazia mal tanta regra, tanta palavra cruzada do pensar escrito. Aprendi pela fome, por necessidade, pelo trabalho, por vadiagem, mas eu estava começando a ficar triste. Eu podia ter escrito como os outros e ter uma letra bonita, clara e cristalina como a água

À guisa de sinopse

que corre pelos rios do sul. Mas a urbe me fez mal, a rua me maltratou, e o sexo com agá cuspiu no meu esfíncter. Digo que podia, mas sei bem que não pude, me faltou rigor e sobrou farra, o feitiço sórdido do amor mentido. E como uma boba eu acreditei, como uma cadela arreganhada me deixei iludir por alegorias barrocas e palavreados que soavam tão bonitos. Você podia ter sido outro, me disseram os professores com a baba molhando suas barbas de profetas. Apesar de tudo, aprendi, embora a tristeza caísse sobre mim como um manto culto. Não fui cantor, repito, mas a música foi o único tecnicolor da minha biografia escangalhada. Deixo aqui este pentagrama em que a história cambaleou seu ritmo trágico. Gostem vocês ou não, aperto aqui o play deste cancioneiro memorial.

Sobre a tradução

Performar a alteridade: Pedro Lemebel em tradução

QUEM ATRAVESSA A PROSA lemebeliana, com suas alegorias barrocas e suas papoulas repletas de espinhos, jamais confiaria que o autor destas crônicas pudesse de fato "escrever sem língua, como um apresentador da CNN, sem sotaque e sem sal", como o próprio tenta nos iludir na carta de princípios que fecha esta antologia. Pura pose, puro "silicone lírico" de quem busca travestir a escrita de "uma estratégia", transcendendo a construção literária.

Mesmo em um país tão acostumado a abalos sísmicos, como o Chile, Pedro Lemebel sacudiu o panorama da literatura nacional ao falar pela sua diferença a partir de uma língua única, salgada e inflamada, a ponto de seu conterrâneo Roberto Bolaño considerá-lo o maior poeta de sua geração — ainda que, a rigor, não escrevesse poesia. Em uma famosa conversa entre os dois na rádio Tierra, em 1999, Lemebel pergunta se Bolaño considera a boa literatura sempre traduzível. Diante da resposta positiva, a réplica: "Então, como ninguém pode traduzir minhas bobagens?".

Desde 2012, quando conheci a obra de Pedro Lemebel por ocasião do lançamento de seu último título publicado em vida, *Háblame de amores*, sempre me intrigou a escassa circulação de seus livros fora das fronteiras chilenas. Uma das razões, entendo agora, está justamente na dificuldade de recriar sua dicção em outros idiomas. Mesmo na Espanha, onde prescinde de tradução, Lemebel circulou pouco. Para o crítico espanhol Ignacio Echevarría, "o registro oral e coloquial da linguagem, o apego ao popular e suas marcas, além de sua dimensão política, mantêm Lemebel muito preso ao Chile e à sua sociedade, no melhor sentido. Os escritores latino-americanos que fazem sucesso na Espanha, a começar por Bolaño, costumam empregar uma língua internacional, indiferente a colorismos e localismos. Não é o caso de Lemebel, ainda que o registro de sua 'fala' seja sem dúvida exportável".*

Traduzir a antologia *Poco hombre* envolveu uma série de desafios em variadas frentes, e esta nota pretende ilustrar alguns deles. Quero, de antemão, esclarecer a escolha editorial de manter o título em espanhol: o original ironiza a ideia sexista de "hombridade", mas em português ela não funciona satisfatoriamente, já que "Pouco macho", opção inicial, carrega um sentido ambíguo de quantia, para além de intensidade. A saída foi acrescentar o subtítulo "Escritos de uma bicha terceiro-mundista", dois epítetos com os quais Lemebel não apenas se identificava como os reivindicava.

Outro esclarecimento importante diz respeito ao termo *loca*, que, além de sua tradução literal ("louca"), faz referência ao homem homossexual muito afeminado. Na obra de Lemebel, *loca* é um pseudônimo matriz das múltiplas e cambiantes identidades de gênero reveladas pelo olhar do cronista, corroborando sua poética do apelido como uma forma de

---

* A citação está em *Loca fuerte: retrato de Pedro Lemebel,* de Óscar Contardo (Ediciones Universidad Diego Portales, Santiago, 2022).

Sobre a tradução   399

alteridade, de transcender o registro civil, de ser muitos (ou muitas). A tradução, neste caso, privilegiou a diversidade do léxico no português brasileiro, lançando mão de bicha, bicha--louca, mona, biba, viada, maricona, bichona, pintosa, travesti ou trava, conforme o contexto. Por outro lado, na crônica "Seu rouco riso louco" (*Su ronca risa loca*), assumo a perda do duplo sentido de *loca* para preservar a aliteração, uma das marcas constitutivas da poética lemebeliana, assim como a oralidade.

Muitas das crônicas incluídas em *Poco hombre* nasceram para ser performadas oralmente, seja em seu programa de rádio, *Cancionero*, seja em atos públicos, como o manifesto "Falo pela minha diferença". Porém, não se trata aqui de uma oralidade pastiche da fala corrente, como bem destaca Echevarría em seu prólogo. Há uma evidente intenção de artifício, de impostação, de "montagem" travesti. O estilo neobarroco de Lemebel é uma sobreposição de camadas em que se alternam construções eruditas, expressões populares e de gueto, inclusive do vocabulário *coa*,[*] oriundo dos presídios chilenos. Para espelhar este efeito na tradução, recorri a verbetes do chamado pajubá, o dialeto da comunidade LGBTQIAP+ brasileira, como biba, bofe, mona, alibã, aquendar a neca, passar cheque, bichinha-pão-com-ovo. Ainda que possam não ser de amplo domínio, sua compreensão se dá pelo contexto sem nenhum prejuízo à leitura, com o benefício de reforçar a ideia de marginalidade a partir de um linguajar desviante, de quem "fala pela sua diferença", como minoria.

---

[*] *Dicionário Coa*, Armando Mendez Carrasco (Editorial Nascimento, Santiago, 1979)

Também foi preciso pesar no uso de gírias em crônicas como "A esquina é o meu coração", "Sozinhos na madrugada" e "Você é meu, menina", algo sempre complexo num país de dimensões continentais como o nosso, em que não existe um modelo de referência da fala popular usada no dia a dia — ao contrário da maioria dos países latino-americanos, que costumam ter um único grande centro, como Santiago, Buenos Aires, Lima. Aqui, quem pega um ônibus lotado está pegando um "busão" ou um "cata-corno"? Quem leva um tiro da polícia leva um "teco" ou um "pipoco"? Dos "cana", dos "homi" ou dos "gambé"? A tradução optou pela diversidade e pela eufonia, sem favorecer um sotaque específico, ciente de que traduzir é, invariavelmente, assumir riscos.

A travessia de um idioma a outro, de uma cultura a outra, nunca é isenta de conflitos. No caso das crônicas de Lemebel, que dialogam tão fortemente com elementos nacionais a partir de fatos históricos, personagens políticos, geografias, canções e produtos da indústria de massa, as notas de rodapé foram indispensáveis para aproximar o leitor brasileiro da realidade chilena. Importante notar que o texto de Lemebel é propositalmente elíptico, detesta explicações. Como o cronista fala diretamente com a comunidade chilena, não precisa esclarecer, por exemplo, que "Miguelito" é Miguel Piñera, o irmão hippie do ex-presidente Sebastián Piñera, ou que "Arrayán" é um reduto de endinheirados próximo à capital Santiago. A crônica "O incesto cultural da grande família chilena", sobre a importância dos sobrenomes na arrivista sociedade chilena descrita por Lemebel, é um bom exemplo desta carga local culturalmente intraduzível. Menções ao cancioneiro nacional também são abundantes e apa-

Sobre a tradução 401

recem em títulos como "Arrume-se, Juana Rosa" e "Para minha tristeza, violeta azul", ambos emprestados de Violeta Parra, entre outros. Nesse sentido, as notas concentram a informação do lado de fora do texto, evitando injetá-la como recheio na voz do autor.

Quando esse diálogo com o local se dá em termos de linguagem, aí as coisas se complicam. Falo de trocadilhos, neologismos e piadas internas que só fariam sentido àquela cultura, mas que o tradutor deve contornar o melhor que pode. Numa clara filiação à estética *camp*, pululam em Lemebel metáforas sexuais kitsch, quase sempre insinuando sua homossexualidade, como *ciudad-anal, ciudad-ano, anal-fabetos, lorqui-ano* (adjetivo em alusão a Federico García Lorca), *me-ollo* (uma brincadeira com *meollo*, "miolo" ou "âmago" e a pronúncia de *hoyo*, que no contexto se refere a nada menos do que o orifício anal). Na tradução, recorri a construções como urbânus, cidadânus, masCulinidade, cu-lote e arrisquei até um "ass-terisco", já que Lemebel costumava ironizar os anglicismos. Mas há que se ter a humildade de não insistir em traslados "impossíveis", ou mesmo inúteis, compensando-os em outras passagens. É o caso da crônica "Nádegas Lycra, Sodoma disco", cujo trocadilho entre "Alameda" (a principal avenida de Santiago) e *"ala meada"* ("asa mijada") não faria sentido algum traduzir. Outra dessas perdas está em "Chile mar e *cueca*". O original (*mar y cueca*) faz uma alusão sonora à "marica", mas neste caso foi preferível preservar a referência à *cueca*, dança nacional chilena, por ser o tema central da crônica.

Ainda sobre neologismos: recriei "demosgracia" como "democrisia (democracia + hipocrisia), "rapiento" como "esfarrapper" (esfarrapado + rapper) e, quando o autor homossexualiza a marca Paco Rabanne com um "Paco Colibri", propus "Paco Enrabanne", reforçando o humor do texto — isso porque, em Lemebel, palavras derivadas de *cola* ou *coli* sempre aludem a homens gays, já que no Chile o termo mais usual é *"coliza".* Aliás, fiel à sua política anti-imperialista e terceiro-mundista, Lemebel considerava o estrangeirismo *"gay"* excludente, colonial e burguês, preferindo as palavras nacionais (e politicamente incorretas) *fleto, maricón, mariposón,* além da já citada *coliza.* A apoteose desse gesto está na crônica "Os mil nomes de Maria Camaleão", em que ele apresenta uma lista de 108 alcunhas inventadas para rebatizar o "zoológico gay" — expressão usada com sarcasmo, naturalmente. Aqui, mais do que traduzir, foi preciso recriá-las com absoluta liberdade, salvaguardando os efeitos de humor e sacanagem do original. De quando a tradutora não tem saída senão transgredir, espelhar o gesto travesti do texto-fonte e performar a alteridade.

Chamado de "deusa transandina" e de "mãe travesti"* por Paul B. Preciado, uma das vozes mais vibrantes do ativismo queer contemporâneo, Pedro Lemebel emerge agora como o eco distante de uma América Latina sob balas, bombas e botinas, em que era preciso — como hoje, como sempre — romper o silêncio de tantos com a histeria transgressora de poucos. De sua lírica coprolálica, Lemebel teatralizou através da crônica urbana as políticas do corpo desviante que desobedece, que se recusa a bater continência para qualquer normatividade. A começar pela língua.

---

*Paul Preciado, "Necrológio aos berros para Pedro Lemebel". In: _____. *Um apartamento em Urano: Crônicas da travessia.* Rio de Janeiro: Zahar, 2020.

Sobre a tradução 403

Encerro esta nota com um agradecimento especial à escritora Alejandra Costamagna e a tantos amigos chilenos que me ajudaram a decifrar a "selva de ruídos" da nossa "índia pássara": *gracias*, Christian Montecinos San Martín, Carlos Briones, Carlos Felipe e Patricia Urquizar, Leslie Vivar Vicencio e Sebastián Kramm. Obrigada, Heraldo "Du" Corrêa Junior, pelas sugestões de vocabulário "montado" extraídas do caderninho pessoal. Agradeço ainda ao Emilio Fraia pela confiança, aos editores Mauro Gaspar e Cássia Land pelas trocas frutíferas que tanto enriqueceram este trabalho, à cuidadosa preparação de Diogo Henriques e à leitura de Terra Johari. Finalmente, obrigada Eli Dalcin por todo o amor e a paciência de me acompanhar neste "louco afã" que é a literatura.

Mariana Sanchez
Curitiba, fevereiro de 2023

Tradutora e jornalista, investiga a produção literária latino-americana há mais de uma década, com particular interesse no Cone Sul. Traduziu romances considerados experimentais, como *As primas*, de Aurora Venturini, e *Eisejuaz*, de Sara Gallardo, finalista do prêmio Jabuti 2022 na categoria Tradução. É uma das curadoras da coleção *Nosotras*, da editora Relicário.

ESTA OBRA FOI COMPOSTA POR MARI TABOADA EM DANTE PRO E IMPRESSA EM OFSETE PELA LIS GRÁFICA SOBRE PAPEL PÓLEN SOFT DA SUZANO S.A. PARA A EDITORA SCHWARCZ EM ABRIL DE 2023

A marca FSC® é a garantia de que a madeira utilizada na fabricação do papel deste livro provém de florestas que foram gerenciadas de maneira ambientalmente correta, socialmente justa e economicamente viável, além de outras fontes de origem controlada.